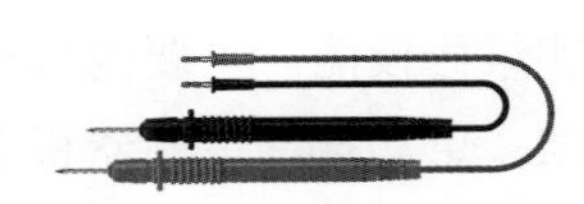

图解 电动自行车维修快速入门

张 彤　武鹏程　主编

TUJIE
DIANDONG ZIXINGCHE
WEIXIU KUAISU RUMEN

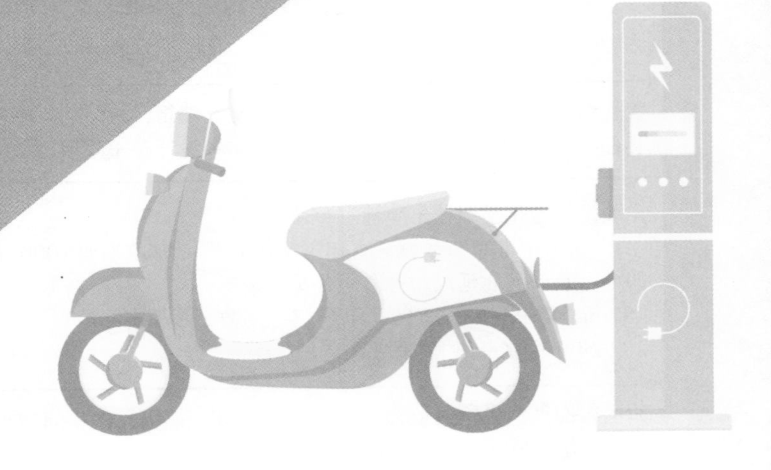

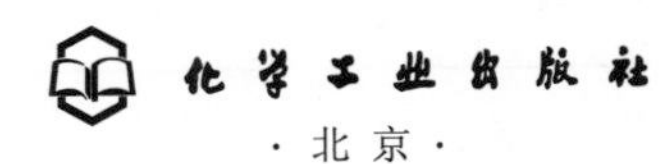
化学工业出版社
·北京·

内容简介

本书采用双色图解的方式，结合大量现场维修图片，详细介绍了电动自行车的维修知识和维修技能。主要内容包括电动自行车的维修基础，维修工具的使用，电动自行车的蓄电池、电动机、控制器和充电器的故障诊断与维修，以及闸把、转把、闪光器、喇叭等其他故障检测与维修，并附有电动车常用英文对照、仪表面板与外部接线图等维修资料供参考。本书内容实用，重点突出，维修知识与维修实践相结合，同时对关键知识和维修检测操作附视频讲解，帮助读者快速入门，全面掌握电动自行车维修技能，达到学以致用的目的。

本书适合电动自行车维修人员学习使用，也可作为职业院校、培训学校相关专业教材。

图书在版编目（CIP）数据

图解电动自行车维修快速入门 / 张彤，武鹏程主编. 北京 ：化学工业出版社，2024. 10. -- ISBN 978-7-122-46063-9

I. U484.07-64

中国国家版本馆CIP数据核字第2024MM6471号

责任编辑：李军亮　徐卿华　　文字编辑：徐　秀　师明远
责任校对：李雨晴　　装帧设计：王晓宇

出版发行：化学工业出版社
（北京市东城区青年湖南街13号　邮政编码100011）
印　　装：河北延风印务有限公司
787mm×1092mm　1/16　印张14　字数263千字
2025年1月北京第1版第1次印刷

购书咨询：010-64518888　　售后服务：010-64518899
网　　址：http://www.cip.com.cn
凡购买本书，如有缺损质量问题，本社销售中心负责调换。

定　　价：68.00元

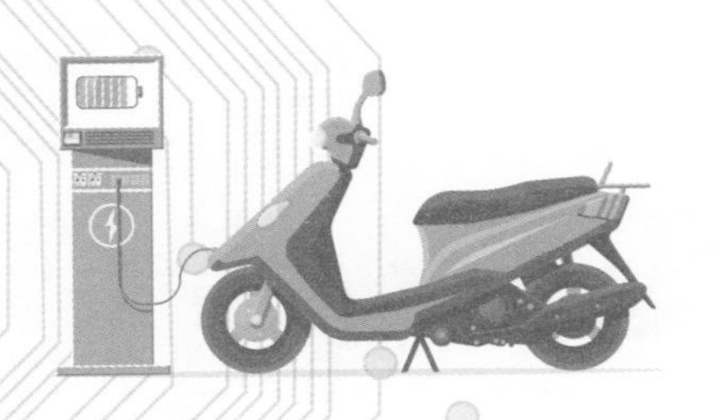

前言
PREFACE

经过多年的蓬勃发展，电动自行车已经进入到千家万户，它的便捷性、环保性以及相对较低的使用成本，使其在短距离出行、货运以及休闲活动中占据了重要地位。随着电动自行车普及程度的提高，其功能和应用场景也在不断扩展，除了作为普通的代步工具外，还衍生出了拖运用助力货车、老年代步车以及特殊场合用车等多种形式，产品形态更加多元和丰富。

在电动自行车行业发展的同时，随着其保有量的稳步上升和质量的不断提升，对于专业维修技术的需求也日益迫切。大批具备专业维修技术的从业人员成为行业发展的重要支撑，他们负责电动自行车的售后服务，确保每一辆电动自行车都能安全、稳定地运行，满足人们对电动自行车的使用需求。

为了满足这一市场需求，我们从初学者的角度出发精心编写了本书，旨在帮助读者快速入门并掌握电动自行车的维修技能。无论是初学者还是有一定基础的维修人员，都能从中受益。

本书在编写过程中注重理论与实践相结合，采用双色图解和实物操作演示的方式，结合大量现场维修图片，详细讲解电动自行车的维修过程。通过本书的学习，读者可以深入了解电动自行车的结构原理、故障诊断与检修方法，掌握电动自行车维修实操技能。

全书内容共分为7章，从电动自行车的整体结构和工作原理入手，按照其核心部件的特点进行分类讲解，详细介绍了电动自行车的“四大件”，即蓄电池、电动机、控制器和充电器的故障诊断与检修方法。此外，还对闸把、转把、闪光器、喇叭、转向开关、变光开关等其他故障的检测与维修进行了讲解，内容实用，重点突出。

为了帮助读者更好地理解和掌握电动自行车的维修技能，本书还配备了小视频辅助讲解演示。读者只需用手机扫描书中的二维码即可观看学习，加深理解并提升学习效果。

本书由张彤和武鹏程主编，参与本书编写的还有郑亭亭、郑玉洁、赵兴平、武寅、赵海风等。由于编者水平有限，书中难免存在不足与疏漏之处，恳请读者批评指正，以便我们不断改进和完善。

编　者

目录

CONTENTS

第3章

第4章

第 1 章

电动车维修基础知识

1.1 认识电动车

1.1.1 电动车的发展过程

广义来讲，凡是以电为动力的车都叫电动车，如铁路电力机车、市内有轨电车、无轨电车等。根据《电动自行车安全技术规范》，电动自行车是以车载蓄电池作为辅助能源，具有脚踏骑行能力，能实现电助动和/或电驱动功能的两轮自行车。

电动自行车以蓄电池作为动力来源，通过控制器、转把使电动机旋转，驱动电动自行车的车轮转动，达到行驶目的。电动自行车总重量按国家标准要求小于55kg，保留了普通自行车轻便、灵活、安全等特点，具有零排放、无噪声、低能耗、低故障、安全易骑的优点。

新国标规定，电动自行车最高时速不超过25km/h，既保证了一定的车速，又保证了行车安全。

（1）我国电动车发展情况

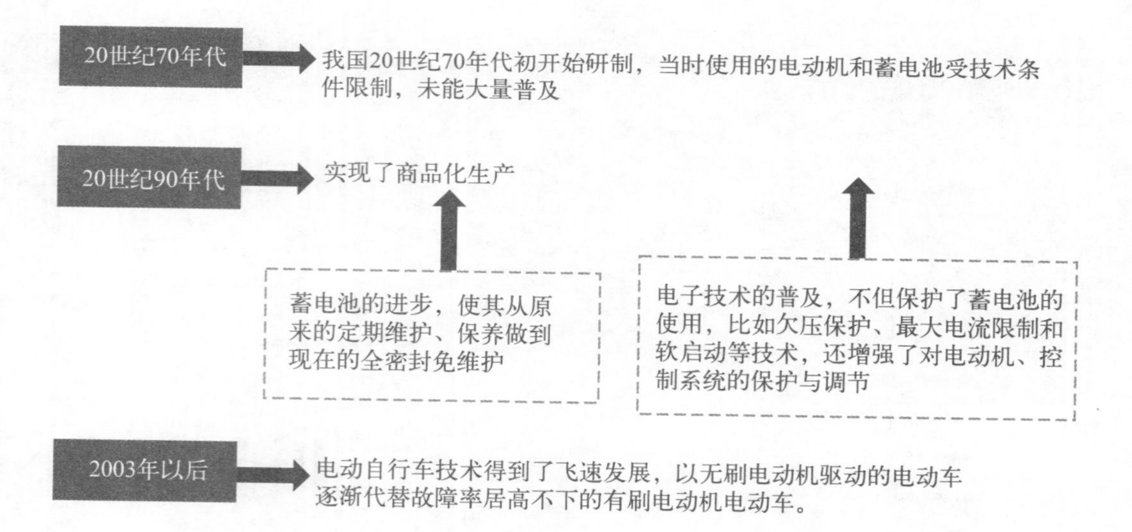

未来的电动自行车应该是以无位置传感器（霍尔元件）的三相无刷电动机为主流。由于省去了位置传感器，因此电动机结构更加简单、可靠。电动机只有三条绕组线，维护更简单。与之相配的无刷控制器技术含量更高，更换无刷控制器将变得异常简单。

未来的电动车蓄电池将会朝着多元化发展，如镍氢蓄电池、锂蓄电池、燃料蓄电池、超级电容器蓄电池等。目前还是以铅酸蓄电池为主。

（2）国外电动车发展情况

欧美国家生产电动自行车较早的有德国、英国、美国等，另外，日本也是世界上电动自行车发展较早的国家之一。

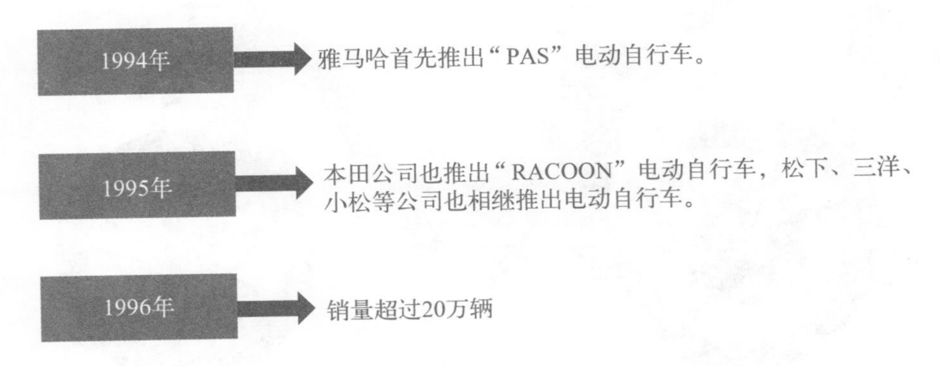

国外电动自行车主要是作为一种休闲和短距离的代步工具，将其技术更大化地应用于电动汽车上则是另一个新的技术挑战，而在我国电动自行车已成为日常交通工具，普及率极高。

1.1.2 电动自行车的组成

电动车的结构

① 主体是电动车的基本构成部分，它是电动车的骨架，是电动车承载重量的支撑和其他各部分安装的基础。主体包括以下几部分。

车体部分：包括车架、车把、鞍座和前叉合件等，是电动车的骨架。

运动部分：包括中轴部件、轮盘链条以及前后车轮，含前后轴部件、辐条、轮辋（车圈）和轮胎等。

制动系统：包括制动把、制动器（车闸）等。

辅助部分：包括后备箱、保险杠以及车梯等。

② 电动部分主要由电动机、控制器、电池与充电器组成，俗称四大件；另外就是和四大件相配合的辅助部分，如转把（调速把）、制动把、显示板、开关、DC 转换器、喇叭、线束及灯具等，运输电动三轮车还使用了倒顺开关及继电器等。

③ 电动车塑料部件，简称塑件。电动车的塑件主要起防护及美观作用，同样的车体，配合不同风格的塑件，体现了用车人不同的风格和个性。典型的电动车塑件主要有下面几部分。

头罩：安装在车把中间，一般用于遮挡车前线束，安装前照灯、指示灯和显示板等。

面板：位于车的正前方，遮挡线束，减少行车阻力，美化车体外形。

后围：和座箱前围构成座箱的一部分，里面一般做成封闭型，可以储物。

电池盒：用于安装电池，形状和位置因车而异。

1.1.3 电动自行车的分类

常见的电动自行车根据其所使用的电动机、传动方式、功能款式、自动化程度等，可分为多种类型，具体介绍如下。

（1）按照电动车的功能款式分类

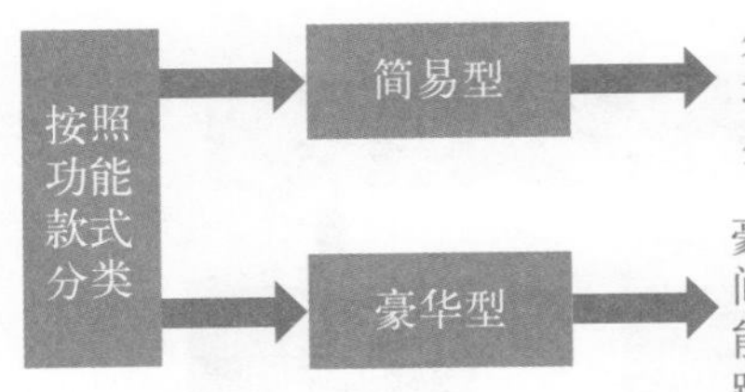

外形像自行车，一般都称为简易型，它只是在自行车的基础上增加了电动助力装置，一般没有减振装置，只有电量显示仪等少量的必备装置，结构简单，价格便宜。

豪华型装配高档，整车配有速度、温度、电量、里程、行驶时间、电压和电流等显示仪表，同时还配备了前后减振装置、智能提示、红外防盗钥匙和不锈钢或塑料后货箱等。电池大多在踏板位置。

（2）按照骑行的方式分类

按照骑行的方式可分为电动自动型和助力型两种。

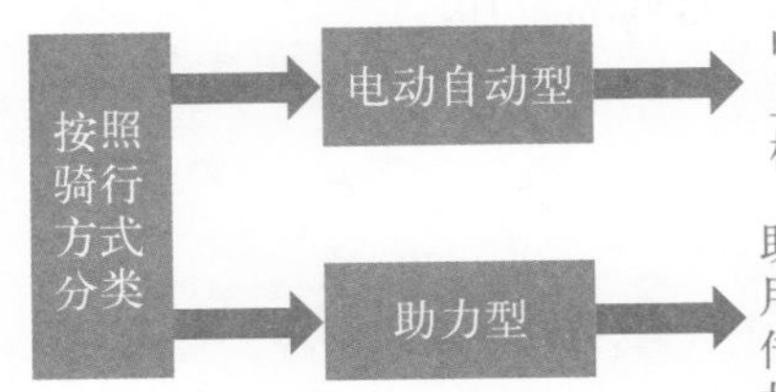

电动自动型的骑行车不需要用力，只要接通电源，电动自行车上的电动机转动，通过传动装置带动电动自行车行驶。利用手柄控制速度，实现无级变速。

助力型集人力和电力为一体，以人力为主，电力为辅。骑行车用力踏车，为电动车提供助力，助力的大小可通过智能传感器传给控制器中的计算机芯片，由计算机芯片“指挥”电动机施加相应的动力，使电动自行车按照所需的车速行驶。

（3）按所使用的电动机分类

电动自行车目前使用的电动机普遍为永磁电动机，而永磁电动机又分为以下三种。

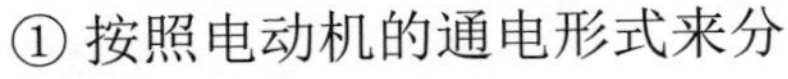

① 按照电动机的通电形式来分

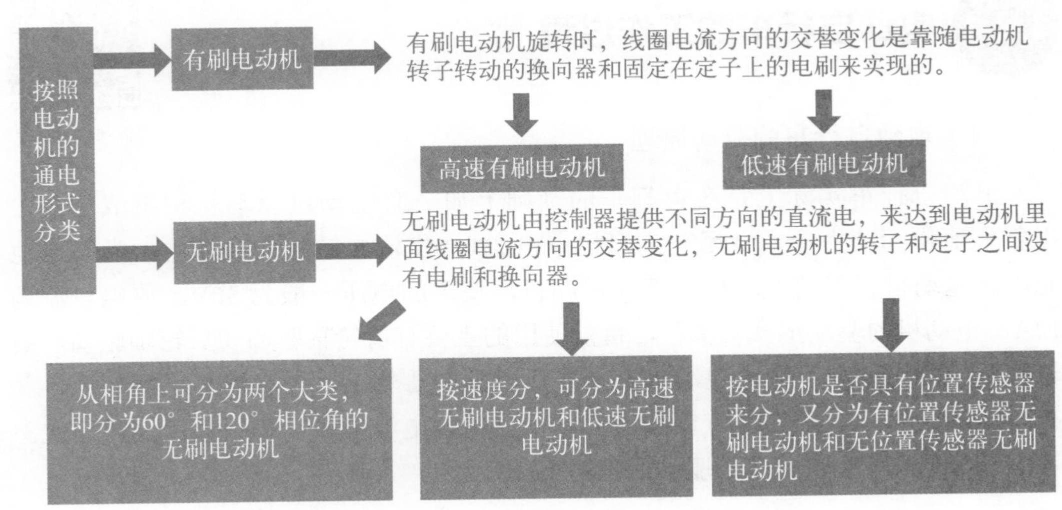

② 按照电动机总成的机械结构来分

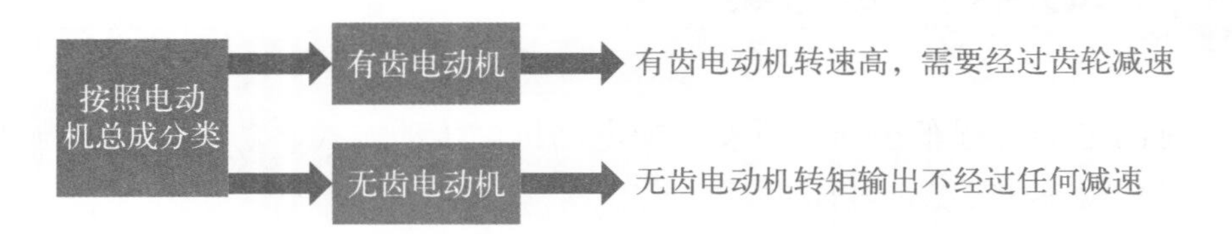

③ 按照电动机的转速来分

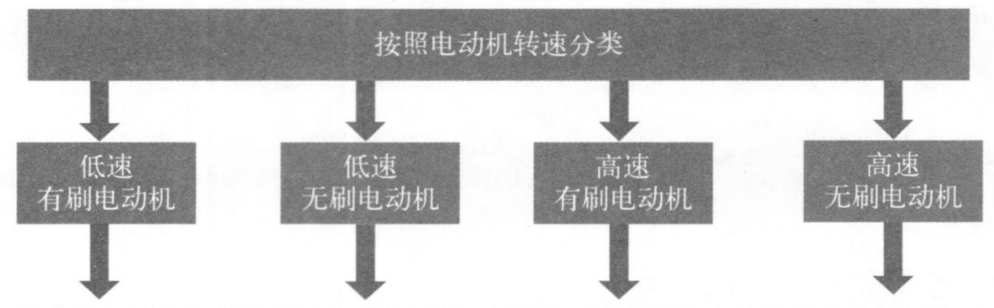

1.2 电动车的工作原理

1.2.1 电动自行车的工作过程

电动车的工作过程

（1）电动自行车的驱动原理

电动自行车实际上是在自行车的基础上加一套电动机驱动机构组成的。采用蓄电池作为动力源，专用充电器把市电 220V 交流电转换成直流电，为蓄电池充电。电动自行车的电动机为直流电动机，使用的电压一般为 36V，放电电流为 12A。电动机的驱动形式有多种，目前使用的主要有前轮轴驱动和后轮轴驱动。后轮轴驱动的电动自行车，电动机安装在后轮毂中心轴上，控制器与手柄相连，并在车体的两手柄之间安装有仪表盘，可以提供蓄电池电压、车行速度、骑行状态等显示信息。电动自行车的驱动原理如下图所示。

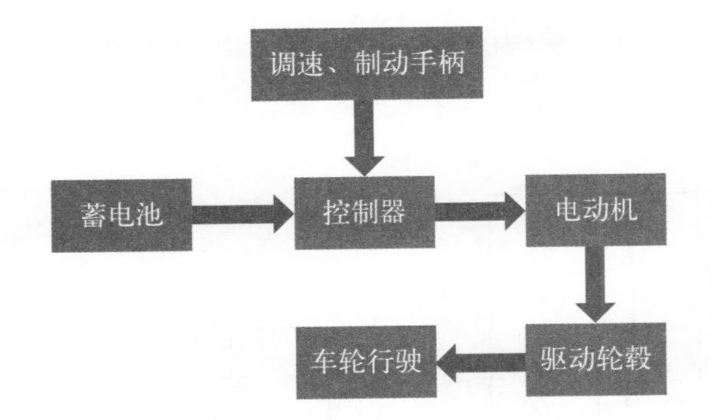

接通蓄电池电源后，使用者通过手柄控制整车控制器输出给电动机的电压，电动机通电产生旋转磁场，驱动车轮旋转，车辆开始行驶。车速快慢是通过调速开关变换电压来调节的，骑行者通过转动手柄控制控制器调节输送给电动机的电压，从而控制电动机的转速，也就控制了电动自行车行进的速度。并可通过观察仪表盘，了解当前蓄电池电压、行车速度和骑行状态等信息。

（2）智能型电动自行车的工作原理

智能型及智能双控型电动自行车与普通自行车工作原理基本相同，均由车体部件、电池、传动部件组成，不同之处就是增加了微型计算机控制器和测力测速传感部件（俗称力矩传感器）。智能车行驶时，人的脚踏力通过传感部件被测量，经微型计算机处理，电动机输出相应的驱动功率（脚踏力越大，电助力越大，反之则越小）。骑行过程中相当安全、省电，且使用方便。

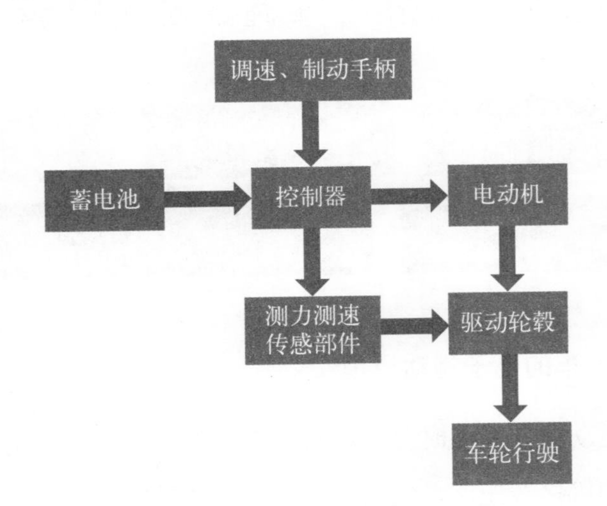

（3）电动自行车调速原理

电动自行车转柄（调速转把）松开为最低挡，旋紧速度最高，从而对直流电动机的转速进行控制。调速电路包括电源电路、脉冲调宽产生电路、电动机驱动电路、电动机过流保护电路等。调速原理图如下图所示，此电路主要用来控制电动自行车的速度和保护电动机不过流。

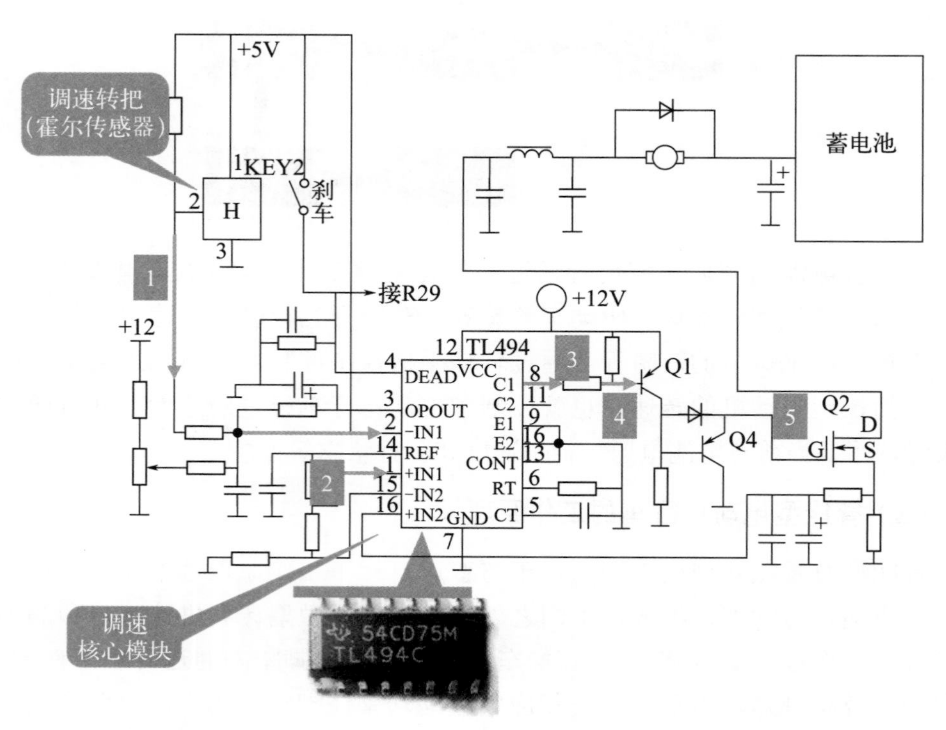

TL494为调速核心模块，其1脚、2脚为信号输入端子；

H为调速转把(霍尔传感器)，3脚接地，1脚为电源引脚，2脚为信号输出端子

①当转动转把时，H的2脚输出可变电压，并送到TL494的2脚

②TL494将2脚电压与1脚电压进行比较

③在TL494的8脚输出调制脉冲

④TL494的2脚电压越低，8脚调制脉冲就越宽

⑤调制脉冲通过Q1、Q2放大后控制电动机的转速，从而达到调速的目的

（4）电动自行车的电子制动原理

电动自行车电动机在通电时是电动机，但在外力作用下转动时它又是发电机。发电时，若将电动机接线短路，短路电流就产生堵转转矩，迫使电动机停止转动。电动自行车电子制动就是利用这一原理来工作的。制动时，制动把开关或霍尔器件输出低电平，电动机上的电源被控制器切断，然后使电动机供电线短路，产生阻力而进行制动。

1.2.2 电动自行车的技术指标

目前，有关电动自行车安全方面的法律法规主要有两方面：首先，在生产管理方面将电动自行车纳入生产许可证管理范畴，未经许可，不得生产、销售；其次在交通管理方面将电动自行车纳入非机动车管理范畴。

关于电动自行车的安全性能标准，必须符合以下几点。

（1）最高车速不超过 25km/h

电动自行车的最高车速按规定为 25km/h。速度过快不仅会加快车辆的磨损，增大单位里程的能耗，而且还会增大惯性，加大车架和前叉等主体部件的负荷，导致制动性能下降，缩短电动自行车的使用寿命，甚至容易给用户带来伤害。

（2）要防止“飞车”

电动车的控制系统一般采用 PWM（脉宽调制）方式来调节行车速度和执行各种保护功能，在 PWM 系统中，主回路中的主要执行部件是功率型 MOS 管、续流二极管和优质大容量电容。在电动车控制系统中最为严重的故障是功率型 MOS 管被击穿直通，导致电动机失控，而电动机的堵转冲击电流往往可以达到数十安培，车辆无法停止，强制刹车也可能在短时间内无法使熔断器（保险丝）断开。用户在面对这种意外情况时，如果处置不当容易出现安全事故。这种情况俗称“飞车”。

要防止“飞车”，首先要在设计上强化安全质量，同时必须选择优质关键器件。其次，可设置“防飞车”装置，一旦出现异常，用户就可迅速切断总电源，确保人身安全。

（3）当心电热失控

电热失控事故一般有两类。

一类是电动自行车某些部件接触电阻过大，这样接触不良部位在行车过程中因流过的电流过大而急剧发热，容易导致电动自行车“自燃”。

一类是低成本、低质量的充电器在充电过程中严重发热可能引发“自燃”，或有的充电器出现故障而保险管不能及时熔断也可能出现“自燃”。充电器一旦“自燃”且不能及时处理，则可能引发火灾等更严重的后果。因此，除了要确保电动自行车电气部件质量可靠和各接插件接触良好外，还要采用保护功能完善、可靠性高的充电器。

（4）警惕前叉及前叉组件损坏

电动自行车前叉及前叉组件要承受很大的冲击，特别在紧急刹车等特殊情况下。如果锁紧螺杆松动、车把强度不够以及前叉承受力部位薄弱等，就可能造成严重事故。所以，强化前叉及前叉组件产品质量是十分重要的。

（5）制动性要良好

制动性是电动自行车的一项重要技术指标，选择优质的制动系统是降低维修率和提高安全性的基本保证。

1.2.3 电动三轮车与电动自行车的区别

电动三轮车作为电动自行车产品的延伸，近年来发展很快，在我国城乡迅速普及，成为人们日常生活的得力助手。

（1）电动三轮车的分类

电动三轮车有家用型、货运型、工厂型多种类型，因为用途不同，所采用的技术标准也不相同，电动机和蓄电池配置亦不相同。

家用型电动三轮车

该类型电动三轮车多数采用侧轮电机和外置车架，载重轻，一般为200kg左右；车速与电动自行车类似，电机一般为350~500W，续航电池为12V 20A·h，适合家用及老人代步。

货运型电动三轮车

该类型电动三轮车分为两种车型，一种是摩托型，一种是机动三轮型。总体来说，货运型电动三轮车电机大，蓄电池大，适合载重拉货。

工厂型电动三轮车

该类型电动三轮车由于使用环境较为艰苦，因此要求其电机、电池较为耐用，而且对于车架的用材和焊接工艺方面也有较高要求，常用于工厂内部的固定场合使用

（2）关于电池的区别

电动三轮车使用的蓄电池一般为管式牵引铅酸蓄电池，型号一般为 ××V-××Ah，如 12V-120Ah。前面部分表示铅酸蓄电池的标称直流电压，后面部分表示铅酸蓄电池的标称容量。

电动三轮车用蓄电池

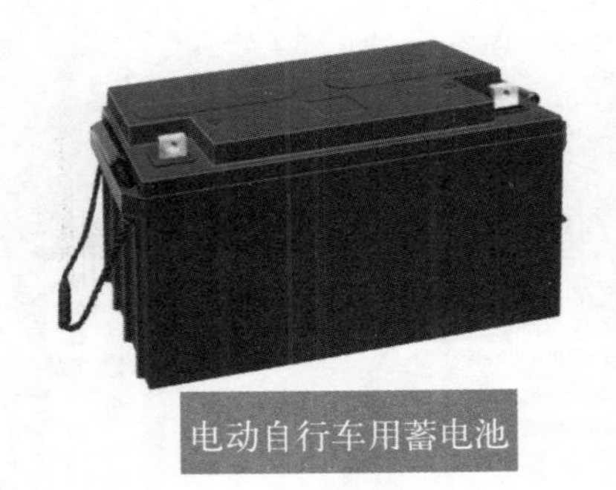
电动自行车用蓄电池

（3）关于电动机的区别

电动三轮车一般使用的是串励电动机，也叫串激电动机，它的定子和转子分别采用了绕组，并且两个绕组串联使用，与控制器的连接有两条线，比电动自行车相对简单。

电动三轮车采用串励电动机

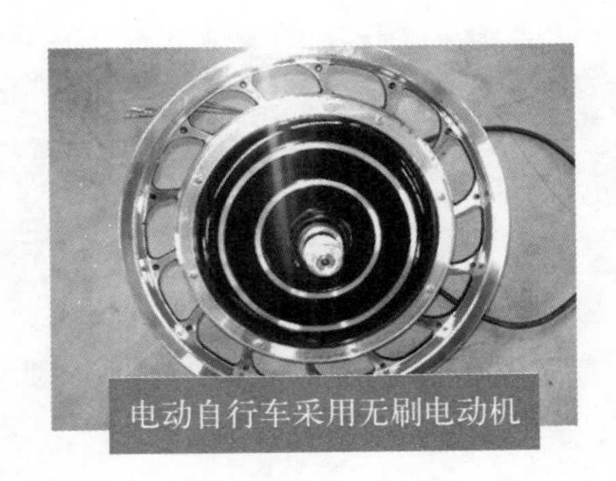
电动自行车采用无刷电动机

第2章 维修工具的使用及电子元器件的检测

2.1 维修工具的使用

2.1.1 基本维修工具

电动自动车的维修工具通常有以下几种：

工具名称	外形
老虎钳	
尖嘴钳	
剥线钳	
斜口钳	
活动扳手	

续表

工具名称	外形
手锤	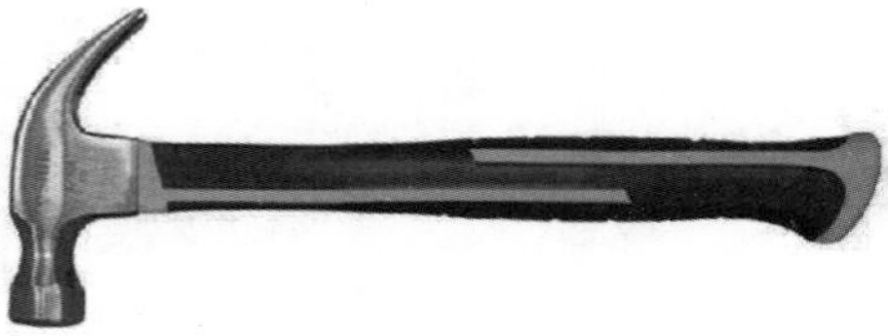
螺丝刀	
拉马 （拆卸工具）	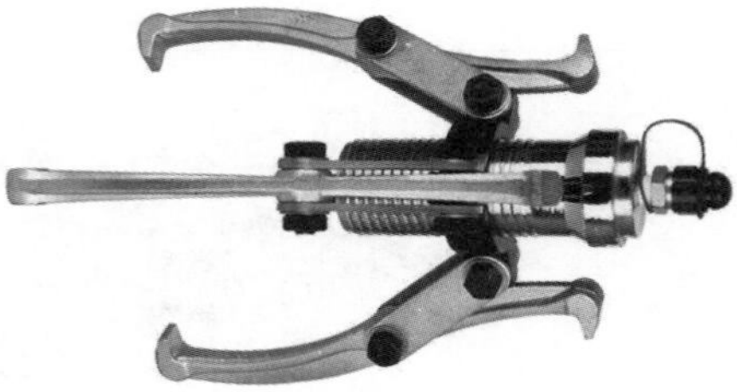
AB胶	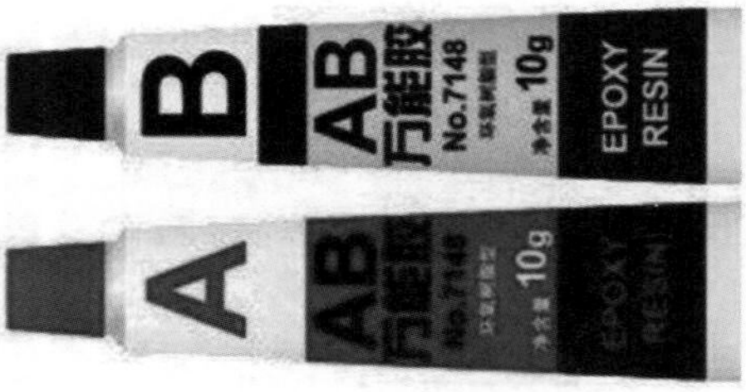
内角扳手	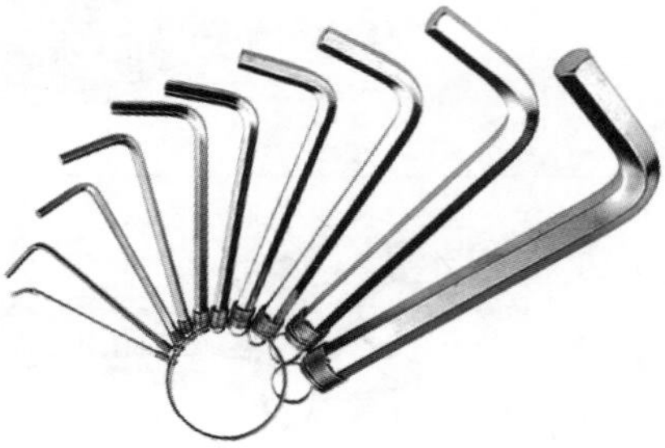

2.1.2 万用表

检修仪表——万用表

万用表的功能很多，可以测量电阻、电流和电压等参数，常用的万用表有指针式与数字式两种，我们以数字式万用表为例。数字万用表将所测量的电压、电流和电阻等值直接用数字显示出来，具有测量速度快、性能好的特点。另外，它还能测量电容、电感以及晶体管放大倍数等，是一种多功能测试工具。数字万用表的结构如下图所示。

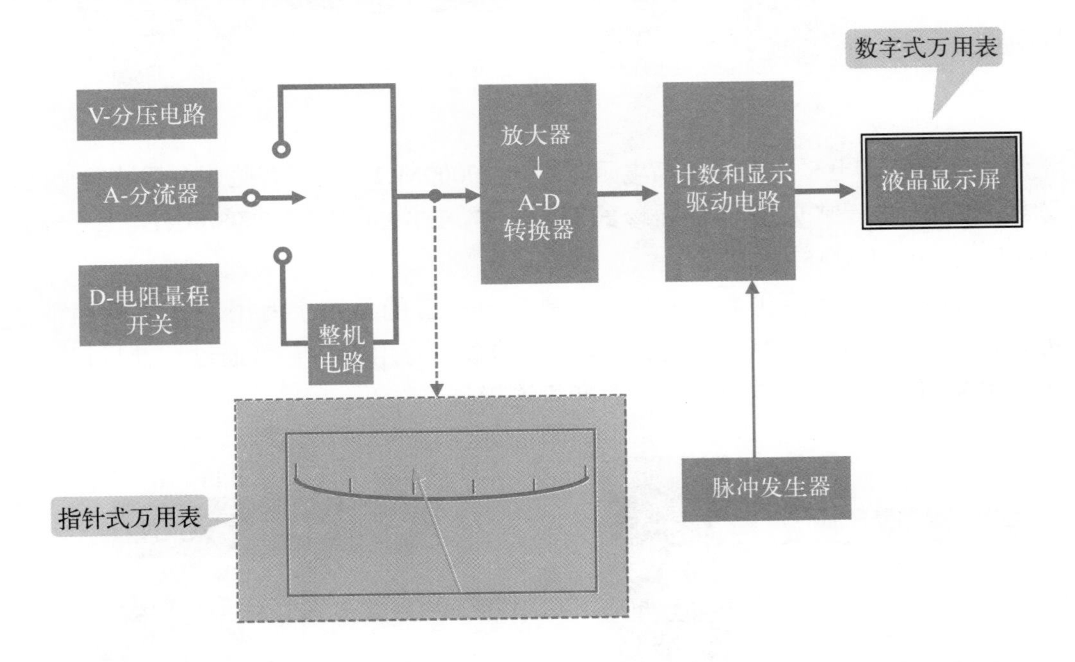

（1）数字万用表的种类

数字万用表的种类繁多，分类方法也有多种，通常按其测量精度的高低进行分类。

① 普及型数字万用表　这类万用表结构、功能较为简单，一般只有五个基本测量功能：DCV、ACV、DCI、ACI、Ω 及 hFE。其价格低廉，精度一般为三位半，如 DT-830、DT-840 等型号，如下图所示。

② 多功能型数字万用表　多功能型数字万用表较普及型增加了一些实用功能，如电容容量、高电压和大电流的测量等，有些还有语音功能。这类仪表有 DT-870、DT-890 等型号。电动车维修使用这类万用表即可满足需要。

③ 高精度、多功能型数字万用表　高精度、多功能型数字万用表的精度在四位半及以上。除常用测量电流、电压、电阻、晶体管放大系数等功能外，还可测

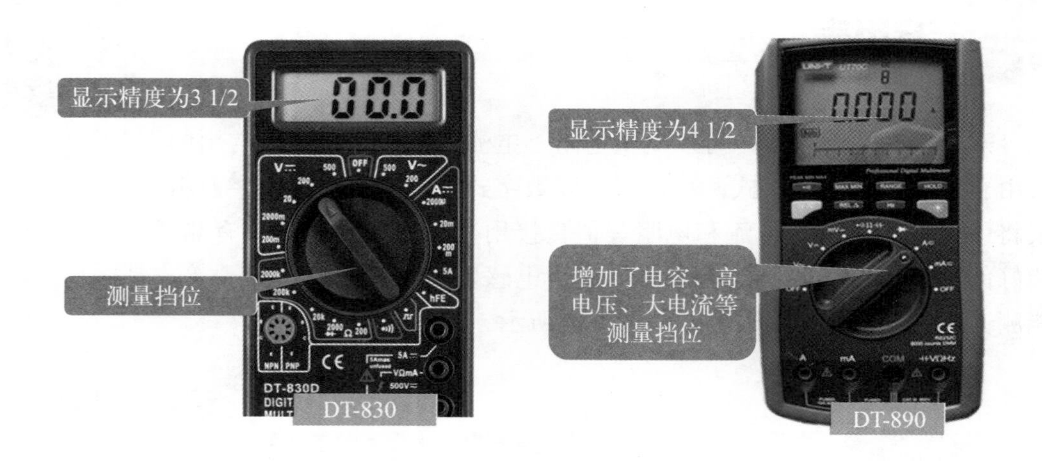

量温度、频率、电平、电导及高电阻（可达 10000MΩ）等，有些还有示波器功能、读数保持功能。常见型号有袖珍式 DT-930F、DT-930FC、DT-980 等，以及台式 DM-8145、DM-8245 等。

④ 高精度、智能化数字万用表　高精度、智能化数字万用表是指内部带微处理器，具有数据处理和故障自检等功能的数字万用表。它可通过标准接口（如 IEEE488、RS-232 等）与计算机、打印机连接。

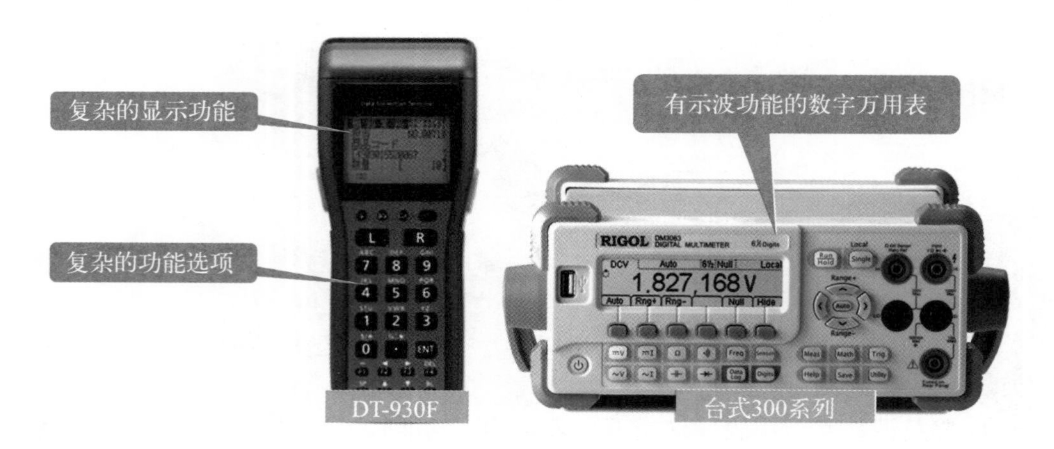

（2）数字万用表的特点

同指针式万用表相比，数字万用表有其明显的特点，如重量轻、精度高。袖珍式数字表、万用表普遍采用 LCD 液晶显示器，台式数字万用表多使用 LED 发光二极管显示器。

这里以 VC9801A+ 数字万用表为例，对日常使用较多的中低档数字万用表的维护使用要点进行说明。数字万用表的外观及功能如下图所示。

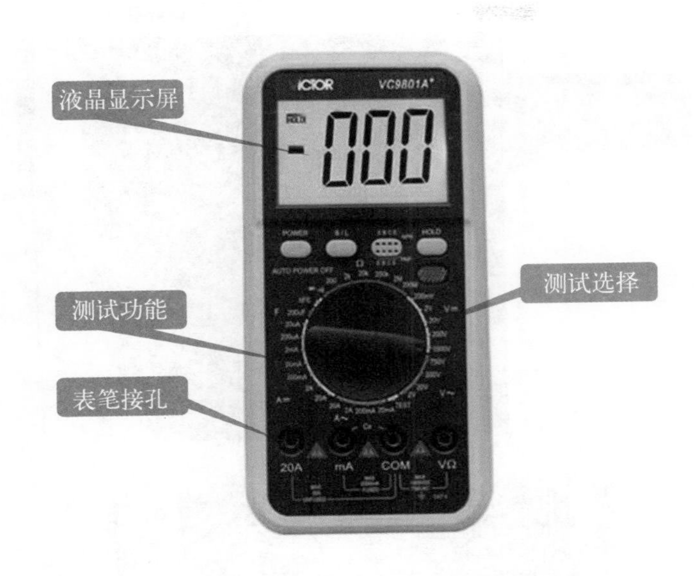

① 功能选择　VC9801A+ 数字万用表具有 28 个量程，电动车维修过程中常用的主要有最大直流电流挡、20V 直流电压挡、200V 直流电压挡、750V 交流电压挡和二极管测量挡。

② 测试数据显示在 LCD 中　量程与 LCD 显示有一定的对应关系，如果量程是一位数，则 LCD 上显示一位整数，小数点后显示三位小数；如果是两位数，则 LCD 上显示两位整数，小数点后显示两位小数；如果是三位数，则 LCD 上显示三位整数，小数点后显示一 位小数；有几个量程，对应的 LCD 没有小数显示。

③ 全量程过载保护　过量程时，LCD 的第一位显示"1"或"−1"，其他位没有显示。

④ 显示方式　三位半即液晶显示的最大显示值为 1999，后三位可从 0 变到 9，第一位只有 0 和 1 两种状态。

⑤ 电池电量不足指示　LCD 液晶屏左上方显示电池符号或显示"LOBAT"，表示电池电量不足。

（3）万用表在电动车维修中的使用

数字万用表在维修中一般负表笔插于标有"COM"的插孔内，正表笔插于标有"A、V"的插孔内。表笔用于连接被测对象。

① 测量电压　电动车线路中需要测量的一般有电源电压 24～80V，控制器输出电压 18～80V，应该使用 100V 或 200V 电压挡，测量控制器信号电源电压和单块蓄电池电压应使用 20V 直流电压挡。如果没有把握，测量之前，最好先用高挡位粗测，再换相应挡位细测。

② 测量电流　测量电流时不仅要选择挡位，还要选择红表笔的插孔。200mA 以下电流测量，红表笔插入"mA"插孔，安培级（10A）电流测量，要把红表笔改插到"10A"的专用插孔内。

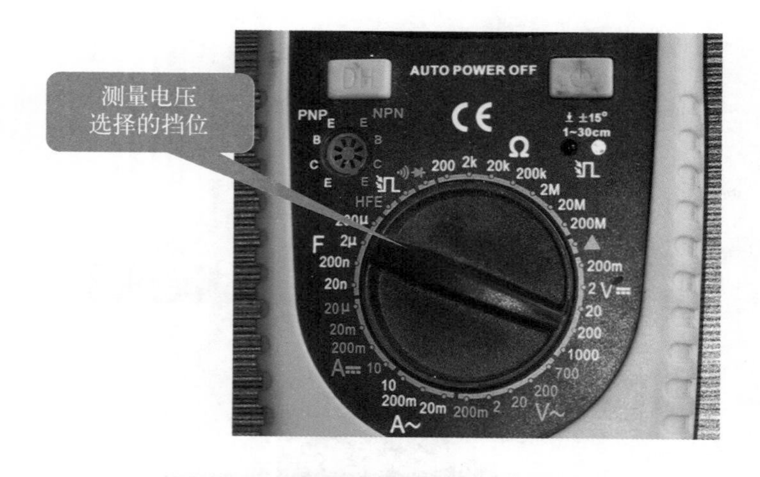

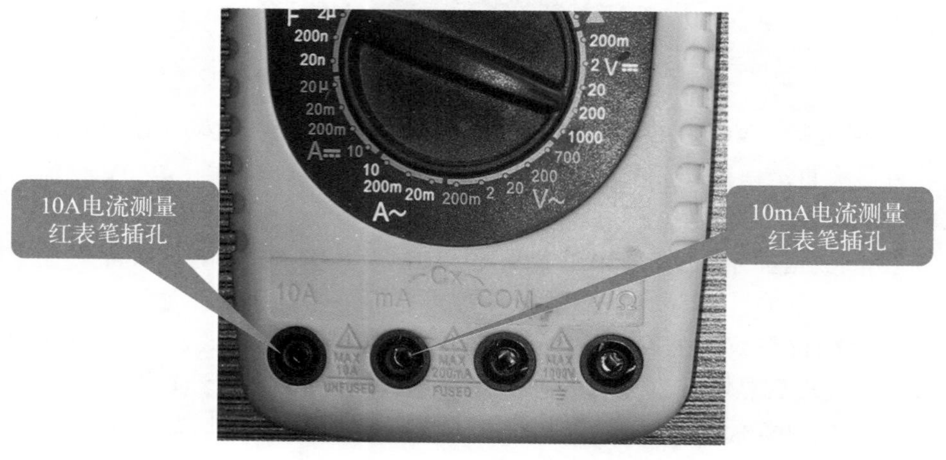

测量电流时，要把选好挡位和插孔的万用表串联到被测电路中，如果读数为正，说明被测电流的方向是由红表笔流入，由黑表笔流出，反之亦然。

③ 测量电阻　电阻测量必须在不带电的情况下进行。测量时万用表内部电池产生流过被测电路的电流，根据这个电流的大小可以判断电阻的大小。量程的选择要和被测电阻的大小相适应，以保证测量精度。测量较大电阻（100kΩ 以上）时，手不要接触表笔尖端及电阻体，以免人体电阻影响测量结果。

④ 测量二极管　二极管具有单向导电性，可用电阻挡测量，正向电阻为几百欧，反向电阻为几百千欧以上为正常。

数字万用表有专测二极管的一挡，处于这一挡时，红表笔接二极管正极，黑表笔接负极，显示的数字在 500～700 之间为正常。

⑤ 测量通断　通断测量是电动车维修中常用的方法之一，测量通断与测量电阻的原理相同，只是被测电阻较小，主要目的是判断电路的通断。数字万用表可以使用二极管测量挡测量线路通断，除有数字显示外，还配以音响和灯光指示。有音响，表示通，无音响，表示断。

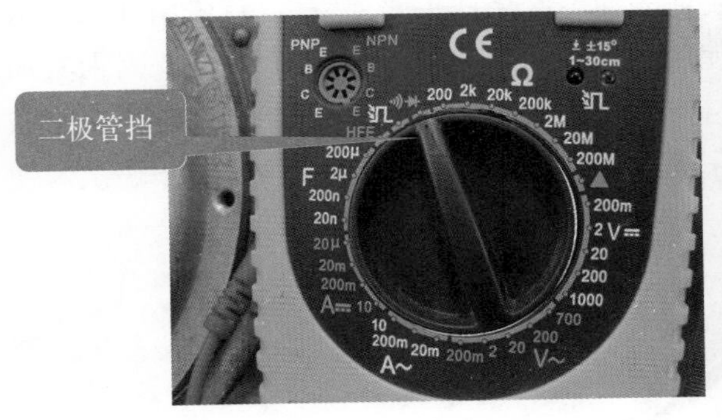

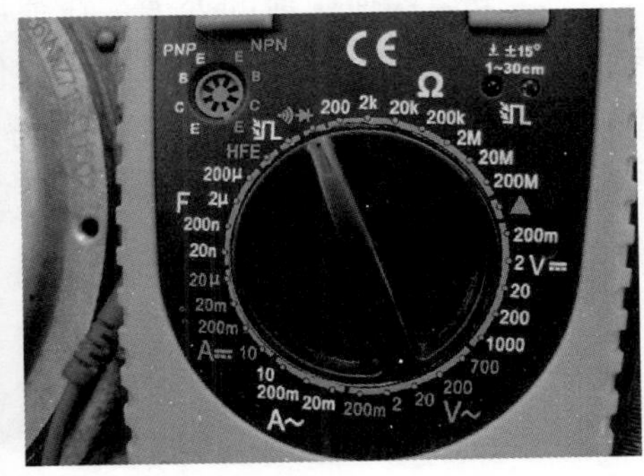

2.1.3 电烙铁

补焊工具——电烙铁

（1）焊接工具及耗材

电烙铁按加热方式分为外热式和内热式两种，按照使用的电源电压分为 220V 普通电烙铁和低压电烙铁。烙铁头有尖形、扁形之分，扁形又有宽窄之分。

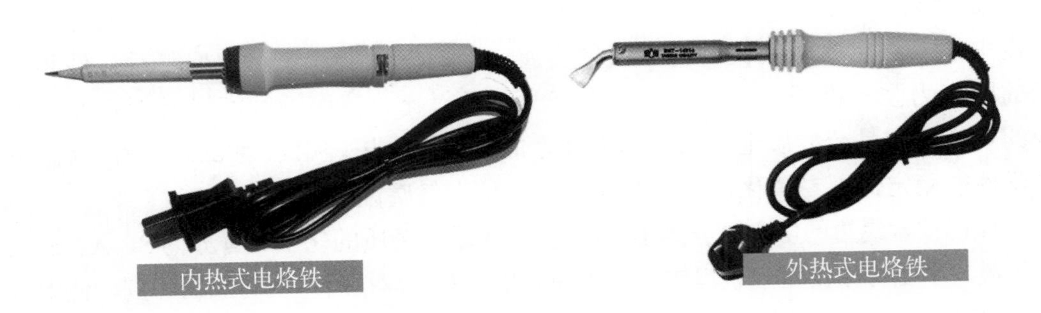
内热式电烙铁　　外热式电烙铁

除此之外，还有抗氧化与不抗氧化之分，抗氧化的使用寿命长，不抗氧化的使用寿命短。可根据需要合理选择。一般来说电烙铁的功率越大，热量越大，烙铁头的温度越高。焊接集成电路、印制线路板、CMOS 电路一般选用 20W 内热式电烙铁。使用的烙铁功率过大，容易烫坏元器件（一般二极管和晶体管结点温度超过 200% 时就会烧坏）或使印制导线从基板上脱落；使用的烙铁功率太小，焊锡不能充分熔化，焊剂不能挥发出来，焊点不光滑、不牢固，易产生虚焊。焊接时间过长，也会烧坏器件，一般每个焊点在 1.5～4s 内完成。

维修时一般应该准备三把电烙铁：一把 30W 左右的内热式电烙铁，用于焊接小的元器件和细线；一把 80W 左右电烙铁，用于焊接粗线和电池连线等；一把 30～50W 的 12V 低压电烙铁，用于焊接 MOS 管等使用。

① 电烙铁使用前的处理　在使用前先通电给烙铁头“上锡”，首先用锉刀把烙铁头按需要锉成一定的形状（一般使用内热型时，则不需要这步操作，因为其加热头是尖的，如下图所示），然后接上电源，当烙铁头温度升到能熔锡时，将烙铁头在松香上蘸涂一下，等松香冒烟后再蘸涂一层焊锡，如此反复进行 2～3 次，使烙铁头的刃面镀一层锡便可使用了。

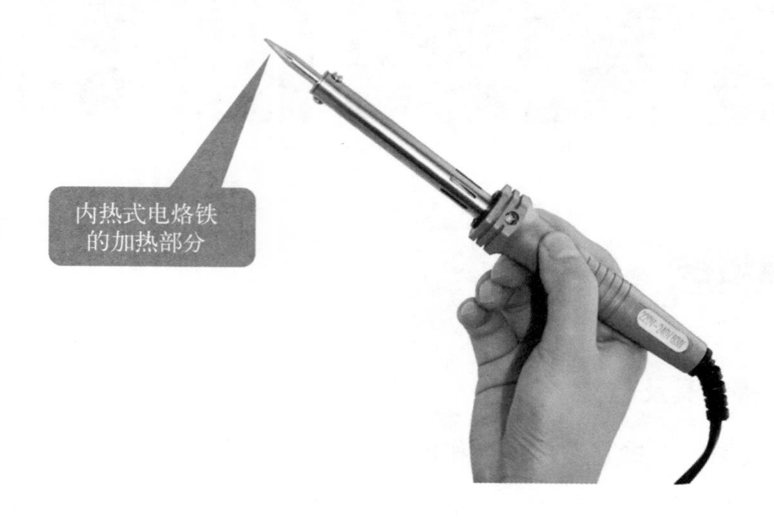

② 焊料　焊料是一种易熔金属，它能使两个焊件连接在一起。常用的焊锡是在锡中加入一定比例的铅和少量其他金属，制成熔点低、流动性好、对元件和导线的附着力强、机械强度高、导电性好、不易氧化、抗腐蚀性好以及焊点光亮美观的焊料。锡是一种质地柔软、延展性大的银白色金属，熔点为 232℃，在常温下化学性能稳定，不易氧化，不失金属光泽，抗大气腐蚀能力强。

焊锡按含锡量的多少可分为 15 种，按含锡量和杂质的化学成分分为 S、A、B 三个等级。手工焊接常用丝状焊锡，它中间有松香芯，焊接时不用另加助焊剂，使用方便。电动车维修一般使用直径 0.8mm 左右的焊锡丝。焊锡丝一般有以下两种拿法。

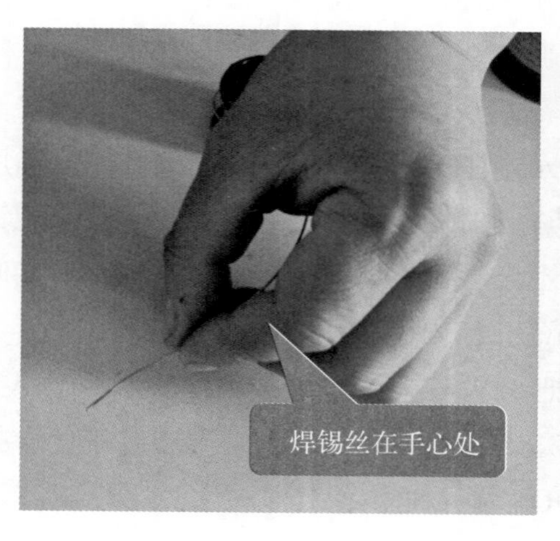

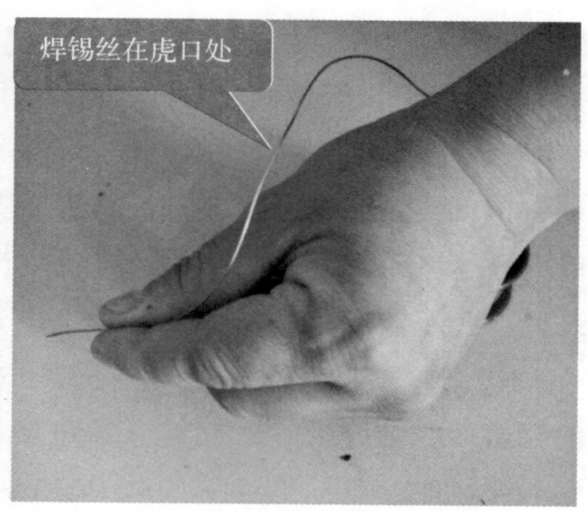

③ 焊剂

a. 助焊剂。助焊剂一般可分为无机助焊剂、有机助焊剂和树脂助焊剂，能溶解去除金属表面的氧化物，并在焊接加热时包围金属的表面，使之和空气隔绝，防止金属在加热时氧化；可降低熔融焊锡的表面张力，有利于焊锡的浸润。

固体松香

液体松香

松香是一种常用的助焊剂，可以帮助焊接，松香可以直接用，也可以配置成松香溶液，就是把松香碾碎，将25%的松香溶解在75%的酒精中放入小瓶中作为助焊剂。注意酒精易挥发，用完后记得把瓶盖拧紧。瓶里可以放一小块棉花，用时就用镊子夹出来涂在焊点上。

b. 阻焊剂。阻焊剂可以使焊料只在需要的焊点上进行焊接，把不需要焊接的印制电路板的板面部分覆盖起来，保护面板使其在焊接时受到的热冲击小，不易起泡，同时还起到防止桥接、拉尖、短路和虚焊等情况。

使用焊剂时，必须根据被焊件的面积大小和表面状态适量施用，用量过小会影响焊接质量，用量过多，焊剂残渣将会腐蚀元件或使电路板绝缘性能变差。

c. 焊油（膏）。由于焊接是物体表面分子间的结合，焊油有清除金属表面氧化物的作用，因此要在焊点处涂抹焊油，由于焊油有腐蚀性，涂抹不可太多。

松香膏

（2）手工焊接的基本操作方法

维修中常见一种焊接操作法，即先用烙铁头蘸上一些焊锡，然后将烙铁放到焊点上停留等待加热后焊锡润湿焊件。这是不正确的操作方法，虽然这样也可以将焊件焊起来，但却不能保证质量。正确的方法如下（五步法）。

① 焊前准备　准备好电烙铁、镊子、剪刀、斜口钳、尖嘴钳、焊料和焊剂等。将电烙铁及焊件搪锡，此时需要特别强调的是烙铁头部要保持干净，才可以蘸上焊锡（俗称吃锡）。

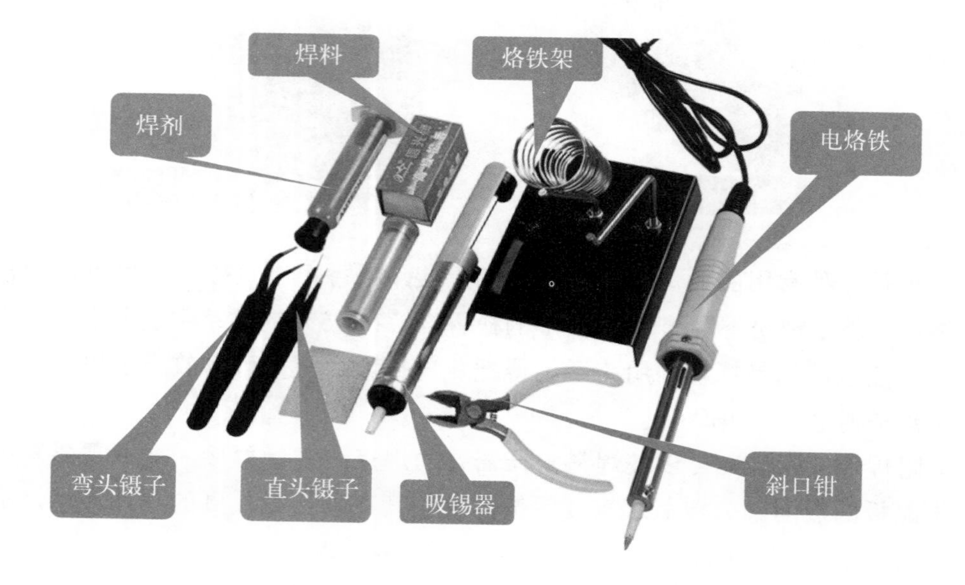

② 加热焊件　将电烙铁接触焊接点，注意首先要保持电烙铁加热焊件各部分，其次要注意让烙铁头面积较大部分接触热容量较大的焊件，烙铁头的侧面或边缘部分接触热容量较小的焊件，以保持焊件均匀受热。

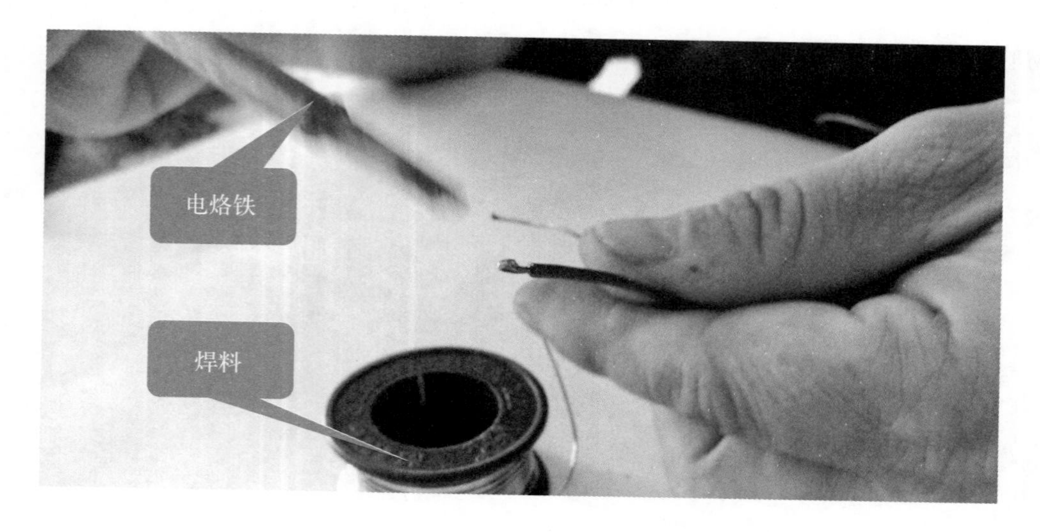

③ 熔化焊料　当焊件加热到能熔化焊料的温度后将焊锡丝置于焊点，焊料开始熔化并润湿焊点。

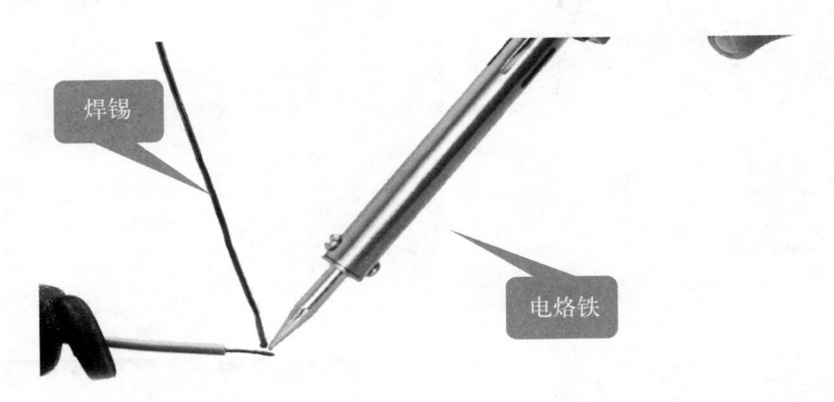

④ 移开焊锡丝　当熔化一定量的焊锡后将焊锡丝移开。

⑤ 移开烙铁。当焊锡完全浸润焊点后移开电烙铁，注意移开电烙铁的方向应该是大致 45° 的方向。

上述过程，对一般焊点而言大约二三秒。对于热容量较小的焊点，例如印制电路板上的小焊盘，有时用三步法概括操作方法，即将上述步骤②、③合为一步，④、⑤合为一步。实际上细微区分还是五步，所以五步法有普遍性，是手工烙铁焊接的基本方法。特别是各步骤之间停留的时间，对保证焊接质量至关重要，只有通过实践才能逐步掌握。

（3）线头焊接方法

电动自行车维修过程中，焊接最多的是导线，焊接分以下四步。

① 线头剥线，线头一般应留 3～5mm 长。

② 清理焊接面，用细砂纸将焊接面打磨干净，特别是原来的旧线头或电池极柱，要把原来的氧化层打磨掉，如下图所示。

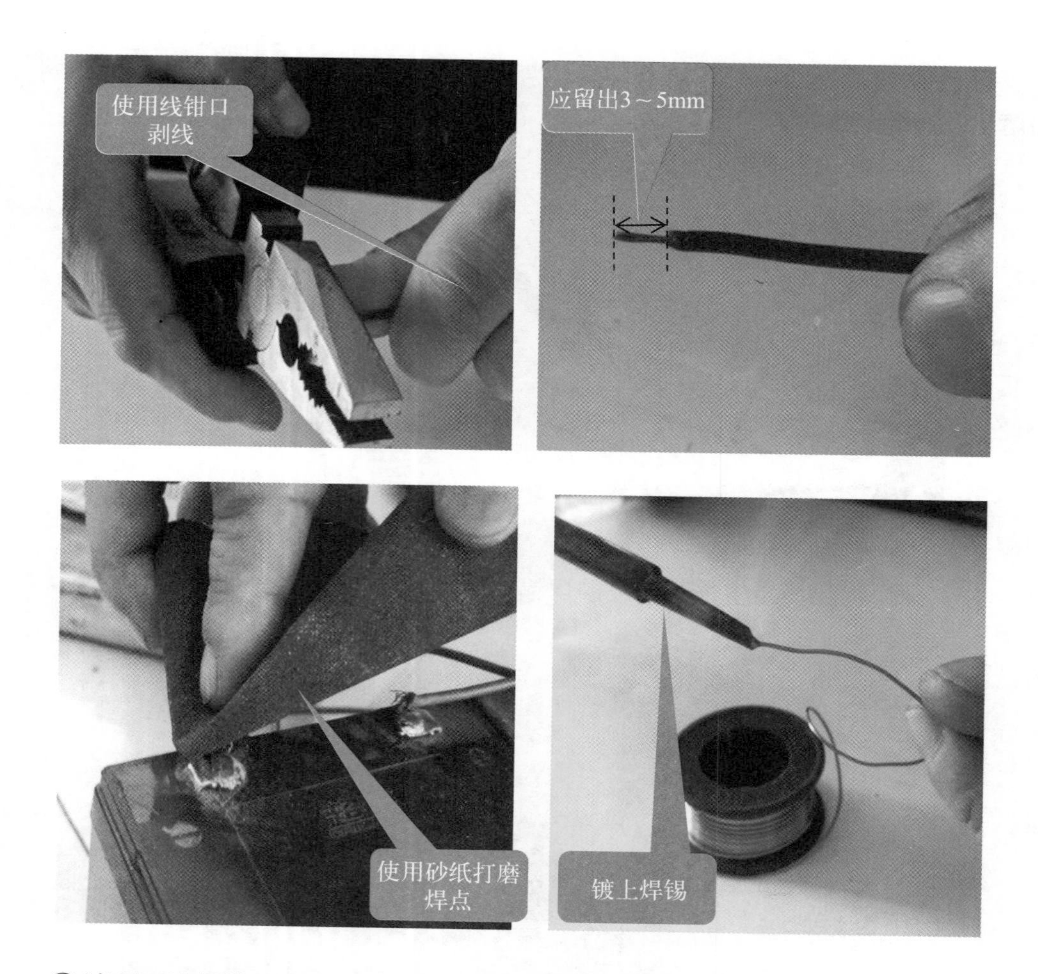

③ 清理干净焊接面后，用烙铁头将两个焊接面加热，分别镀上焊锡，如图所示。

④ 将线头搭在一起，用电烙铁加热，待焊件上的焊锡完全熔化后根据情况适当添加焊锡，待焊料流动并覆盖焊接处形成干净圆滑的焊点后，电烙铁头沿着连接方向轻轻一提离开焊点。

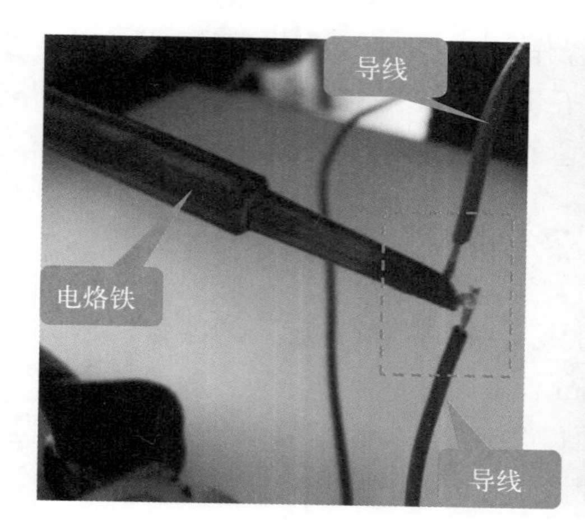

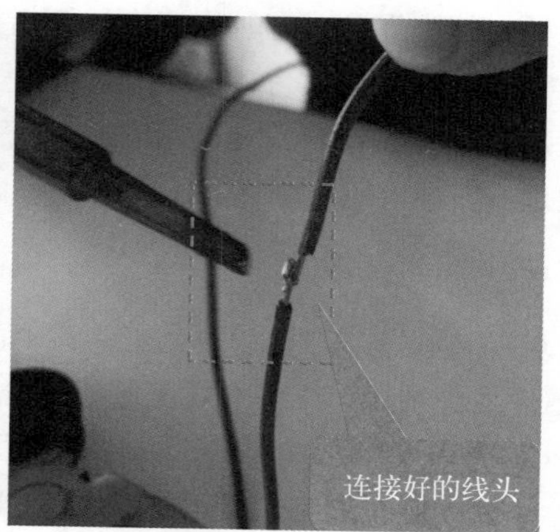

⑤ 焊接比较粗的导线时，为了保证焊点不至于过大，可以先将两个线头做成阶梯状。示意图所示。

⑥ 对焊手法：线头对焊是电动车维修的基本功，需要多加练习，才能做到又快又好，初学者由于不能熟练掌握对焊手法和焊接流程，往往出现焊接时间长、焊接质量低以及接头不光滑等问题。

正确的对焊手法如图所示，大拇指和无名指握住一个线头，中指和食指握住另一个线头，用电烙铁加热镀好锡的线头，其要点是线头要短、镀锡要充分、手要稳和动作要快。

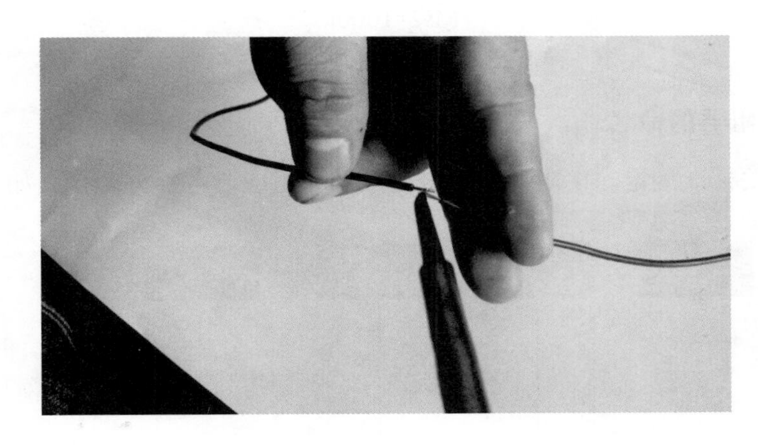

2.2 电子元器件的检测与更换

2.2.1 电阻器

电阻器，一般简称电阻，主要的物理特征是变电能为热能，电流经过它就产生热能。它在电路中通常起分压分流作用。对信号来说，交流与直流信号都可以通过电阻器。固定电阻器的阻值是不可变的。根据材料的不同电阻器可分为碳膜电阻器、金属膜电阻器、线绕电阻器等，电动车中常见的电阻如下所示：

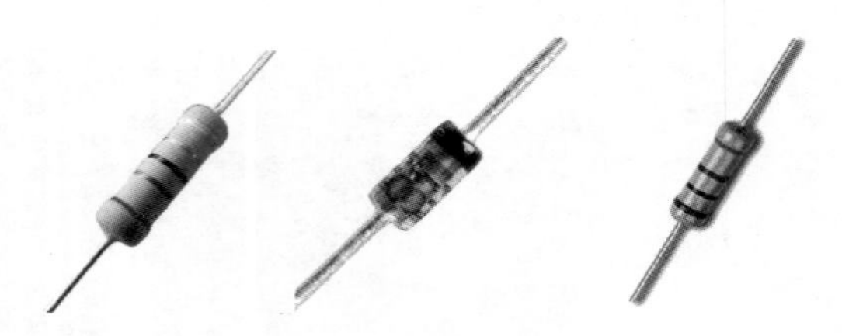

固定电阻器在电路中通常用字母“R”表示，其电路符号如下所示。

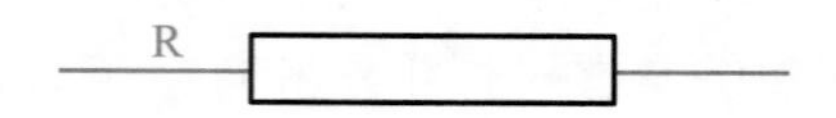

（1）电阻器的单位

电阻器的单位用欧姆（Ω）表示。其他常用单位有千欧（kΩ）、兆欧（MW），其换算关系为

$$1M\Omega=1000k\Omega$$
$$1k\Omega=1000\Omega$$

（2）电阻器的命名

根据相关标准规定，电阻器的型号由四部分组成，各部分的含义如下：

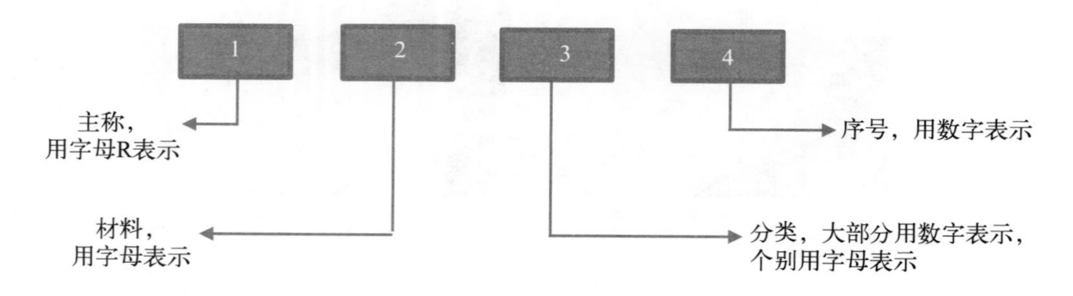

其中材料代号的含义如下表所示。

符号	T	H	S	N	J	Y	G	I	X	F
含义	碳膜	合成膜	有机实芯	无机实芯	金属膜	氧化膜	沉积膜	玻璃釉膜	线绕	复合膜

（3）电阻大小的识别

① 直标法　即直接在电阻器的表面标明其阻值，如100Ω、1kΩ、1MΩ等，如下图所示。

② 色环标志法　简称色标法，即将表示元件各种参数值的颜色直接标在产品表面上的一种方法，各种颜色表示的数值如下表所示。

颜色	数字	倍乘数	允许误差/%	颜色	数字	倍乘数	允许误差/%
银色	—	10^{-2}	±10	黄色	4	10^{4}	—
金色	—	10^{-1}	±5	绿色	5	10^{5}	±0.5
黑色	0	10^{0}	—	蓝色	6	10^{6}	±0.2
棕色	1	10^{1}	±1	紫色	7	10^{7}	±0.1
红色	2	10^{2}	±2	灰色	8	10^{8}	—
橙色	3	10^{3}	—	白色	9	10^{9}	+5～−20

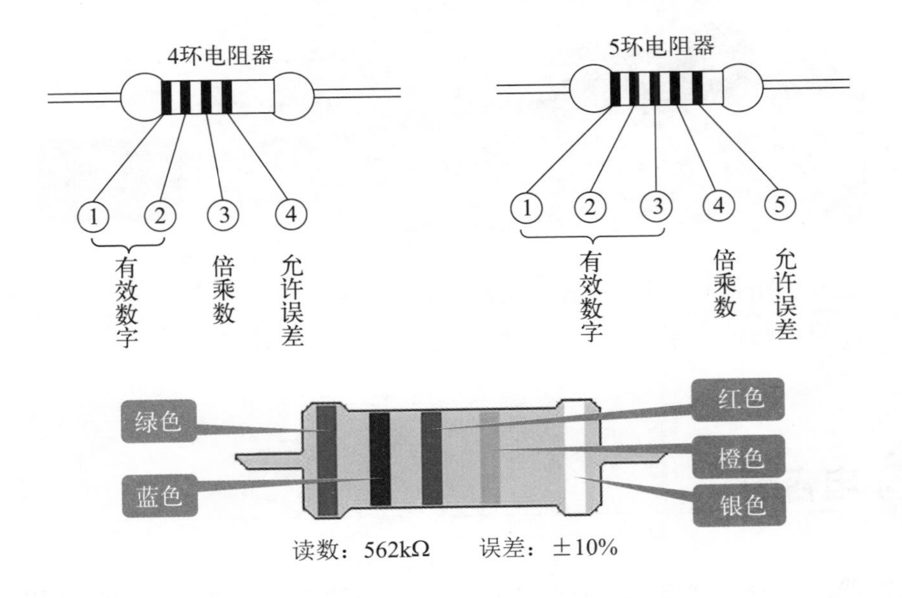

（4）电阻的检测

① 有的固定电阻器损坏后表面会发黑或有裂痕，所以电阻器出现裂痕或变色，则说明该电阻器过流损坏。

② 若电阻器外观正常而怀疑内部存在故障时，应将其从电路板上取下后，再按下图所示的方法判断其是否正常。

如果测量的阻值与标称值相同，说明该电阻器正常；
如果测量的阻值大于标称值，说明该电阻器变值或开路。

2.2.2 电容器

电容器，一般简称电容。它是除电阻器外电动自行车上第二种最常用的电子元件。其主要物理特征是储存电荷，在电动自行车电路里主要起耦合、滤波、隔直流、延时、调谐的作用。常见的电容器外形如下图所示。电容器在电路中通常用字母“C”表示，其电路符号如下图所示。

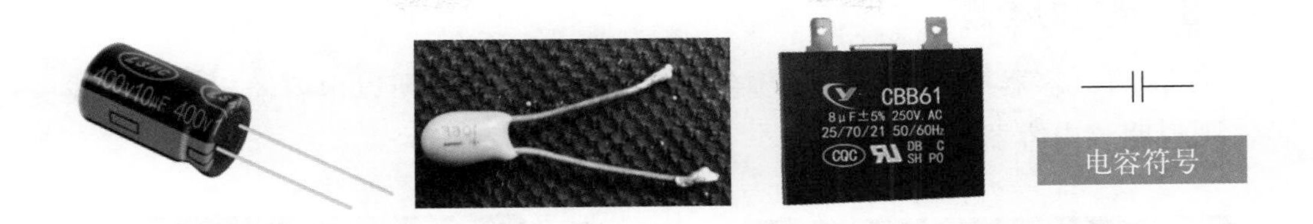

与电阻器相比，电容器的性能相对复杂一些。它的主要特点是：两端的电压不能突变。就像一个水缸一样，要将它装满需要一段时间，要将它全部倒空也需要一段时间。电容器的这个特性对我们以后分析电路很有用。

在电路中，电容器有通交流、隔直流、通高频、阻低频的特性。电容器对信号也有阻力，通常把它称为容抗。电容器的容抗随信号频率升高而减小，随信号频率的降低而增大。

（1）电容器的单位

电容器的单位用法拉（F）表示。但F这一单位太大，通常使用微法（μF）、皮法（pF）。

其换算关系为

$$1\text{F}=10^6\mu\text{F}$$
$$1\mu\text{F}=10^6\text{pF}$$

（2）电容器的命名

根据相关标准规定，电容器产品的型号由四部分组成，各部分的含义如下：

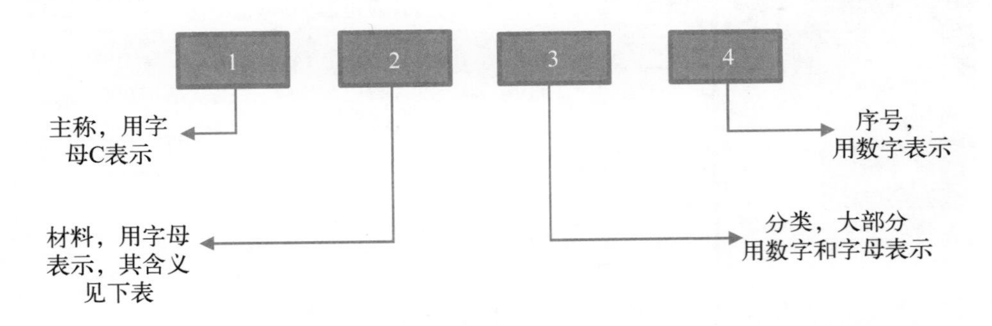

符号	G	T	I	O	Y	V	Z	J	B
含义	高频瓷	低频瓷	玻璃釉	玻璃膜	云母	云母纸	纸介	金属化纸	聚苯乙烯
符号	L	Q	H	D	A	N	G	E	
含义	涤纶	漆膜	复合介质	铝电解	钽电解	铌电解	合金电解	其他材料电解	

（3）电容的检测

① 有的电容器损坏后表面的颜色会发黑或有裂痕，所以电容器出现裂痕或变色，则说明该电容器损坏。

② 若怀疑的电容器外观正常，应将其从电路板上取下后，再按下图所示的方法判断其是否正常：

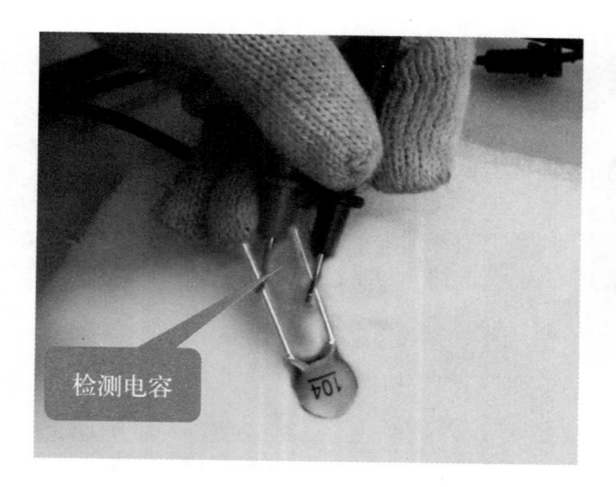

电容104含义

104其实是电容的一种表示方法，代表电容的容值。
一般用这种表示方法的电容多为瓷片电容，104写在表面，表示其值为10乘以10^4皮法，也就是10 0000pF，0.1μF。

如果测量的容量值与标称值相同，说明该电容器正常；
如果测量的容量值大于标称值，或者为0，说明该电容器损坏。

2.2.3 二极管

晶体二极管在电路中常用“VD”表示，其电路符号如下所示。

根据电动自行车中晶体二极管的不同作用，可分为普通二极管、变容二极管、稳压二极管、发光二极管等。

（1）普通二极管

普通二极管是利用二极管的单向导电性来工作的，有两个引脚，一般为黑色，在其一端有白色竖条，表示为负极。普通二极管的外形及其电路符号如下图所示。

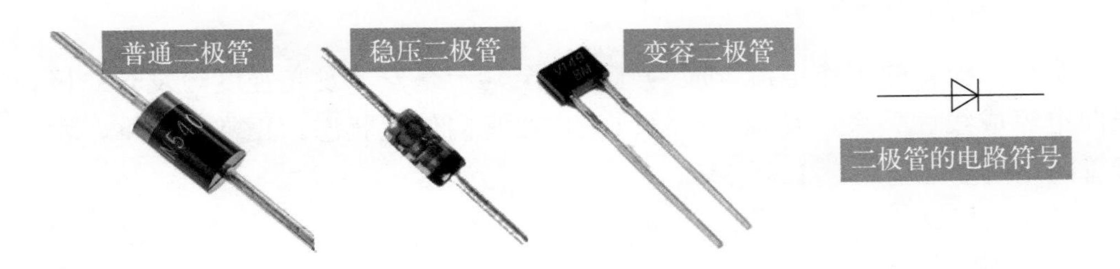

（2）变容二极管

变容二极管是采用特殊工艺使 PN 结电容随反向偏压变化比较灵敏的一种特殊二极管。二极管结电容的大小除了与本身结构和工艺有关外，还与外加的反向电压有关。

与普通二极管不同的是，变容二极管需要加反向偏压才能正常工作，即变容二极管的负极接电源的正极，变容二极管的正极接电源的负极。当变容二极管的反向偏压增大时，其结电容变小；当变容二极管的反向偏压减小时，其结电容增大。

（3）稳压二极管

稳压二极管一般简称稳压管，它是利用二极管的反向击穿特性来工作的。在电动自行车电路中，它常常用于充电器、控制器中。稳压二极管的电路符号如下图所示。

（4）发光二极管

发光二极管在电动自行车中主要被用作蓄电池能量或充电器的指示灯。

按发光颜色发光二极管一般分为红光、绿光、黄光等几种，它有 2 脚和 3 脚两种：2 脚发光二极管仅有一个发光管；3 脚发光二极管通常有两个发光颜色不同的发光管。发光二极管的外形及电路符号如下图所示。

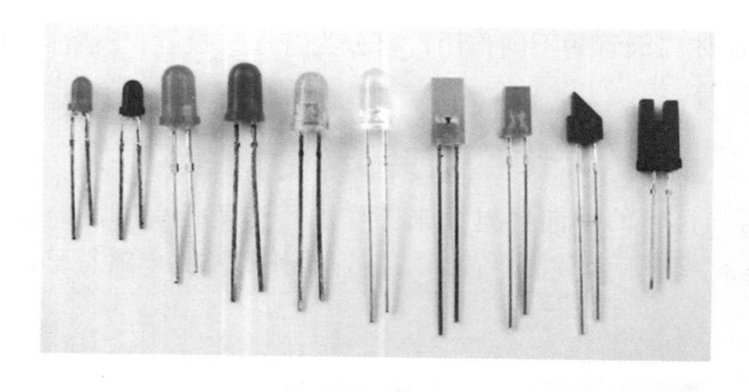

发光二极管的图形符号

发光二极管的工作电流一般为几毫安至几十毫安，发光强度与发光二极管的正向电流成线性关系。发光二极管只工作在正向偏置状态。正常情况下，发光二极管的正向导通电压在 1.5～3V。

晶体二极管的检测方法如下。

（1）普通二极管的检测

① 判别电极　如下图所示，将指针式万用表置于 $R\times 1\text{k}$ 挡，先用红、黑表笔任意测量晶体二极管两端子间的电阻值，然后交换表笔再测量一次。如果晶体二极管是好的，两次测量结果必定出现一大一小。

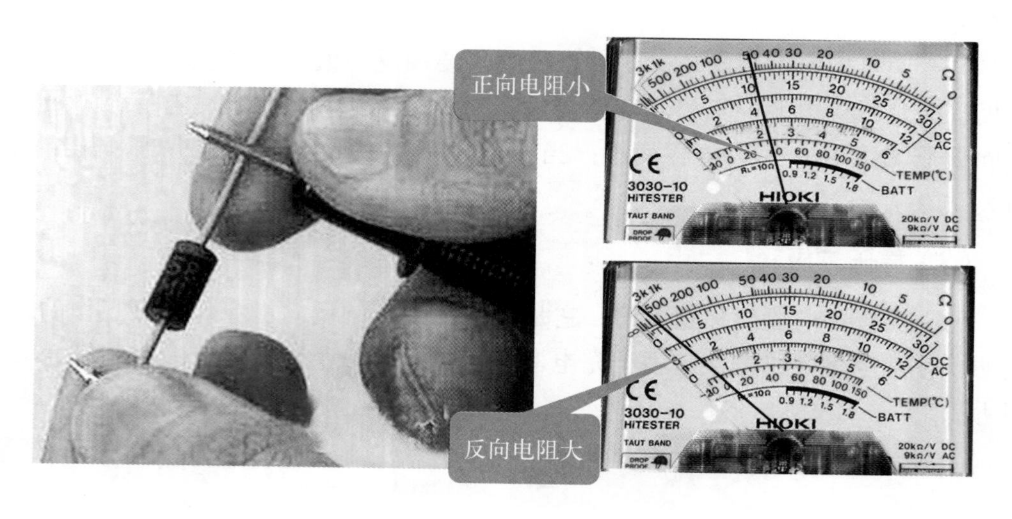

以阻值较小的一次测量为准，黑表笔所接的一端为正极，红表笔所接的一端则为负极。

② 好坏的检测　将万用表置于 $R\times 100$ 或 $R\times 1\text{k}$ 挡，测量晶体二极管的正、反向电阻值。正常时：

如下图所示，锗点接触型晶体二极管的正向电阻在 1kΩ 左右，反向电阻在 300kΩ 以上；

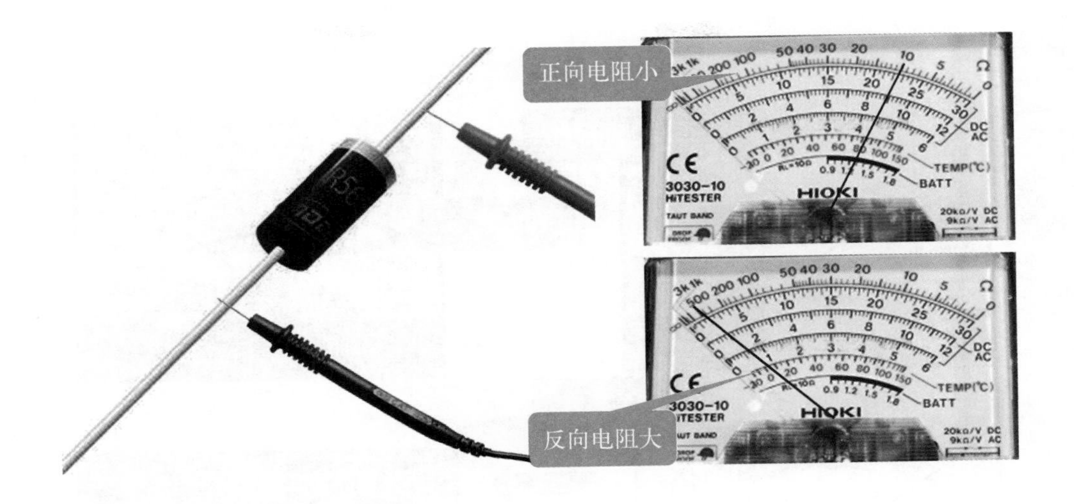

如下图所示，硅面接触型晶体二极管的正向电阻在 7kΩ 左右，反向电阻为∞。

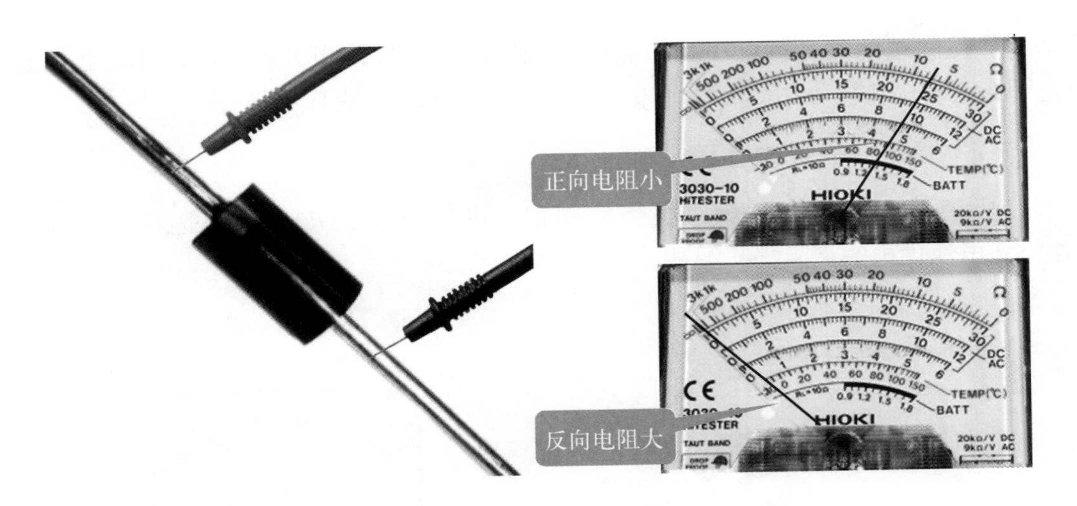

一般来说，晶体二极管的正向电阻越小越好，反向电阻越大越好。

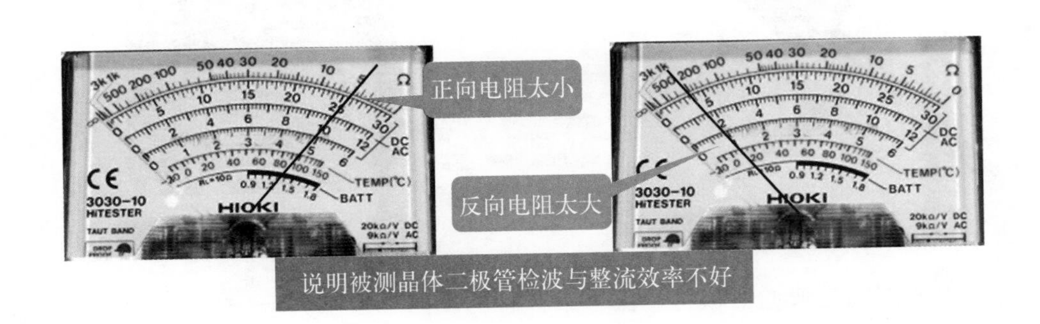

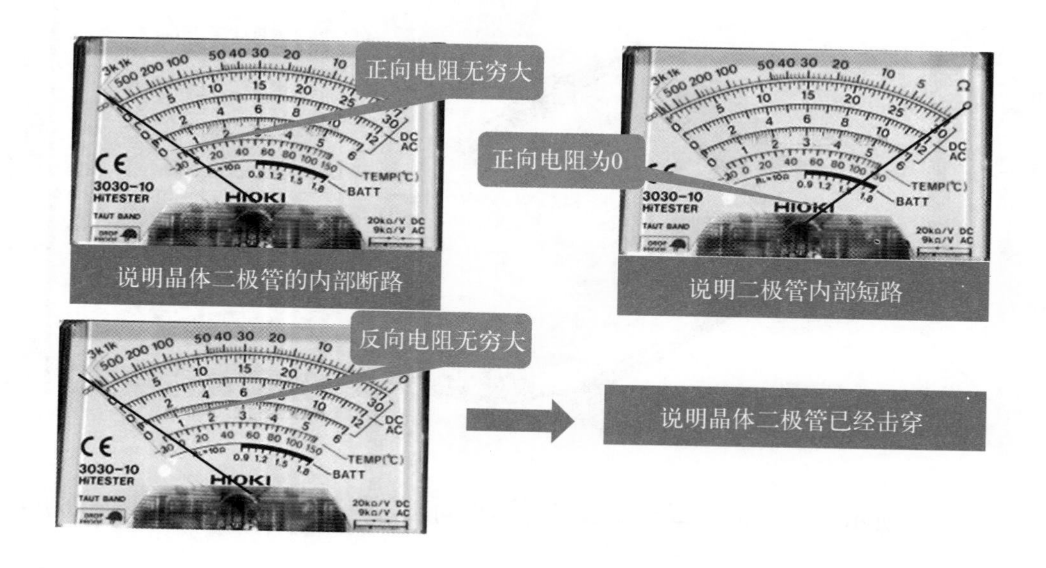

值得注意的是，测量小功率晶体二极管时，不宜使用 $R\times1$ 或 $R\times10k$ 挡，这是因为 $R\times1$ 挡电流太大，$R\times10k$ 挡电压过高，都容易烧坏二极管。

（2）稳压二极管的检测

① 普通二极管和稳压二极管的判别　可用万用表 $R\times10k$ 高阻挡（最好是22.5V 电池供电的高阻挡）测试。

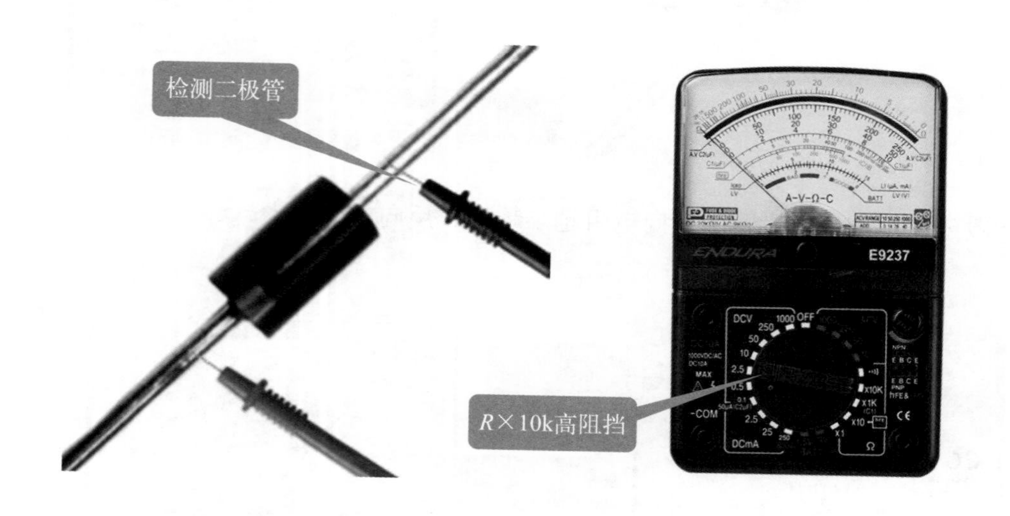

如果所测的是普通二极管，由于二极管的反向电压都大于25V，所以正、反向电阻差别很大（正向约几千欧，反向接近无穷大）。

如果测的是低于22.5V的稳压二极管，其正向电阻为几千欧；由于万用表的电压大于稳压二极管的反向击穿电压，稳压二极管反向也处于导通状态，反向电阻与正向电阻接近。

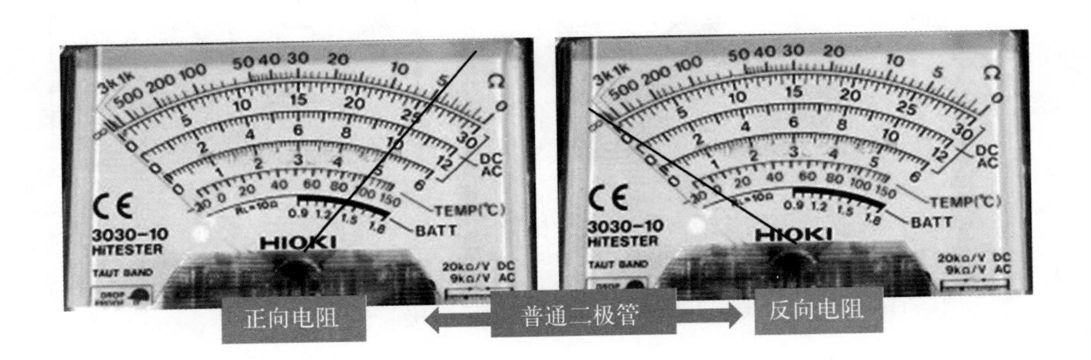

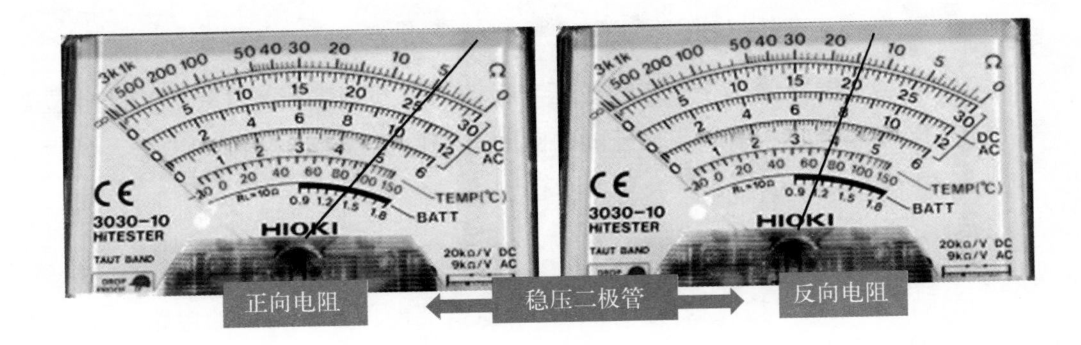

如果普通二极管的反向电压低于高阻挡内部电池的电压，或稳压二极管的稳压值高于高阻挡内部电池的电压，这种方法就不适用了。

② 稳压二极管好坏的检测　将万用表调至$R\times100$或$R\times1\text{k}$挡，测量稳压二极管正、反向电阻，如下图所示。正常的稳压二极管正向电阻小，反向电阻很大。

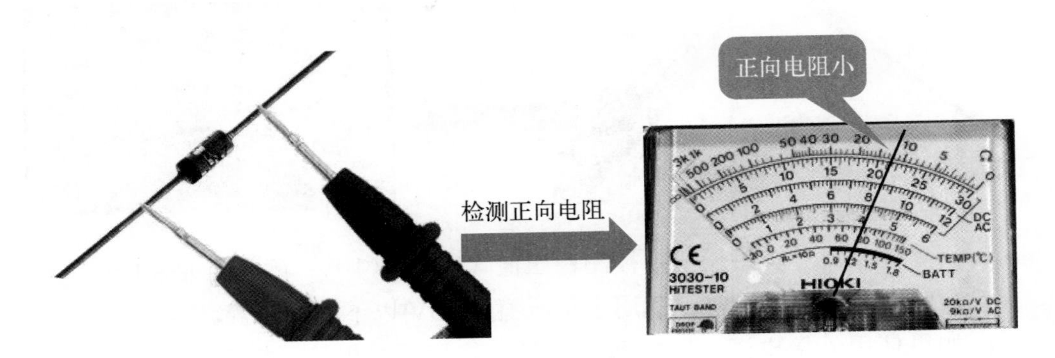

若测得的正、反向电阻均为0，说明稳压二极管短路。

若测得的正、反向电阻均为无穷大，说明稳压二极管开路。

若测得的正、反向电阻差距不大，说明稳压二极管性能不良。

注:

对于稳压值小于 9V 的稳压二极管，用万用表 $R \times 10k$ 挡（此挡位万用表内接 9V 电池）测反向电阻时，稳压二极管会被反向击穿，此时测出的反向阻值较小，这属于正常。

③ 稳压值的检测　检测稳压二极管稳压值需要专门接入电源的电路，或者可以用如下简易测试方式进行检测，即采用一块 MF47 的万用表即可。

a. 将万用表置于 $R \times 10k$ 挡，并准确调零。红表笔接被测稳压管的正极，黑表笔接被测稳压管的负极，待指针摆到一定位置时，从万用表直流 10V 电压刻度上读出其稳定数据。

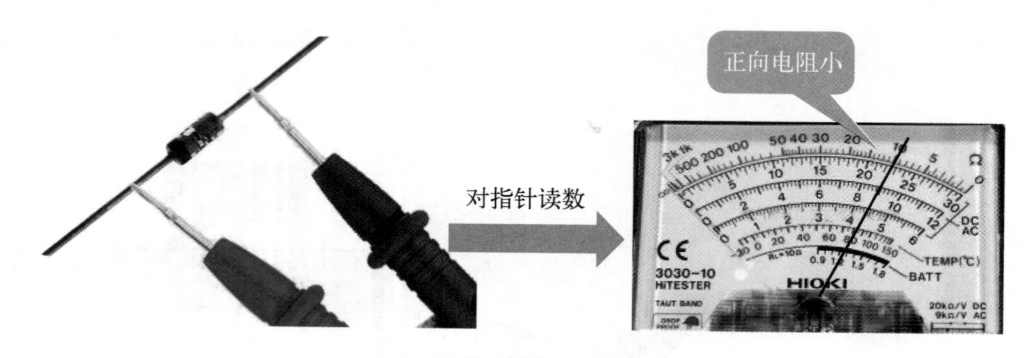

b. 用下列公式计算稳压值：被测稳压值（V）=（10V−读数值）×1.5。

需要注意的是：此方法仅适用于稳压值为 15V 以下的稳压管。

c. 如果使用外接电源，则检测方法是，将稳压二极管外接 30V 电源，将万用表拨至直流50V挡，红、黑表笔分别接被测稳压二极管的负、正极，其检测电路如下图所示。

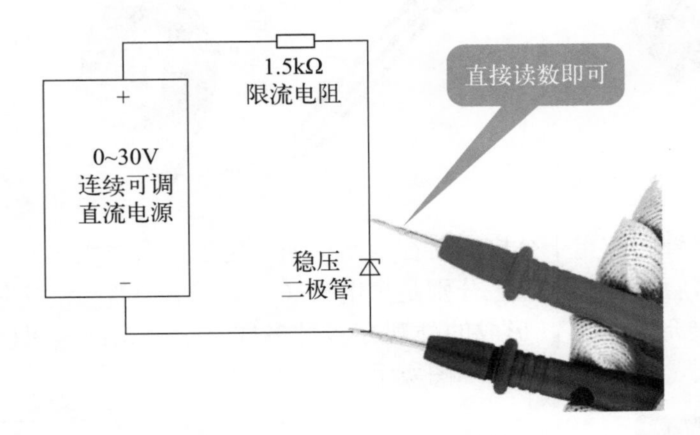

d. 若测得的数值为15V，则该二极管可能并未反向击穿，这时可将稳压电源的输出电压调高到20V或以上，再按上述方法测量。

（3）发光二极管的检测

检测发光二极管的好坏用数字万用表比较方便。将数字万用表置于“二极管”挡，把红表笔放于发光二极管一端，黑表笔放于另一端，看发光二极管是否发光，将表笔反过来再测一次。两次测量中有一次发光是正常的，否则说明该发光二极管已损坏。

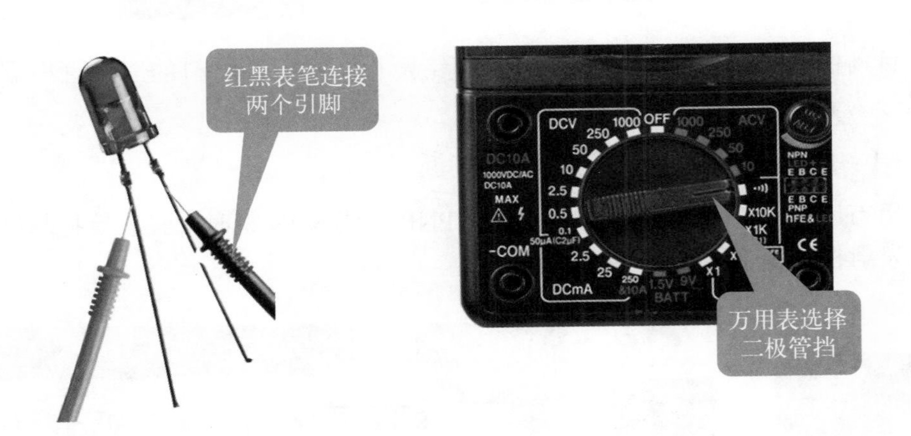

2.2.4 三极管

晶体三极管一般简称三极管或晶体管。它是一种常用的具有两个PN结的半导体晶体器件。其外形和图形符号如下图所示。

晶体三极管的应用十分广泛，在电路中通常用于电流放大与开关作用。

晶体三极管有 3 个电极，分别是集电极（C）、基极（B）和发射极（E）。常用晶体管的封装形式很多，形成的外观亦多种多样，学会识读其引脚排列（从底部看）非常必要，其识图方法如下图所示。

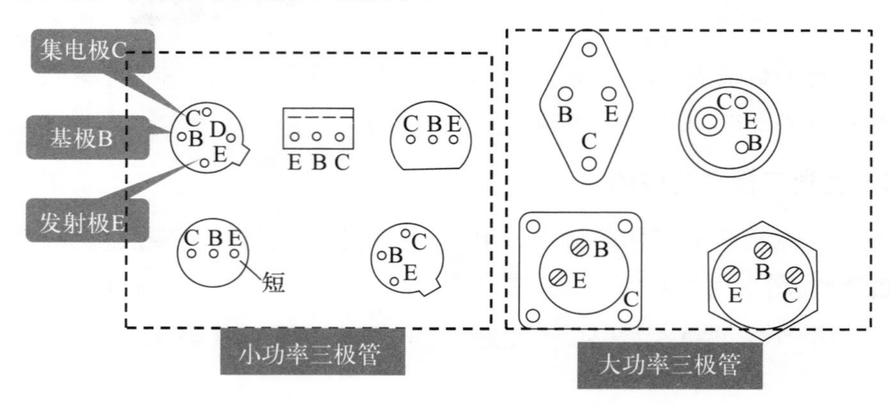

目前制作三极管的材料主要有硅和锗两种，每一种材料的三极管根据结构不同又分为 NPN 型与 PNP 型。

（1）PNP 型和 NPN 型三极管的判断

用万用表的 $R\times1$k 挡检测晶体管是 PNP 型或 NPN 型时，红表笔接基极，黑表笔接发射极或集电极，如下图所示。

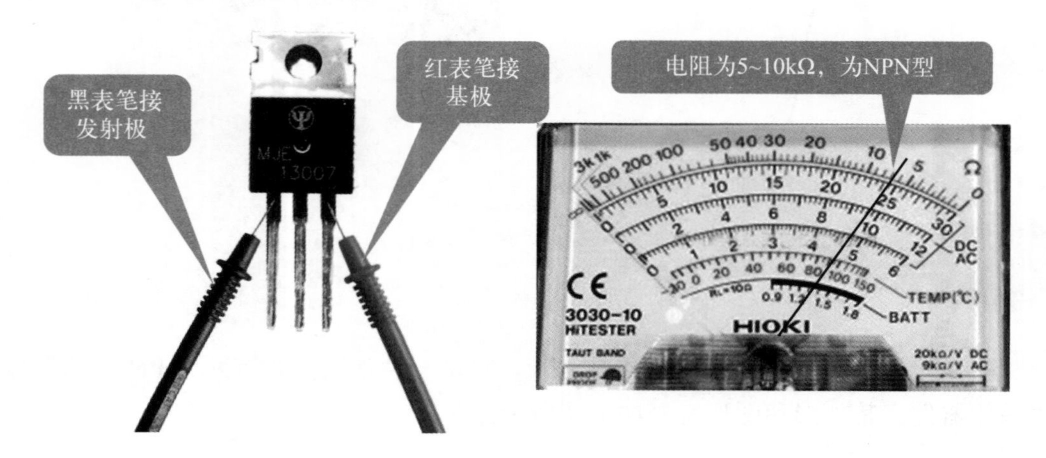

如所测阻值小于1kΩ，说明被测晶体管是PNP型；如果所测阻值为5～10kΩ，说明被测晶体管是NPN型。

（2）三极管引脚的检测

晶体三极管引脚的检测方法如下。

① 判定基极　用万用表$R\times100$挡测量管子3个引脚中每两个引脚之间的正反向电阻。当用第一根表笔接某一引脚，而第二根表笔先后接另外两个引脚均测得低阻值时，则第一根表笔所接的那个引脚即为基极。同时注意表笔的极性，如果黑表笔接基极，红表笔分别接在其他两极时，测得电阻都较小，则可确定晶体管为NPN型（如下图），反之即为PNP型。

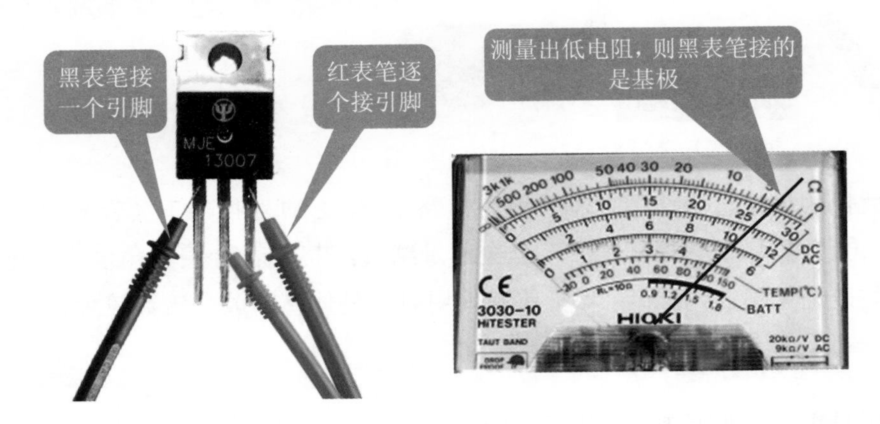

根据锗管比硅管PN结正向电阻小的特点，在上述测试中还可判断出被测管是锗管还是硅管。

② 判定集电极和发射极　找到基极并确定为NPN型管后，在剩下的两个引脚中可先假定一个为集电极，另一个为发射极，按下图所示的方法测试其放大作用。

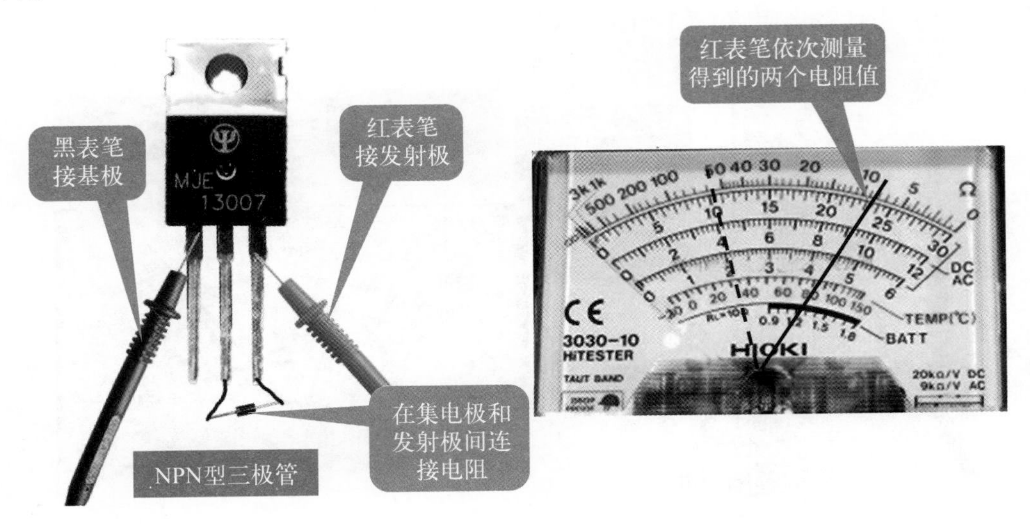

如确定为 PNP 型管子，则按下图测试，并记住表针偏转的位置。

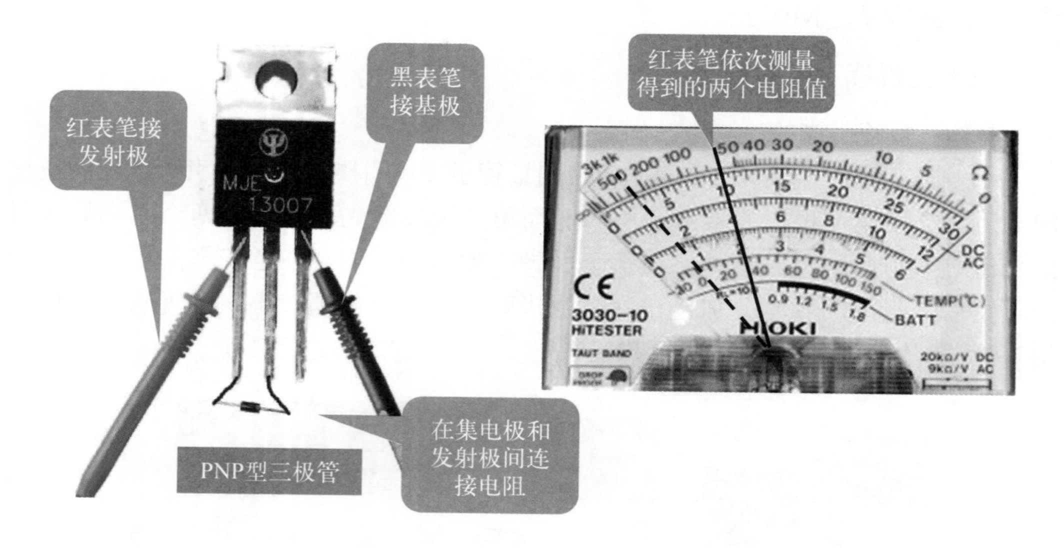

然后把假设反过来，即把刚才所用电路中 C、E 脚对换一下（表笔和电阻位置不变），再测试其放大作用。比较两次测量结果，其中表针偏转角度大（电阻小）的那次假设是正确的，因为 C、E 正确使用时，晶体管的放大倍数较大。

（3）检测放大能力（β）

检测时可按上图连接，此时表针应向右偏转，偏转的角度越大，说明放大倍数 β 越大。如果加了电阻 R 之后表针变化不大，或根本不变，则说明管子的放大作用很差或已损坏。

检测硅管时，电阻 R 值可在 50～100kΩ 之间选用；检测锗管，R 阻值可在 1～20kΩ 之间选用。也可利用人体电阻，即用手用力捏住 C、B 两脚（但 C、B 间不能短路）来代替电阻 R，如下图所示。

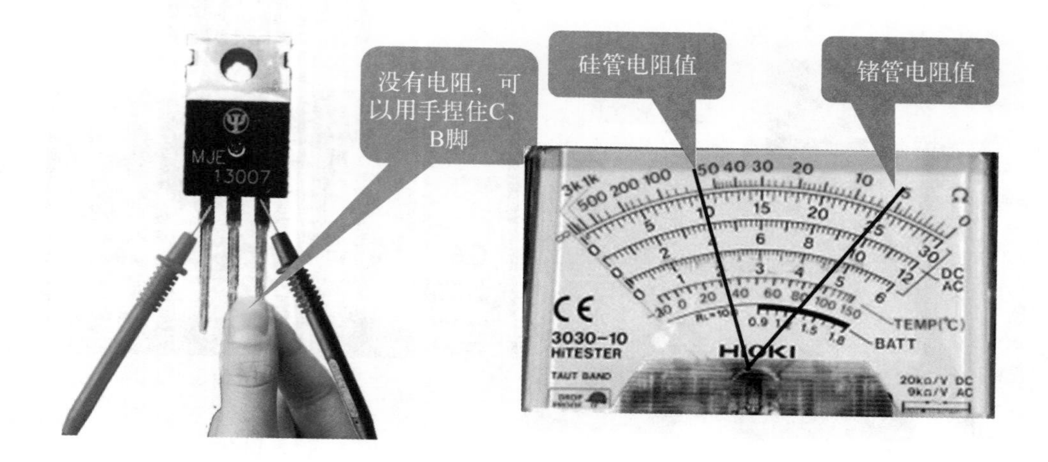

对于大功率管放大能力的检测，电阻 R 的取值应适当降低，如取几百欧或几千欧，此时万用表的挡位应改为 $R\times10$ 或 $R\times1$ 挡。

当使用带有检测三极管放大能力的万用表时，检测变得简单，可以直接使用 hFE 挡，把三极管的引脚按照其是 NPN 型还是 PNP 型插入下图所示的测量孔即可显示放大倍数。

（4）晶体管好坏的检测

电动自行车 PCB 板上晶体管的主要故障有断线开路、击穿短路、漏电及稳定性差等。

晶体管的好坏可用万用表的 $R\times100$ 挡或 $R\times1\text{k}$ 挡测量。

① NPN 管好坏的检测　检测 NPN 型晶体管时，先将黑表笔接晶体管基极 B，然后分别将红表笔接集电极 C 和发射极 E，两次都应有读数，而且比较相近；反过来，将红表笔接基极 B，黑表笔接集电极 C 和发射极 E，无论表笔怎样连接都应该没有读数。否则，说明该晶体管已损坏。

在采用数字万用表测试 NPN 型晶体管时，应该用红表笔接 B 极，黑色表笔接 C 极和 E 极；而测试 PNP 型晶体管时则应相反。

② PNP 管好坏的检测　检测 PNP 型晶体管时，用红表笔接其 B 极，黑表笔分别接发射极 E 和集电极 C，所测阻值为正向电阻，该正向电阻越小越好。对换表笔后，用黑表笔接基极 B，红表笔分别接发射极 E 和集电极 C，所测阻值为反向电阻，该反向电阻越大越好。如所测晶体管的正向电阻为零，说明晶体管已损坏。

2.2.5 霍尔组件

霍尔组件是电动自行车经常采用的控制型组件，调速转把发出速度控制指令，无刷直流电动机在运转中的换向，大多是采用霍尔组件来完成的。此外还有霍尔型数字式里程速度表等。

霍尔组件用于无刷电动机，其作用是告知控制器何时改变电动机电流的方向。

将霍尔元件、放大器、温度补偿电路等集成在一个芯片上，即成为霍尔组件。霍尔组件的外形如下图所示。

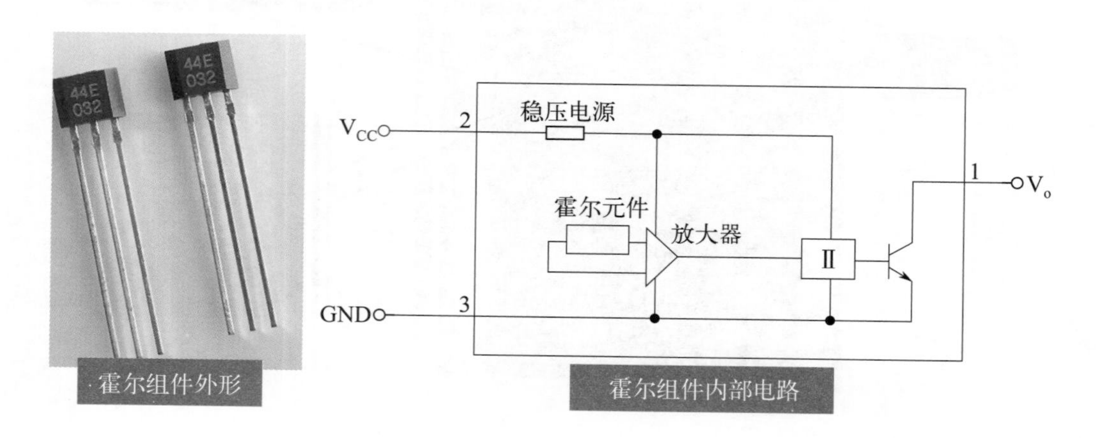

霍尔组件外形　霍尔组件内部电路

（1）霍尔组件的分类

霍尔组件按照输出方式可分为以下两类。

① 线性输出方式　线性输出方式的霍尔组件就是当由强到弱的磁场靠近霍尔元件时，其输出电压随之逐渐增大或减小。

② 开关输出方式　开关输出方式的霍尔组件就是当一个磁场靠近或远离霍尔元件时，其输出电压随之改变为低电平或高电平。

（2）引脚功能的判断

霍尔组件引脚功能的判断方法如下。

① 根据霍尔导线的颜色判断　如下图所示，无刷电动机与控制器相连的霍尔线有 5 根，一般黑线为接地端，红线为电源正端，其余的黄、蓝、绿线则为霍尔信号输出端（接霍尔相线）。

② 直观判断法　将霍尔组件表面带字母的面朝上放置，中间脚为接地端，左脚为电源正端，右脚为信号输出端（接霍尔相线），如下图所示。

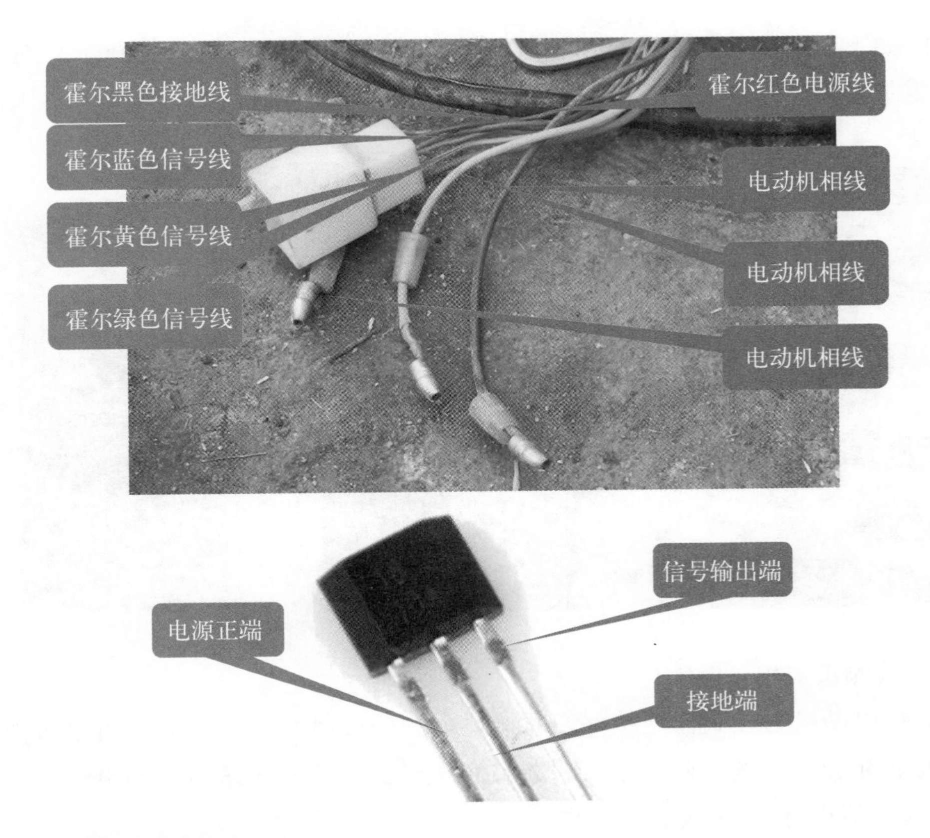

（3）霍尔组件的检测

一般来说，霍尔组件的故障主要有霍尔组件脱落、霍尔集成电路失效、霍尔引线断开等。如怀疑霍尔组件损坏，应按以下方法进行检测。

① 分解电动机，直接检测霍尔组件

a. 如下图所示，选用数字式万用表电阻挡，让红表笔接中间脚，如黑表笔接左脚（电源正端）时，其电阻为无穷大（即显示“1”），则呈现断路状态。

b. 如下图所示，黑表笔接右脚（相线脚）时，其电阻一般为400～900Ω（因不同霍尔组件间的电阻有所不同），否则说明霍尔组件损坏。

② 检测霍尔相线电压

a. 把电动机与控制器连接好，并接通电源。选用万用表10V直流电压挡，黑表笔接霍尔黑色地线，红表笔接霍尔红色电源线，即测霍尔组件的电源电压，一般为5V，但也有4.5V或6.25V的。

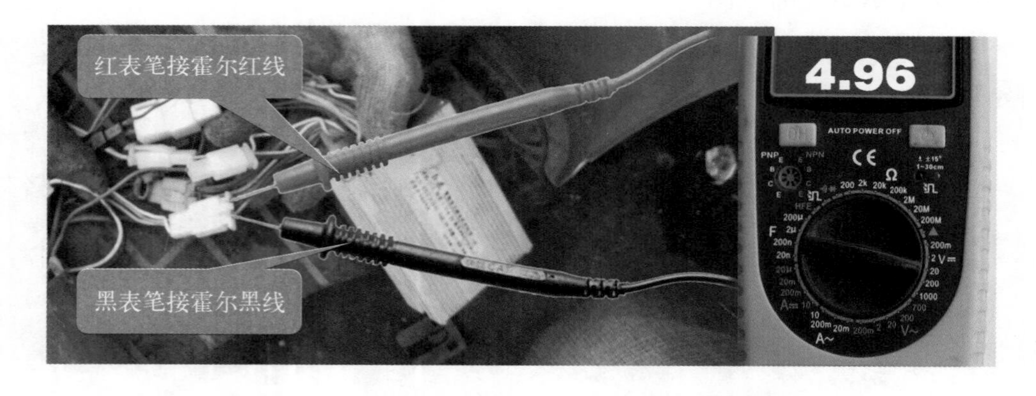

b. 在霍尔导线连接正常的情况下，进行以下测量：如霍尔电源电压为5V，将万用表黑表笔接黑线，红表笔接蓝线（或黄线、绿线），慢慢转动后轮，万用表读数按0～5V顺序变化为正常。

如一直处于高电位5V，或一直处于低电位0V，则说明蓝线对应的霍尔组件损坏。其他霍尔组件的测量以此类推。

③ 不分解电动机检测霍尔引线间的电阻　将电动机与控制器相连的插接器去掉，同时把数字式万用表的挡位旋钮旋至二极管挡。

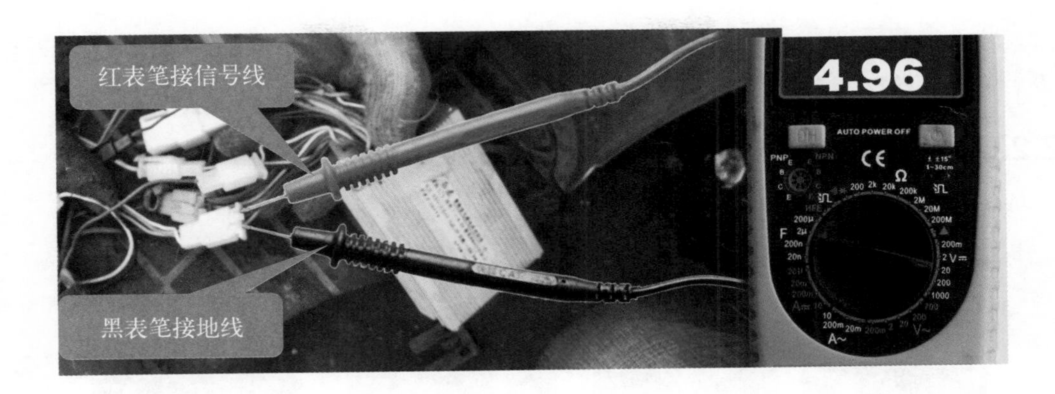

将万用表的红表笔接霍尔接地线，黑表笔分别接霍尔相线（即蓝线、绿线、黄线），3 个电阻值应基本一致。然后将黑、红表笔对调，分别测量 3 线阻值，也应基本一致。如所测某相阻值与其他两相阻值相差很大，则说明与其相对应的传感器异常。

2.2.6 场效应管

场效应管也是一种常用的半导体器件，通常在模拟电路中作为放大器件使用，在数字电路中作开关器件使用。

如下图所示，场效应管与三极管很相似，但两者的控制特性却截然不同。三极管是电流控制器件，通过控制基极电流来达到控制集电极电流或发射极电流的目的，即需要信号源提供一定的电流才能工作，所以它的输入阻抗较低。而场效应管则是电压控制器件，它的输出电流取决于输入电压的大小，基本上不需要信号源提供电流，所以它的输入阻抗较高。

此外，与三极管相比，场效应管具有开关速度快、高频特性好、热稳定性好、功率增益大及噪声小等优点，因而在电动自行车电路中得到广泛的应用。

2.2.6.1 场效应晶体管的分类

场效应晶体管的分类如下。

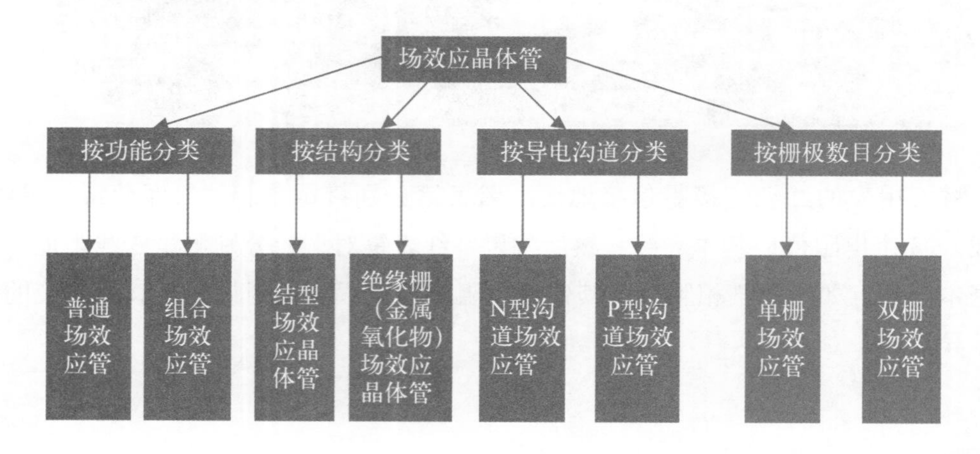

2.2.6.2 结型场效应晶体管

结型场效应晶体管有栅极 G、漏极 D 和源极 S。它与普通晶体管相比较，源极 S 相当于发射极 E，栅极 G 相当于基极 B，漏极 D 相当于集电极 C。其外形和引脚如下图所示。

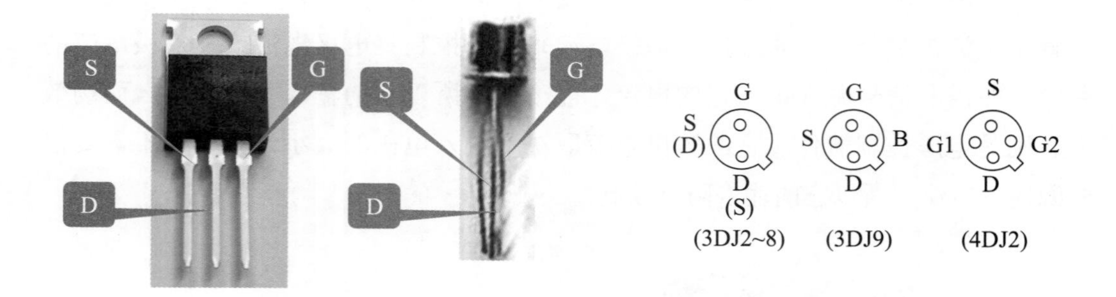

两种结型场效应晶体管的电路符号如下图所示。

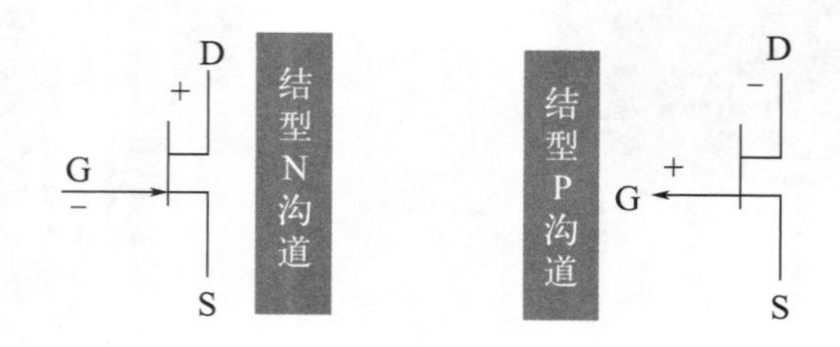

2.2.6.3　MOS 场效应晶体管

MOS 场效应晶体管由于栅极 G 和其他两极（D 和 S）之间隔了一层二氧化硅绝缘层，所以输入电阻极高（$10^9\Omega$ 以上），通常称为 MOS 管，其外形如下图所示。

MOS 管有 N 沟道、P 沟道、增强型和耗尽型 4 种类型。

2.2.6.4　VMOS 场效应晶体管

N 沟道 VMOS 场效应晶体管的引脚分别是栅极 G、漏极 D、源极 S 和衬底 B，通常将衬底（又称衬极）与源极 S 相连，所以，从场效应晶体管的外形来看还是一个三端电路组件。其引脚的排序也是以管键为定位点，按顺时针方向依次为 D、G、S。VMOS 场效应晶体管的外形及电路符号如下图所示。

2.2.6.5　结型场效应晶体管的检测

（1）沟道的区分

如下图所示，将万用表拨到 ×1k 挡，黑表笔接一个极，红表笔轮流碰其余两个极，如阻值很大，说明都是反向电阻，这是 N 沟道管，黑表笔接的是栅极。相反，接法不变，但电阻都很小，这是 P 沟道管，黑表笔接的仍然是栅极。

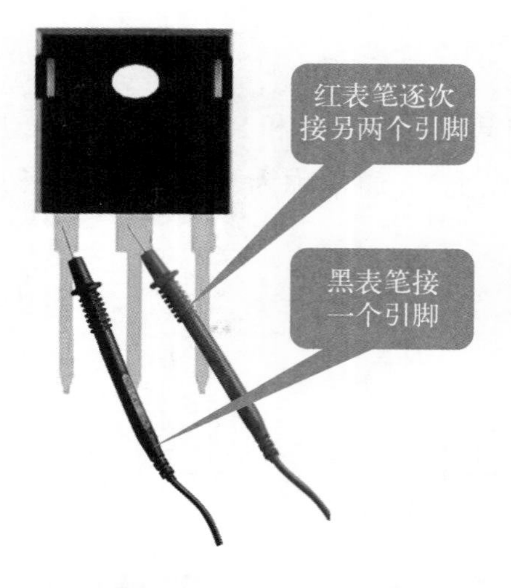

（2）电极的判别

根据场效应晶体管的 PN 结正、反向电阻值不一样的现象，可以判别出结型场效应晶体管的三个电极。对于有 4 个引脚的结型场效应晶体管，另外一极是屏蔽极（使用中接地）。

1）栅极 G 与沟道型的判定　栅极 G 与沟道型的判定有如下两种方法。

① 将万用表置于 $R\times100$ 挡，用黑表笔（或红表笔）任意接触一个电极，另一支表笔依次去接触其余的两个电极，测其电阻值。

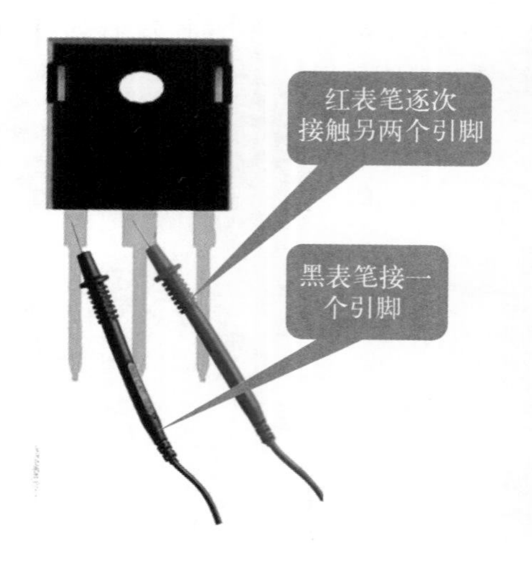

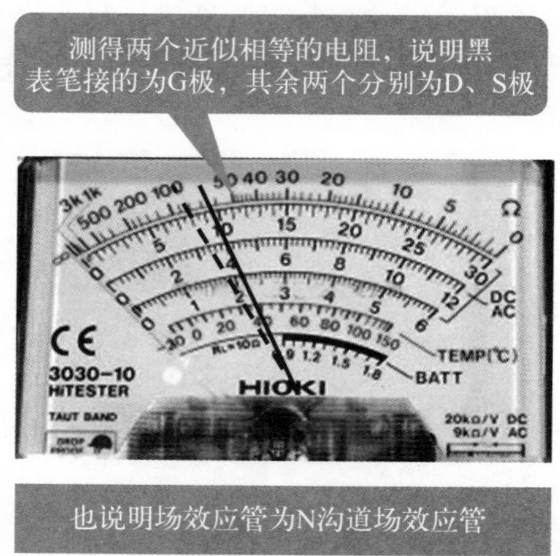

当出现两次测得的电阻值近似相等，且为低阻值（几百欧至 1000Ω），则说明所测的是结型场效应晶体管的正向电阻，此时黑表笔接触的电极为栅极 G，其余两电极分别为漏极 D 和源极 S，判定为 N 沟道场效应晶体管。

② 如两次测出的电阻值均很大，则说明均为结型场效应晶体管的反向电阻，黑表笔所接的也是 G 极，但被测管不是 N 沟道类型，而是 P 沟道类型。

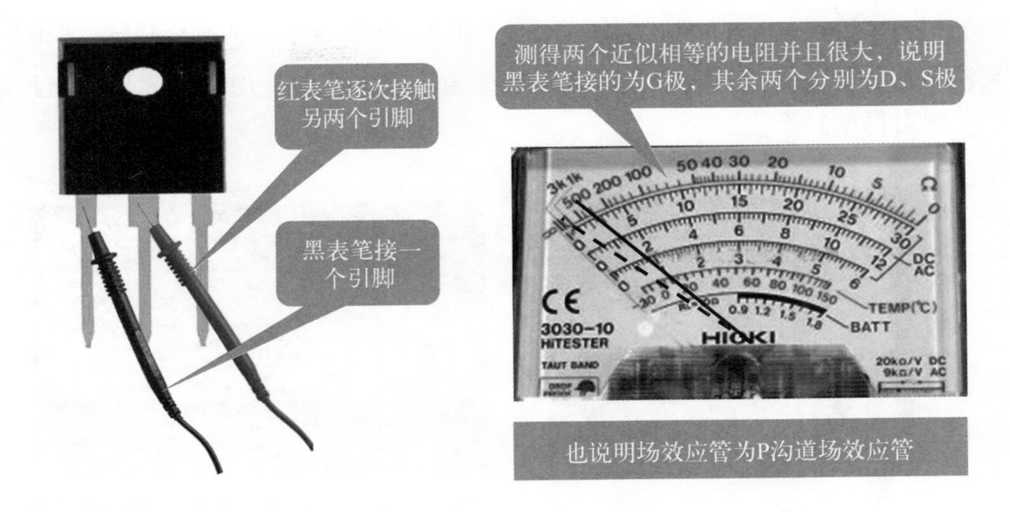

③ 如不出现上述情况，可以调换黑、红表笔按上述方法进行测试，直到判别出G极为止。

④ 将万用表置于$R\times1k$挡，任选两个电极，分别测出其正、反向电阻值。当某两个电极的正、反向电阻值相等，且为几千欧姆时，则该两个电极分别是漏极D和源极S。因为对结型场效应晶体管而言，D极和S极可互换，剩下的电极肯定是G极。

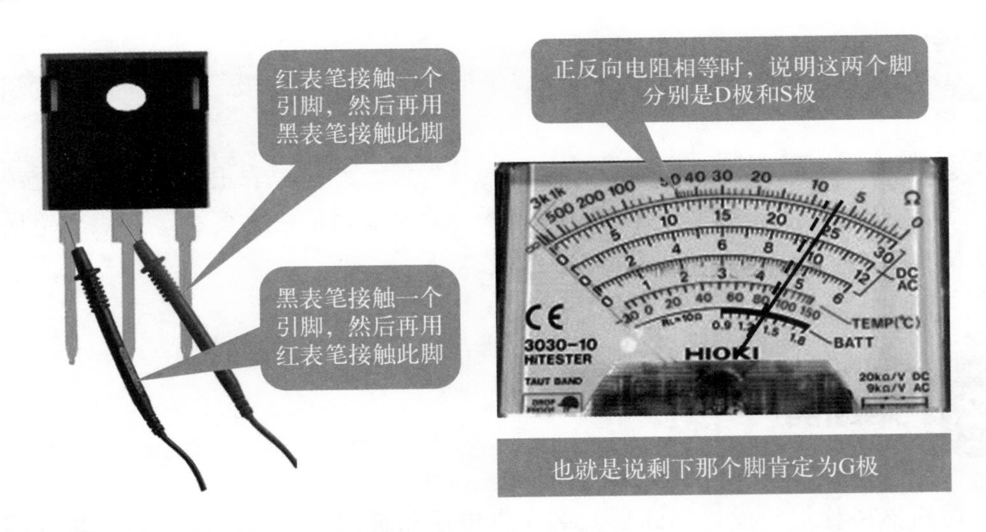

2）D极和S极的判定　结型场效应晶体管的三个引脚一般是呈G、D、S排列的（商标面向上，引脚正对自己），金属封装的结型场效应晶体管则以管键为定位点，一般按逆时针方向依次为G、D、S排列。由于结型场效应晶体管的源极和漏极在结构上具有对称性，所以一般可以互换使用，通常两个电极不必再进一步区分。在需要区分D、S极的场合下，也可以利用万用表测量两个电极之间的电阻值进行判定。具体方法如下：

如下图所示，将万用表置于$R\times10$挡，用红、黑表笔卡住要判断的D、S极上，分别测量极间的正、反向电阻值。当测得阻值为较大值时，用黑表笔与G极接触一下，然后再恢复原状。

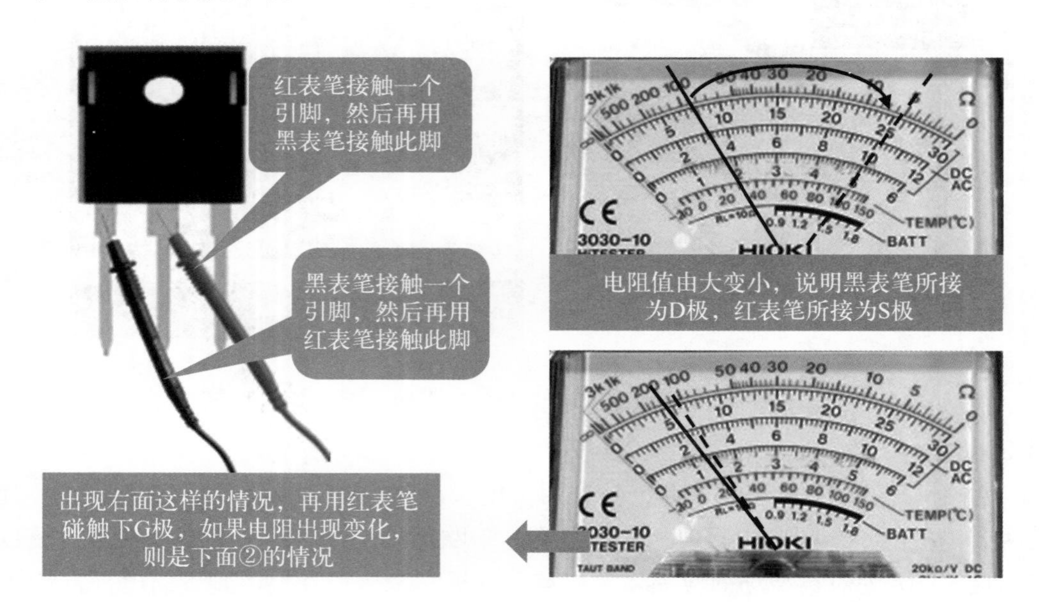

在此过程中，红、黑表笔应始终与原引脚接触，此时万用表的读数会出现两种情况：

① 如读数由大变小，则万用表黑表笔所接的引脚为D极，红表笔所接的引脚为S极；

② 如万用表读数没有明显变化，仍为较大值，此时黑表笔所接的引脚继续保持接触，然后移动红表笔与G极触碰一下。此时如阻值由大变小，则黑表笔所接的引脚为S极，红表笔所接的引脚为D极。

2.2.7 熔断器

熔断器俗称保险丝。熔断器安装在供电回路最前面，当滤波电容或负载因漏电、短路等原因引起电流增大，超过熔断器标注的熔断电流值时，熔断器迅速熔断，切断供电回路，以免故障进一步扩大。熔断器的外形和电路符号如下图所示。

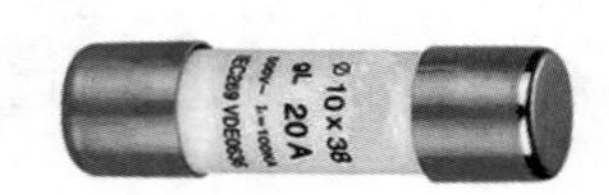

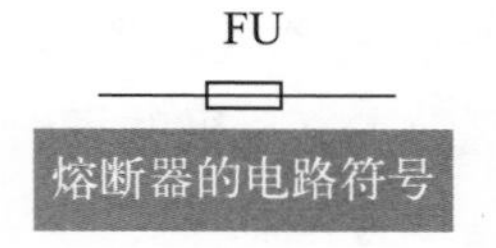

熔断器的电路符号

常用的熔断器有普通熔断器、玻璃管熔断器、快速熔断器、延迟熔断器、温度熔断器和可恢复熔断器等。

熔断器的额定电压和额定电流一般都标在外壳上。熔断器熔断多因负载过流引起，所以熔断器熔断后必须检查负载是否正常，不能用导线代替熔断器，以免扩大故障。

熔断器的检测方法：如下图所示，测量熔断器时可用数字万用表的 $R\times1$ 挡，万用表的两支表笔不分正负与熔断器两端金属部分相接，正常时熔断器的阻值为零。

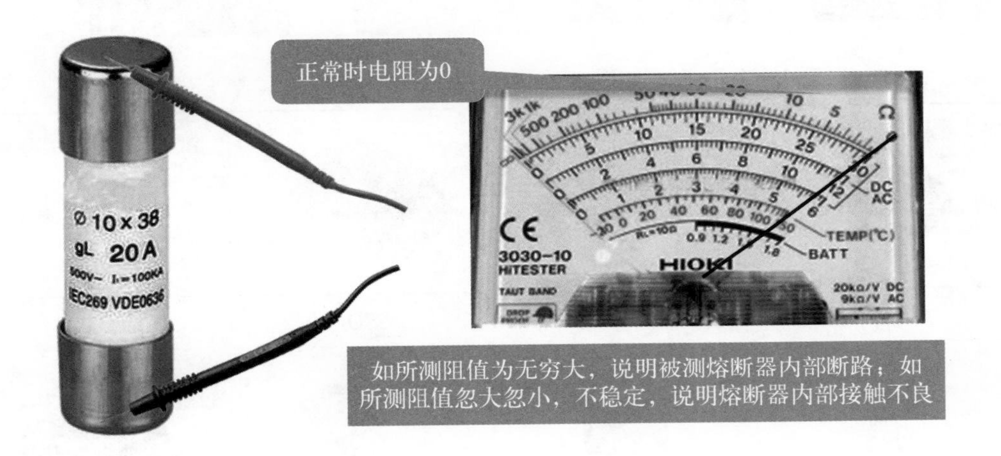

熔断器断路或接触不良时均不能继续使用，应更换。

2.2.8 集成电路

集成电路基础知识

集成电路英文缩写为IC，它是将晶体管、电阻器及电容器等元器件，按电路结构的要求制作在一块硅片上，然后封装而成的。

电动自行车上使用的集成块有三端稳压器、三端可调稳压器、精密稳压器、运算放大器、电压比较器、门电路、脉宽调制电路（PWM）、单片机、时基电路、光电耦合器、无刷电机控制台专用芯片等。

（1）常见集成电路的外形与封装

集成电路按外形、封装不同有圆形封装、扁平封装（表面安装），双列直插和单列直插封装，软封装，以及大规模集成电路封装等多种，如下图所示。

电压比较器
时基电路
无刷电机控制
台专用芯片
三端稳压器
三端可调稳压器
光电耦合器
精密稳压器

SOT89
SSOP
SSOP
STO-220
TO18
TO220
TO247
TO252
TO264
TO3
TO52
TO71
TO78
TO8
TO92
TO93

（2）集成电路的引脚排列与识别

集成电路的引脚数量虽不同，但排列方式仍有一定规律可循。

一般总是从外壳顶部看，按逆时针方向编号，如下图中箭头所示方向，第1脚位置一般都有参考标记，如圆形管座以键为参考标记，逆时针数。

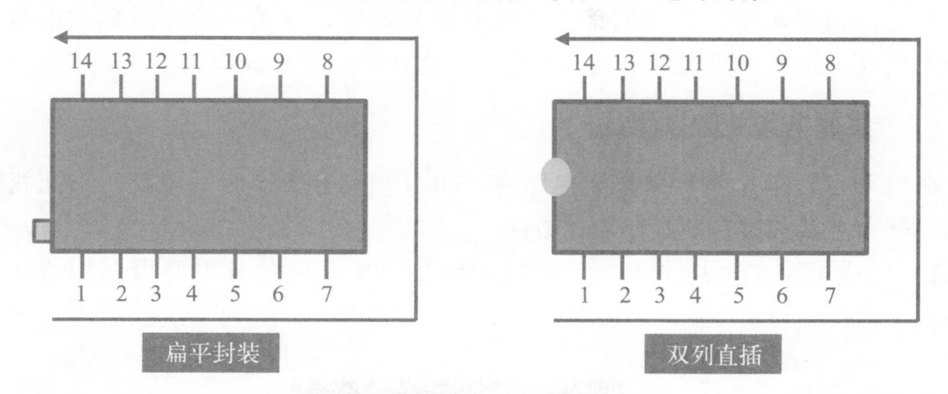

如是扁平形或双列直插形，无论是陶瓷封装还是塑料封装，一般均有色点或某种标记（如小圆孔或锁口、缺角等），在色点或标记的正面左方，靠近色点的脚或靠近标记的左下脚就是第1脚，然后按逆时针方向数下去，如下图所示。

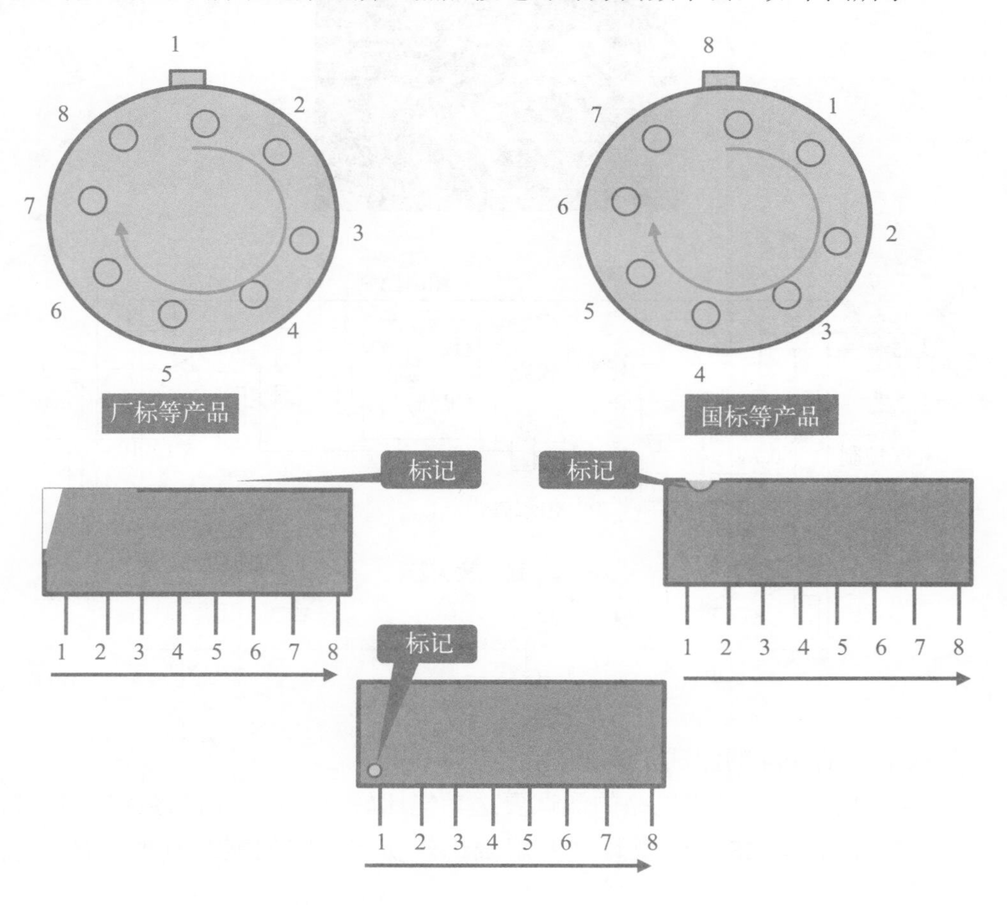

检测集成电路的一般方法是用仪表测试各引脚电压、各引脚对地电阻、输入和输出电压、电源功耗、输入输出波形等，并将测试结果与正常集成电路参数对照，就可以判断被测集成电路是否正常。

检测电动自行车集成电路时，主要应测量其关键测试点。

在电动自行车中，常用的集成电路有微处理器、开关电源厚膜集成电路和运算放大集成电路。下面我们来具体分析一下这几种常见集成电路的关键点测试。

（3）集成电路关键点测试

在电动自行车中，常用集成电路有TL494电路和555时基电路。下面我们来具体了解一下其关键点的具体测试方法。

1）集成电路TL494的测试　集成电路TL494电路的外形及内部构造如下图所示。

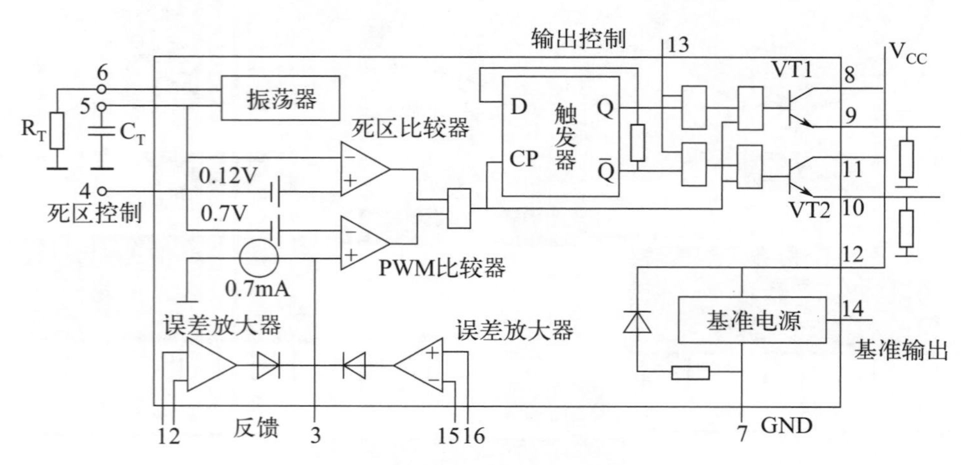

集成电路TL494的测试步骤如下。

① 准备仪表　对集成电路的测试要选功能比较全面的，例如数字式万用表，型号以MY68型和MS8201型数字万用表比较实用。它们能测到的频率一般为

150kHz 和 200kHz。另外需要一台示波器、可调线绕电阻等。

② 测量振荡频率　首先将万用表旋钮旋至 200kHz 挡，初测 TL494 最高振荡频率（对其他集成电路如低于 200kHz，可随时调整挡位），以求准确。TL494 的振荡在 5、6 脚，因此万用表表笔应接在这两个脚，测定其锯齿波。充电器和控制器电路的振荡频率为 20～80kHz，测定结果是其中某值，说明集成电路的振荡正常，电阻电容值正确。如果没有任何振荡迹象，应当检查接触点和表笔、接线等。若重新测试后仍测不到数值，说明集成电路有问题。

如果频率不准，说明问题在 R_T 或 C_T，可视情况适当调整或更换。

③ 测量占空比　准备好示波器，将 TL494 的输出脚 9、10 接在示波器输入接口，并预先给 9、10 脚加额定负载。这里需要注意的是，没有额定负载，测出的占空比是不准确的，会偏离原设计值。观察示波器 9、10 脚的输出波形，同时调整占空比：对控制器，调整调速手柄，由 0 旋至最大；对充电器，调整 6 脚电阻值由 0 调到最大（电容 C_T 同时调整）。这时从示波器中应当看到占空比在 0～100% 范围内均匀变化。

④ 测量输出电压范围　将数字万用表旋钮旋至直流 50V 电压挡，测量 TL494 输出端在空载和负载两种条件下的输出电压，输出脚为 8、11 脚。调整负载电阻，当负载增大时，电压升高，且变化反应灵敏。

⑤ 软启动　测定集成电路的软启动功能时，将数字万用表拨至直流电压挡，测其软启动脚的对地电压。按模拟操作开机后，从显示窗口应能观察到软启动脚电压由 0 逐渐升高，而不是突然升高，这是软启动的保护特点，是通过输出电压的缓慢建立而完成的。

另外，还可以测定各种芯片的其他功能和数据。

2）555 时基集成电路的关键点测试　555 时基集成电路内部的主要器件有：两个电压比较器、一个双稳态触发器、一个由三只电阻构成的触发器和一个功率输出级。

555 时基集成电路将数字电路和模拟电路巧妙地结合在一起，用万用表很难直接测出其好坏。可采用 6V 直流电源、电源锁和一个 8 脚 IC 插座，配置阻容组件和发光二极管 LED 组成一个检测电路对其进行检测。

测试时，将时基集成电路插入 IC 插座，按下电源锁，如发光二极管 LED 闪烁发光，则说明时基电路正常；如 LED 不发光或一直亮，则说明该时基集成电路有故障。

第3章

蓄电池的故障检修

3.1 蓄电池的结构及原理

3.1.1 蓄电池的结构

作为电动车动力来源的蓄电池，其质量直接影响电动车的续航能力。常用的蓄电池可分为铅酸蓄电池、锂蓄电池、镍氢蓄电池等。

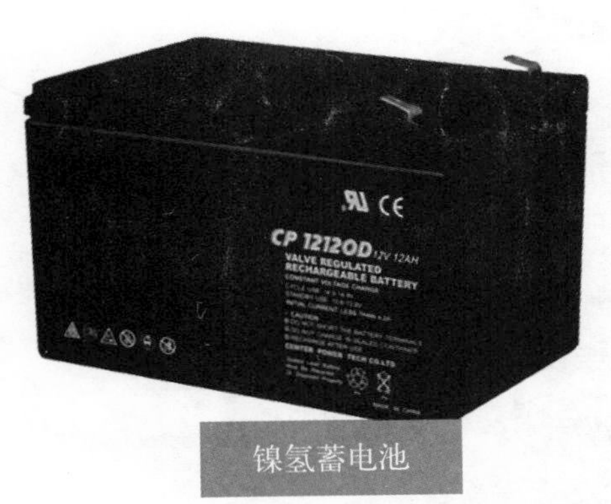

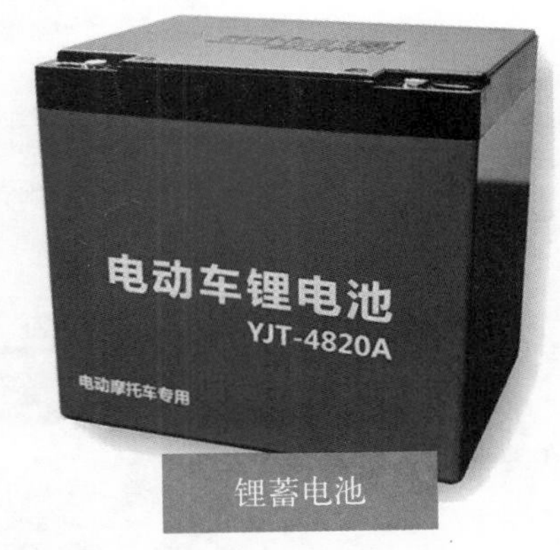

镍氢蓄电池和锂蓄电池质量小、体积小，但价格贵

铅酸蓄电池质量大、体积大、性能稳定，是目前电动车普遍采用的蓄电池类型

铅酸蓄电池又可分为普通铅酸蓄电池和胶体铅酸蓄电池。

胶体铅酸蓄电池的电解质为胶状，优点为自放电小，比普通电解液及密封蓄电池更耐储存。由于耐充放性能优良，因此又有相当好的恢复性能。它还耐低温，在低温条件下使用比普通铅酸蓄电池效果好，允许的环境温度为−25～+50℃。

（1）铅酸免维护蓄电池外形

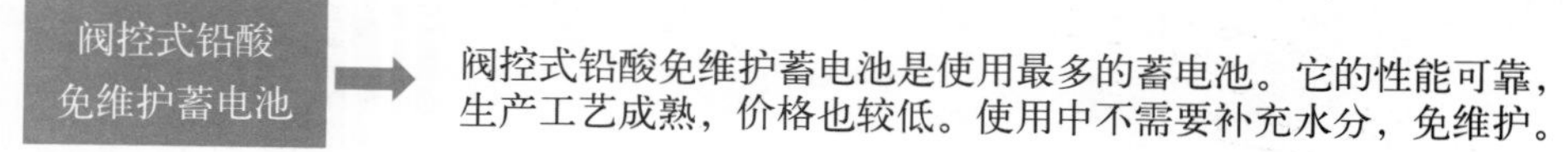

阀控式铅酸免维护蓄电池是使用最多的蓄电池。它的性能可靠，生产工艺成熟，价格也较低。使用中不需要补充水分，免维护。

胶体铅酸
蓄电池

胶体铅酸蓄电池是铅酸蓄电池的改进型，在安全性、蓄电量、放电性能和使用寿命等方面较普通铅酸蓄电池有所改善。

（2）铅酸免维护蓄电池内部结构

铅酸免维护蓄电池的内部结构如下图所示。

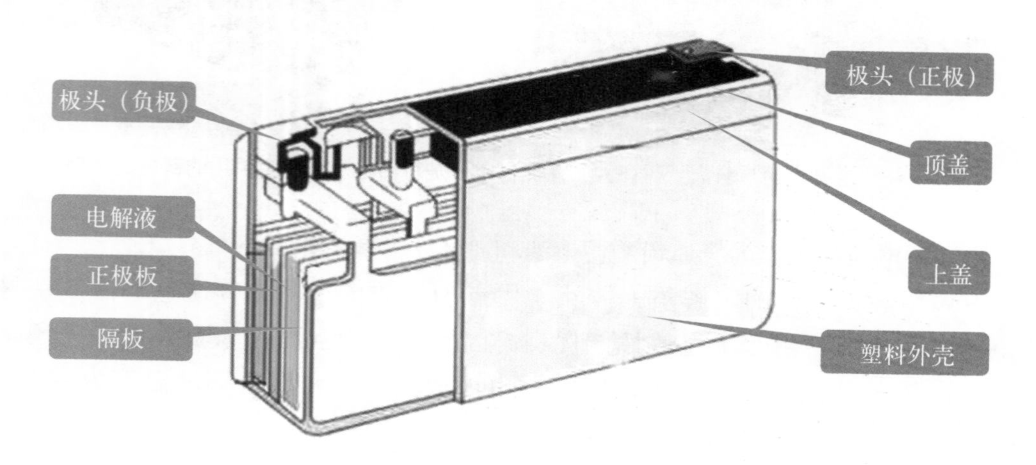

正、负极板

正、负极板群，是硫酸电解液中发生氧化还原反应的主要物质。
正极板主要成分为二氧化铅（PbO_2），颜色为棕色、棕褐色、红褐色。
负极板活性物质为海绵状金属铅，颜色为灰色、浅灰色、深灰色。

电解液

电解液在化学能转换为电能的电化学反应中起导电作用并参与电化学反应。
目前铅酸蓄电池使用的电解液有两种：

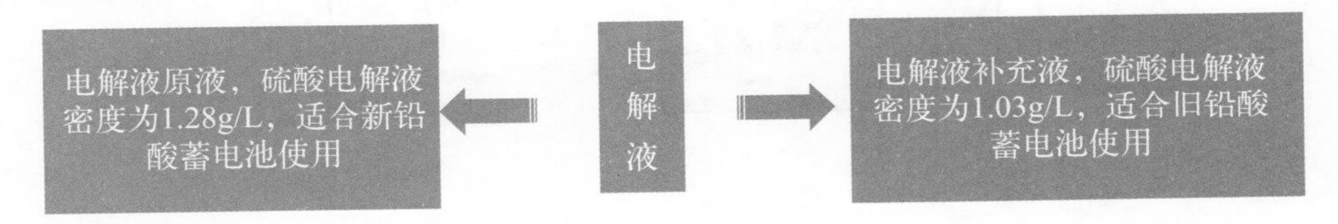

隔板

隔板起隔离作用，放在蓄电池正负极之间，防止正、负极板短路，由允许离子穿过的电绝缘材料构成。通常采用 PE 隔板、橡胶、塑料、复合玻璃纤维隔板等材质制作。

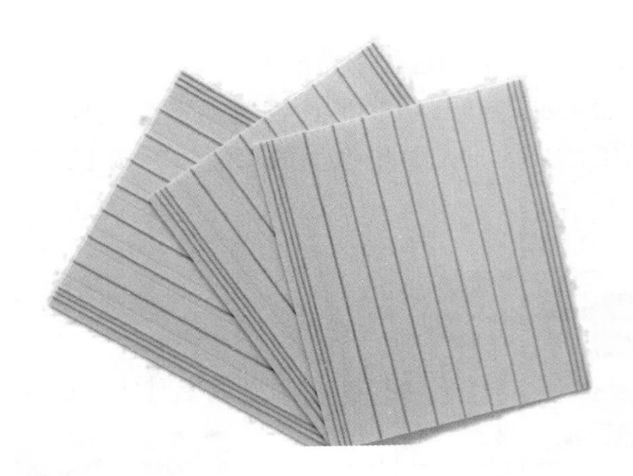

3.1.2 蓄电池的充电过程

蓄电池从其他直流电源获得电能的过程叫做充电。

充电时，在正、负极板上的硫酸铅会被分解还原成硫酸、铅和二氧化铅，同时在负极板上产生氢气，正极板上产生氧气。电解液中酸的浓度逐渐增加，蓄电池两端的电压上升。当正、负极板上的硫酸铅都被还原成原来的活性物质时，充电就结束了。

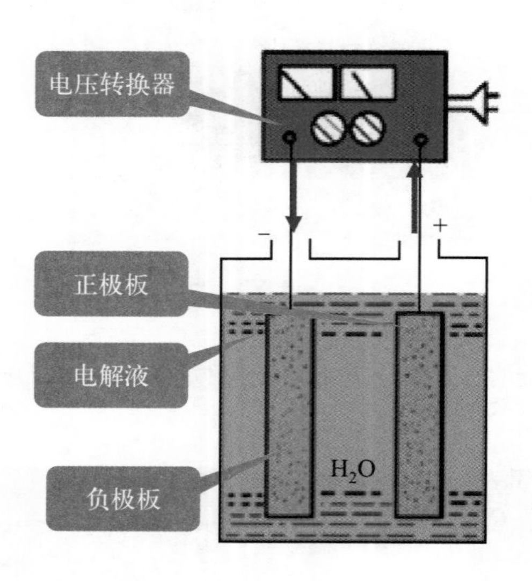

蓄电池充电时，在正、负极板上生成的氧和氢会在蓄电池内部“氧合”成水回到电解液中。化学反应过程如下：

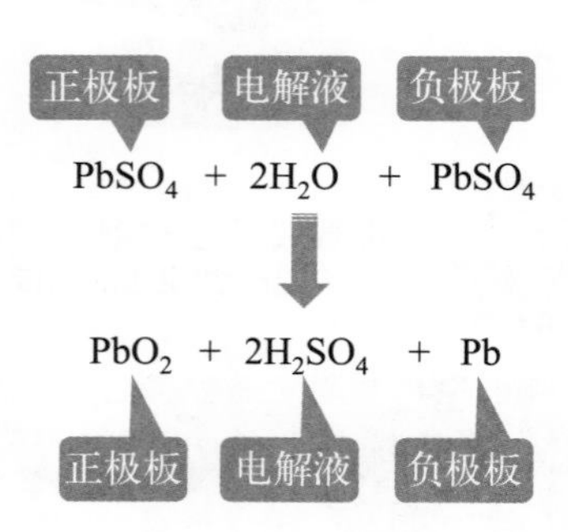

3.1.3 蓄电池的放电过程

蓄电池对外电路输出电能的过程叫做放电。

放电时，硫酸会与正、负极板上的活性物质产生反应，生成化合物硫酸铅。放电时间越长，硫酸浓度越低，蓄电池里的“液体”越少，蓄电池两端的电压就越低。

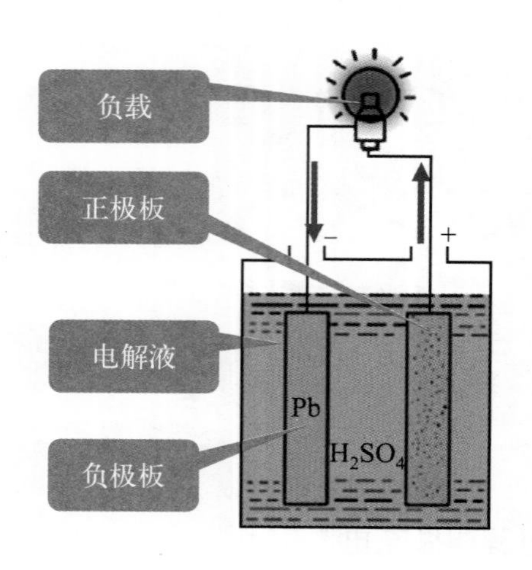

放电时化学反应过程如下：

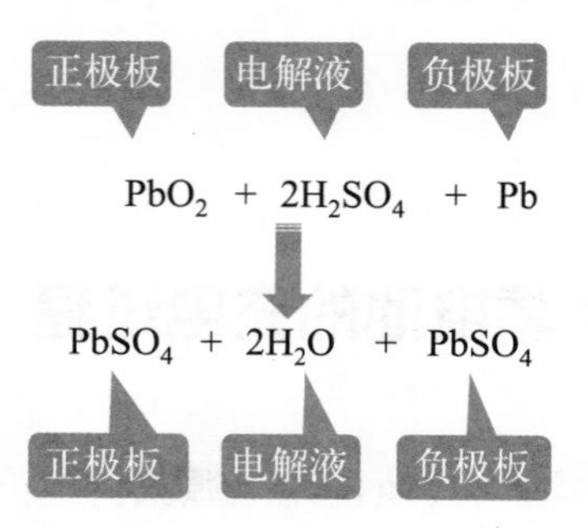

3.1.4 铅酸蓄电池的容量、放电特性及规格型号

认识电动车蓄电池

（1）铅酸蓄电池的容量

铅酸蓄电池的容量单位有安时（A・h）和瓦时（W・h）两种，其中，A・h使用较为普遍。铅酸蓄电池的容量有理论容量、实际容量和额定容量之分。

理论容量 ➡ 理论容量是根据活性物质按一定的方法计算的最高值

实际容量 ➡ 实际容量是按一定条件放电能输出的电量，实际容量小于理论容量

额定容量 ➡ 额定容量也叫保证容量，是按国家颁布的标准，在一定放电条件下应该放出的最低限度的容量

容量一般用大写字母C及其下脚标（放电率）表示，电池外壳上标注的安时（A・h）数就是额定容量。

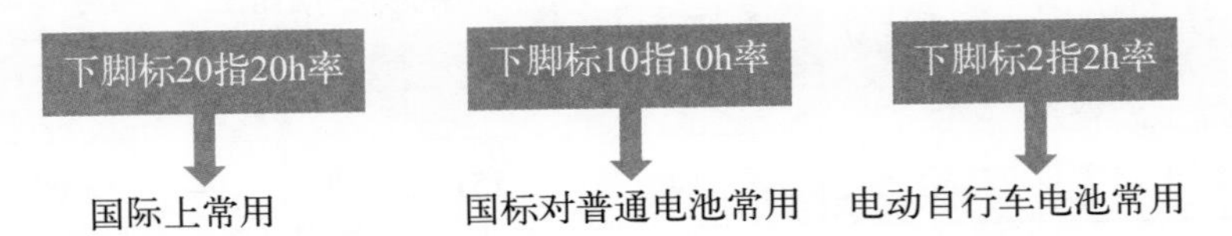

例如，常见的2h率10A・h的12V电池，指电池充足电，用5A恒流连续放电，端电压低到10.5V时的放电时间不得小于2h为合格。

（2）铅酸蓄电池的放电特性

下图所示为单格电池按0.05C（20h率）连续放电时端电压的曲线：

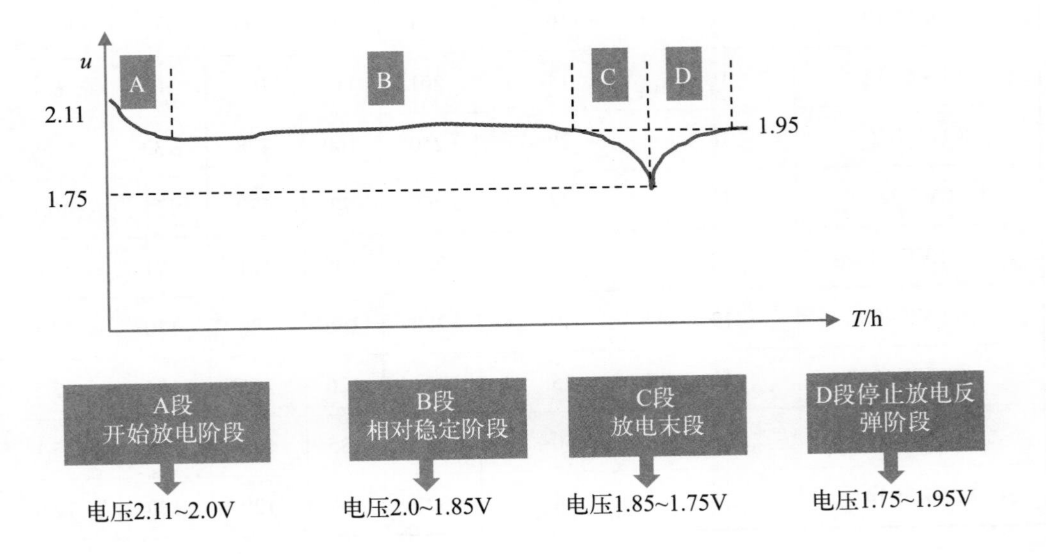

（3）铅酸蓄电池的规格型号

铅酸蓄电池型号由数字和字母组成，含有蓄电池的结构、性能、单体蓄电池数和蓄电池额定容量等信息。

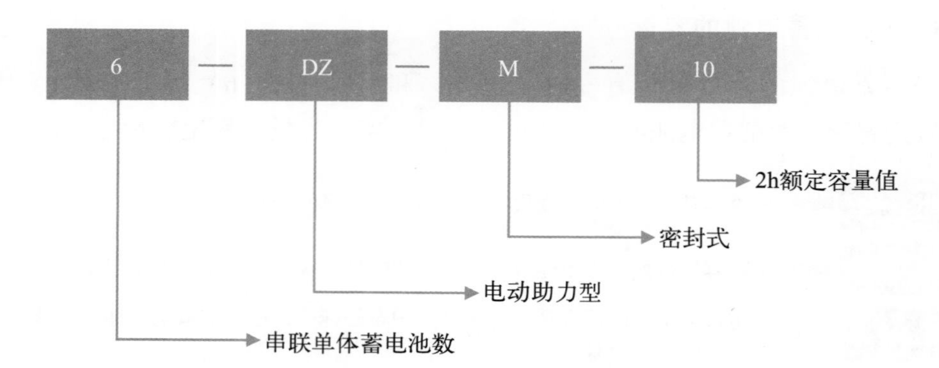

电动自行车常用铅酸蓄电池的产品规格型号见下表：

蓄电池型号	额定电压/V	额定容量/A·h	外形尺寸/mm			总高/mm	质量/kg
			长	宽	高		
6-DZM-10	12	10	151	99	94	100	4.2
6-DZM-12	12	12	151	99	96	101	4.5
6-DZM-32	12	32	197	166	168	168	14.0
6-DZM-12L	12	12	151	99	98	103	4.4
6-DZM-12G	12	12	151	99	98	103	4.6
8-DZM-10	16	10	151	101	109	115	4.9
8-DZM-14	16	14	201	113	100	105	6.8
8-DZM-20	16	20	250	100	128	132	9.7
6-EVF-32A	12	32	267	77	170	175	10.1
6-EVF-38	12	38	222	106	171	171	11.8
6-EVF-40	12	40	220	166	130	130	12.5
6-EVF-45	12	45	224	120	175	175	13.5
6-EVF-50	12	50	224	135	178	178	15.1
12-DZM-14	24	14	321	100	120	120	12.0

3.2 蓄电池的维护

3.2.1 蓄电池检测

蓄电池的检测

（1）充电插孔处蓄电池组端电压的检测

蓄电池组总电压的检测方法如下。

① 选择数字万用表200V直流电压挡。

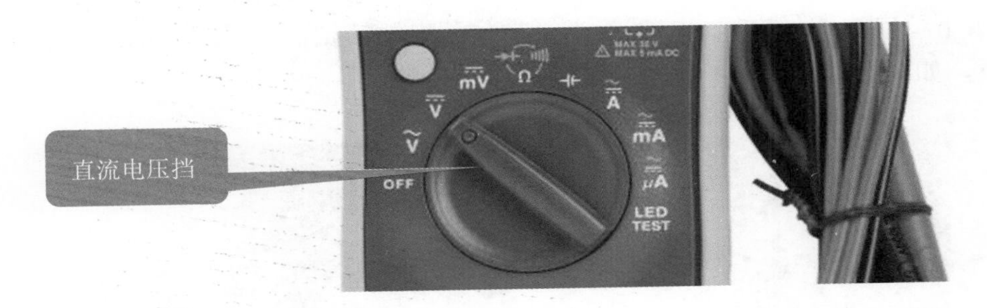

② 万用表黑、红表笔分别接触电动自行车充电插孔中正、负极线插（此时测量的是蓄电池组的总电压）。

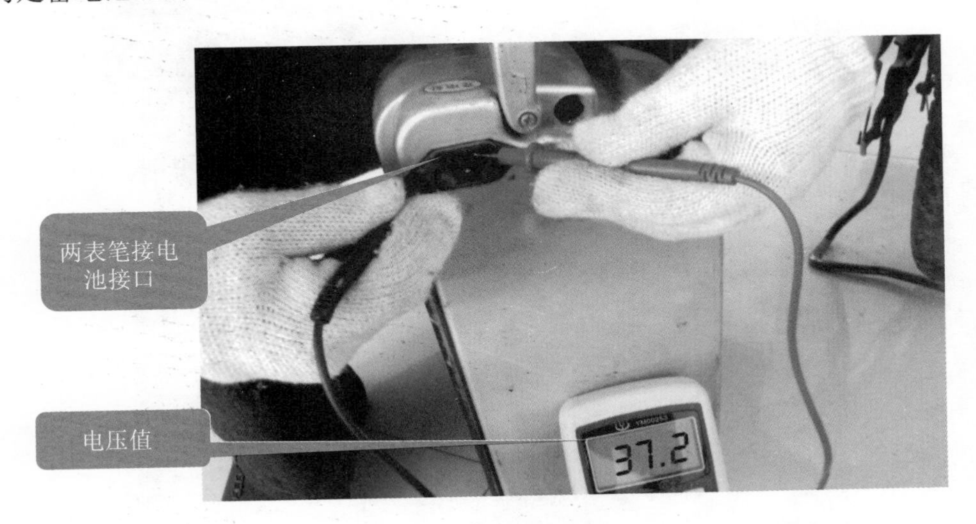

③ 若数字万用表显示48V以上（4只单体蓄电池），则表明蓄电池组电量充足，否则表明蓄电池存电不足。在测量过程中，若数字万用表显示负值，如下图所示，说明红、黑表笔接反了。

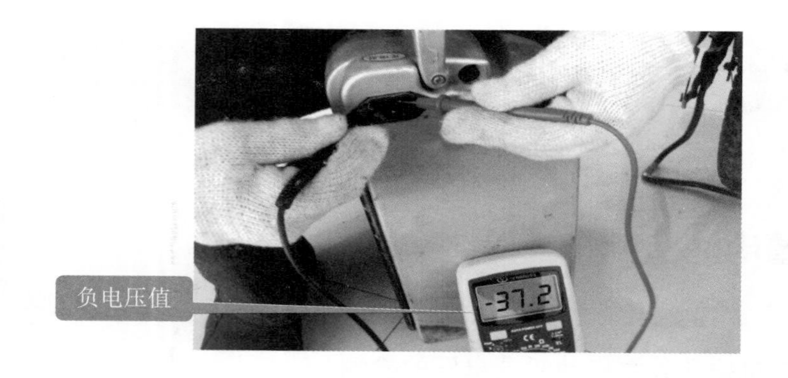

（2）电池分解后电池组端电压的检测

在拆卸蓄电池盒盖后，也可对蓄电池总电压进行测量，具体方法如下所示。

① 拔下蓄电池的供电插口，然后一手摁住蓄电池锁扣，一手将蓄电池从电动车上拆下，如下图所示：

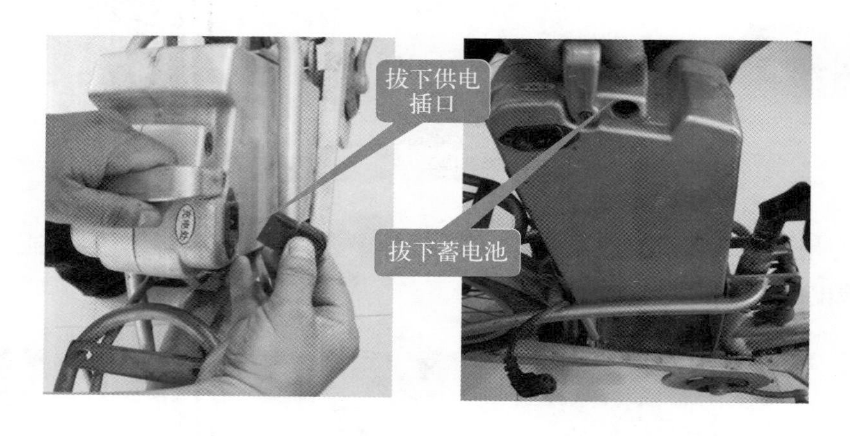

② 此蓄电池因为是背后固定式蓄电池卡扣，所以在拆卸蓄电池外盒时，需要先将背后固定条拆下，再拆解固定外盒的螺钉，如下所示：

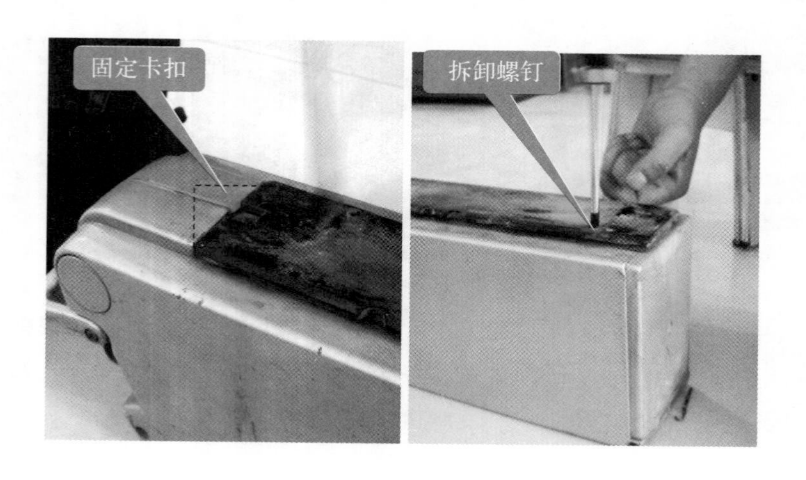

③ 选择数字万用表 200V 直流电压挡，让红表笔接蓄电池盒红色接线端子（蓄电池组的正极），黑表笔接蓝色接线端子，如下所示：

④ 若所测电压为 48V 以上，则表明蓄电池组电量充足（该蓄电池组的总电压为 51.9V）；若测得电压为 0，则表明蓄电池组中某 2 个单体蓄电池间连接断路、接触不良或某单体蓄电池有断格现象。

（3）单体蓄电池端电压的检测

① 选择数字万用表的 20V 直流电压挡，红表笔接蓄电池的正极（即涂红色的电极），黑表笔接负极（涂绿色、蓝色或未涂颜色的电极），此时数字万用表显示的数值即是蓄电池组的总电压。

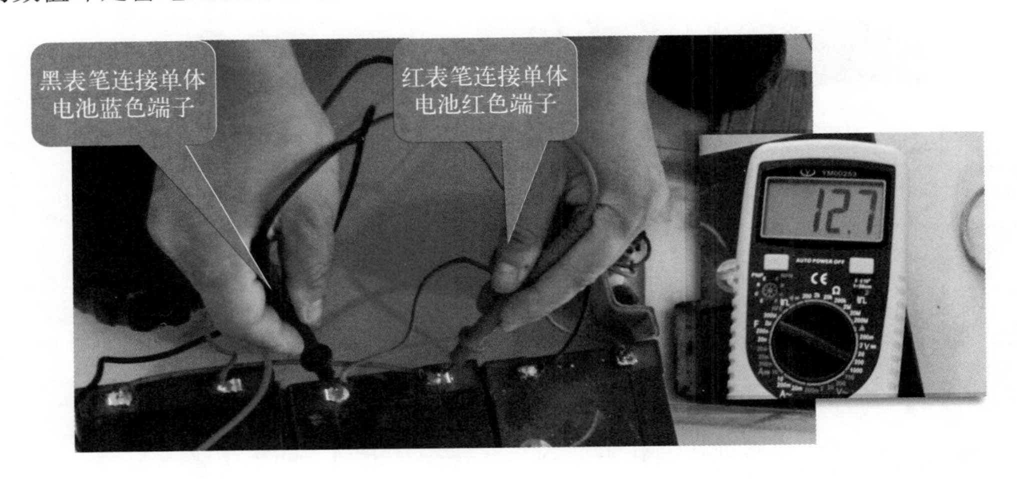

② 若显示屏显示值大于 12V，则表明蓄电池存电充足；若显示值低于 12V 高于 9V，则表明电量不足；若显示值为 0，则表明该单体蓄电池有断格现象；若显示值在 9V 以下，则表明有极板严重损坏的单格，应更换该单体蓄电池。

3.2.2 蓄电池加水

在电池充电过程中，或多或少要析出氧气和氢气，使水以氢、氧的形式散失，实质就是水量减少。水量的减少会降低参与反应的离子活度，导致电池内阻上升，极化加剧，最终导致电池容量下降。

（1）电池失水的检测

① 先将单体蓄电池的外层防尘盖拆开，如下图所示。

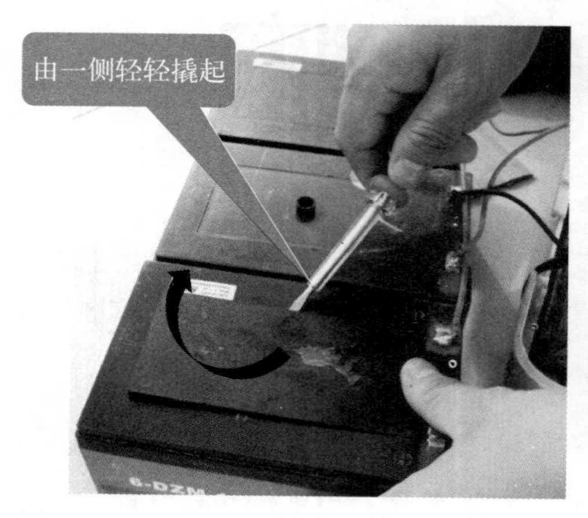

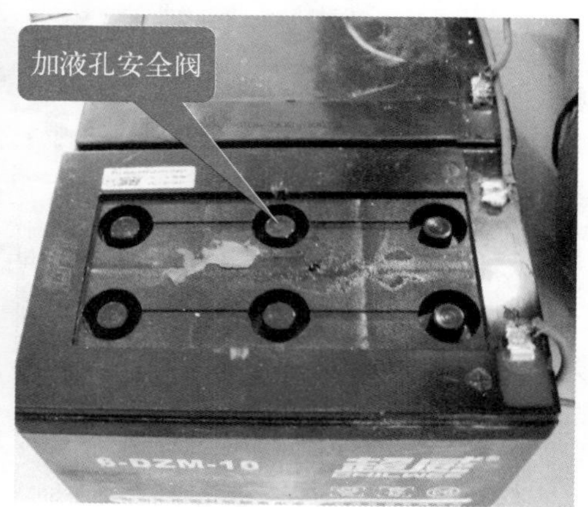

② 拆掉安全阀，从加液孔观察内部是否干涸，如下图所示。

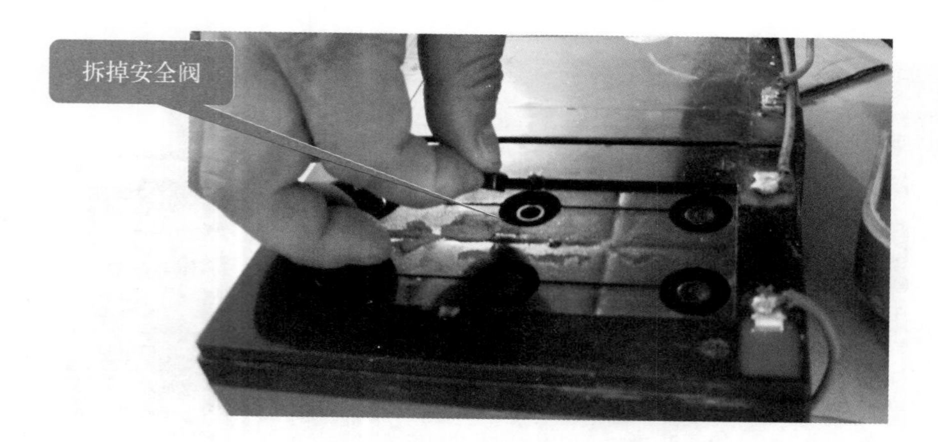

③ 也可以用纸搓成纸棒向孔内探测，若端部是干的，即为失水。

（2）给蓄电池加水

单纯失水的电池加入适量去离子水或二次蒸馏水，中等程度以下失水的电池就会收到立竿见影的效果。具体补水的方法如下所示：

将蒸馏水添加进注射器中，以单格0.5～1mL/A·h的参考量加入加液孔中，如下所示：

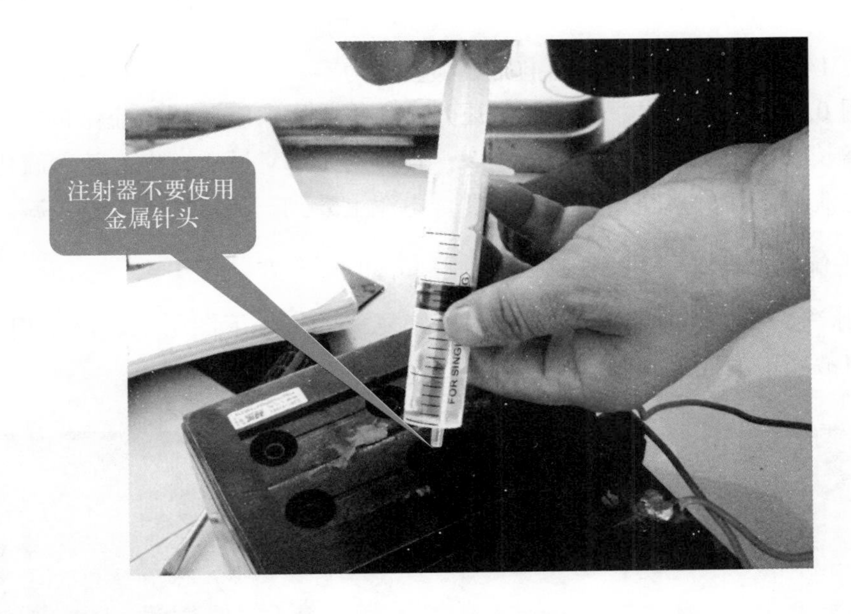

加水后静止数小时就可以充电了，充电后电解液会涨出一些，要用注射器抽出。

蓄电池的修复

3.2.3 硫酸盐化的修复

电池放电时，在正极、负极都会产生硫酸铅，正极由于阳极氧化作用的存在，硫酸铅极易在充电时转化成二氧化铅；而负极则会因长期亏电保存，或长期充电不足，再加上低温扰动等因素的存在，逐渐在负极表面形成一层质密坚硬的硫酸铅层，这种形式的硫酸铅是难溶物质，在电解液中的溶解度和溶解速度很低，附着在负极板表面和微孔中，会阻碍电解液的正常扩散和电化学反应。

（1）硫酸盐化的检测

硫化的电池内阻增大，充电时，较未硫化前电压提前到达充电终止电压，现象是一充就满（红灯迅速变为绿灯），一放电就放光（续航里程变短）。用普通充电器充不进电，绿灯长亮，用0.1C以上的恒定电流充电，电池温升增高，严重时很快产生气泡，酸液密度低于正常值。

① 开盖检查硫酸盐化的方法是从加液孔可以看到负极板栅上有白色大颗粒

硫酸铅结晶，和白色的毛毡式隔板明显不同。胶体电池具有良好的抗硫酸盐化能力。

② 不开盖检查硫酸盐化的方法是用恒压充电器进行小电流、大电压充电，方法如下：

a. 用 14.5V 恒压充电，充电电流很小甚至为零。

b. 用 0.05C 恒流充电，电池端电压开始大于 15V，电压越高硫化越严重，随充电时间增长端电压逐渐降低为靠近 15V；再改用 14.5V 恒压充电，随着硫化情况的改善，电流逐步增大，随极板荷电增加，电流上升到一定值后又会逐步减小。

（2）硫酸盐化的脉冲修复

① 脉冲修复时需要使用专业的脉冲修复仪器，如下图所示，操作相对简单，只需要将故障电池连接到仪器的鳄鱼夹。

② 打开仪器，选择放电，按下 5A 按钮，如下图所示。

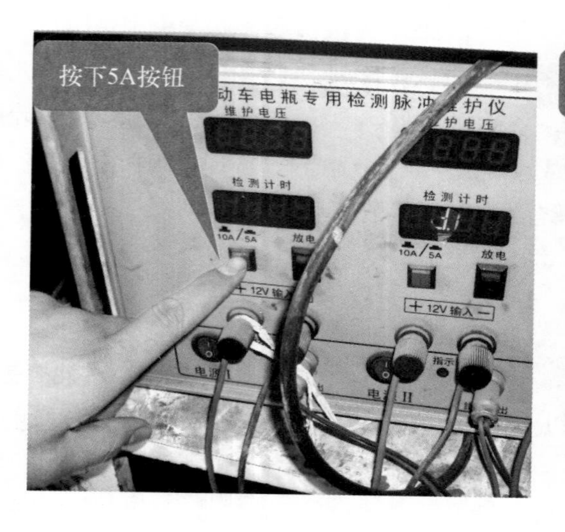

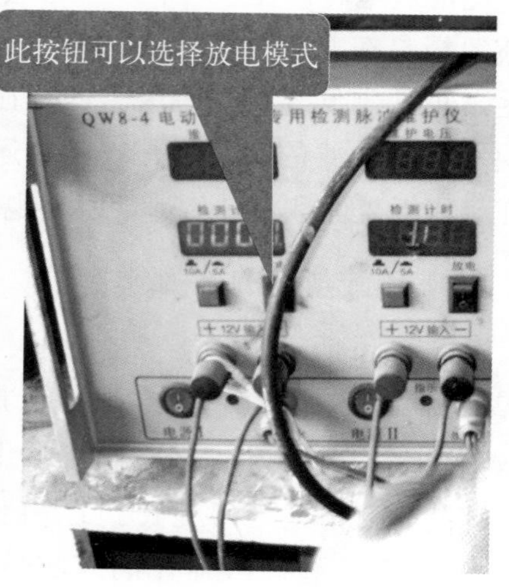

3.3　蓄电池的故障诊断与排除

3.3.1　电动车充电后续航里程严重缩短

蓄电池充足电后使用，电动自行车续航里程严重缩短的原因有以下几点。

① 蓄电池极板严重老化。

② 蓄电池中有落后单体蓄电池存在。

③ 极板表面活性物质严重脱落。

检修过程如下。

① 首先用螺丝刀打开蓄电池盒盖，然后用数字万用表的直流 20V 挡对 4 只单体蓄电池分别进行电压测量。

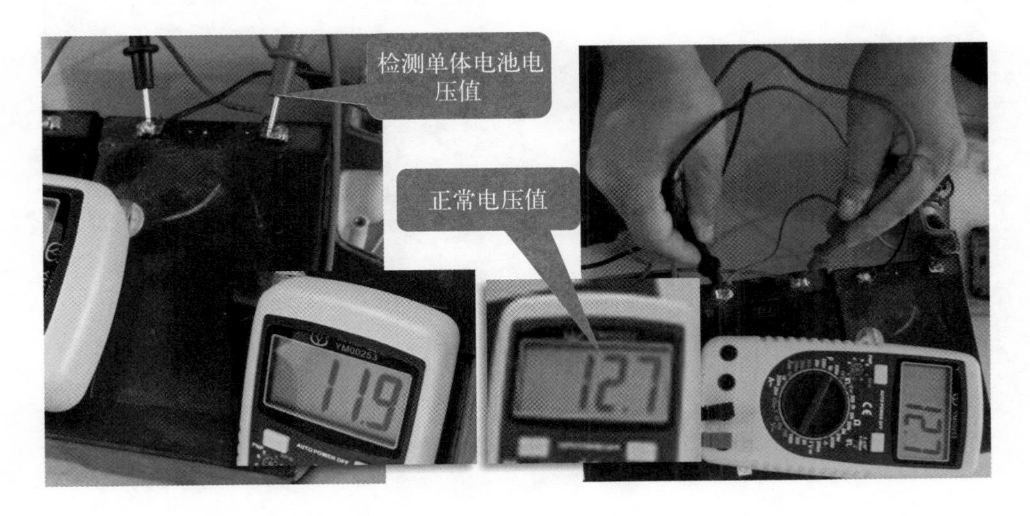

② 发现该蓄电池组中有 1 只单体蓄电池的端电压明显低于其他 3 只，取一个平口螺丝刀，打开落后单体蓄电池的盖板和安全阀后，通过加液孔看到该蓄电池内部的电解液已严重减少。

③ 用滴管向蓄电池内注入适量纯净的蒸馏水（注入时不得使蓄电池内液面高于极板超过 15mm）如下图所示。

④ 静置 2h 后，用 10h 率的电流对蓄电池充电 12h，再用 2h 率的电流将其放电至终止电压，如下图所示。

⑤ 如此反复 3 次后，用蓄电池容量检测仪测量，发现该单体蓄电池的容量已经恢复到额定容量的 80% 以上。

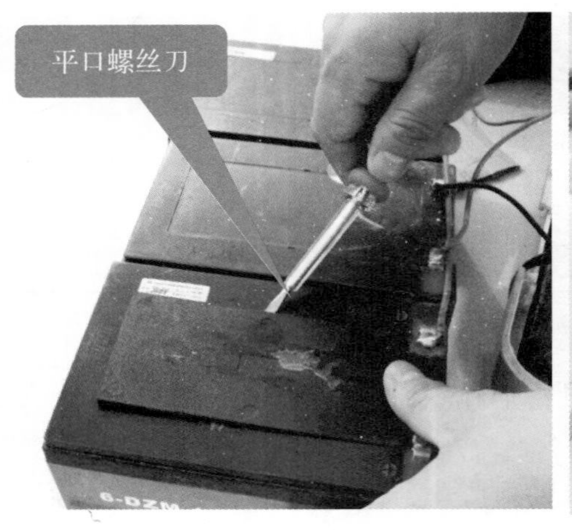
平口螺丝刀

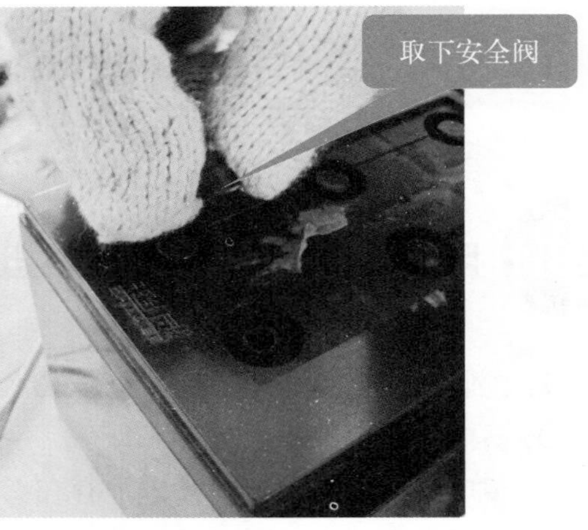
取下安全阀

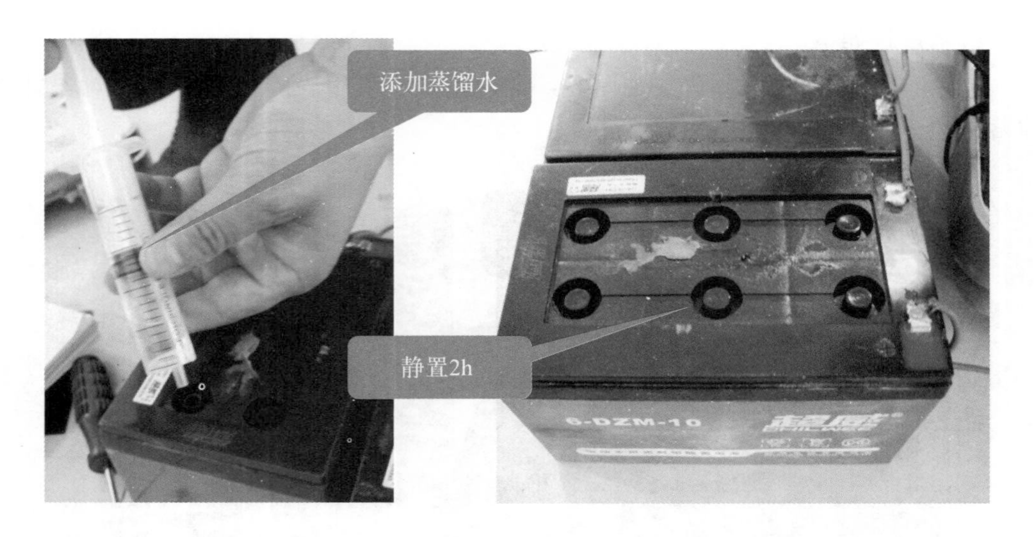
添加蒸馏水
静置2h
6-DZM-10

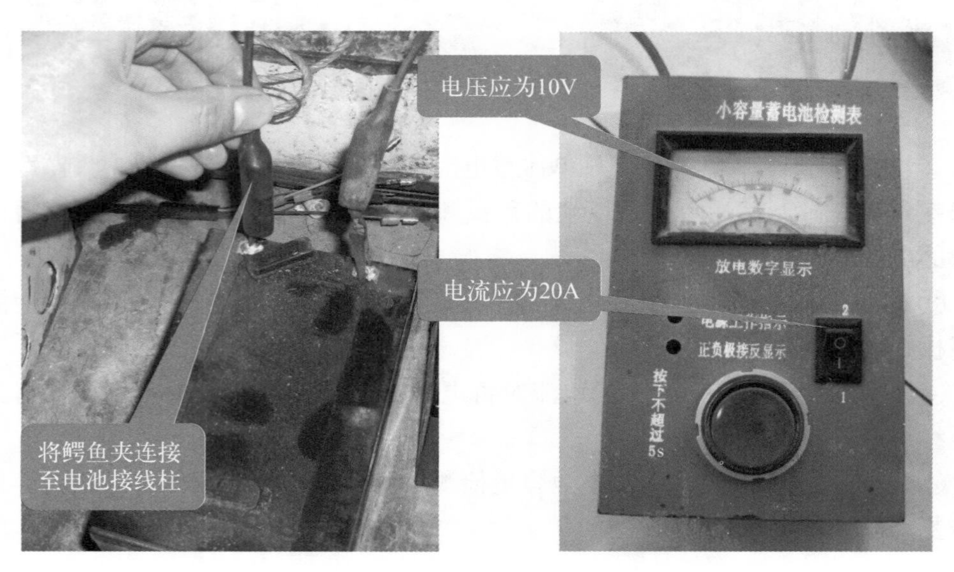
将鳄鱼夹连接
至电池接线柱
电压应为10V
小容量蓄电池检测表
放电数字显示
电流应为20A
正负极接反显示
按下不超过5s

⑥ 再用蓄电池容量检测仪对其他3只单体蓄电池进行检查，发现这3只单体蓄电池的容量基本一致，而且与修复后的落后单体蓄电池的容量差距很小，可以装复使用。

3.3.2 蓄电池电量下降过快

电动车续航里程缩短，而且放置几天后就会出现欠压显示，电动机也不能启动。

造成上述故障的原因主要有以下几点。

① 该车的电源开关损坏，使车上某些电器一直处于工作状态而消耗电能。

② 该车电源部分某处绝缘不良，使该车处于漏电状态。

③ 蓄电池存在自行放电现象。

检修过程如下。

① 将数字万用表调至直流毫安挡，再将蓄电池组的正极引线脱开，然后将万用表的红、黑表笔分别接蓄电池组的正极接线端子和负极接线端子，此时还未打开电源开关，万用表即显示电路中有800mA的电流。

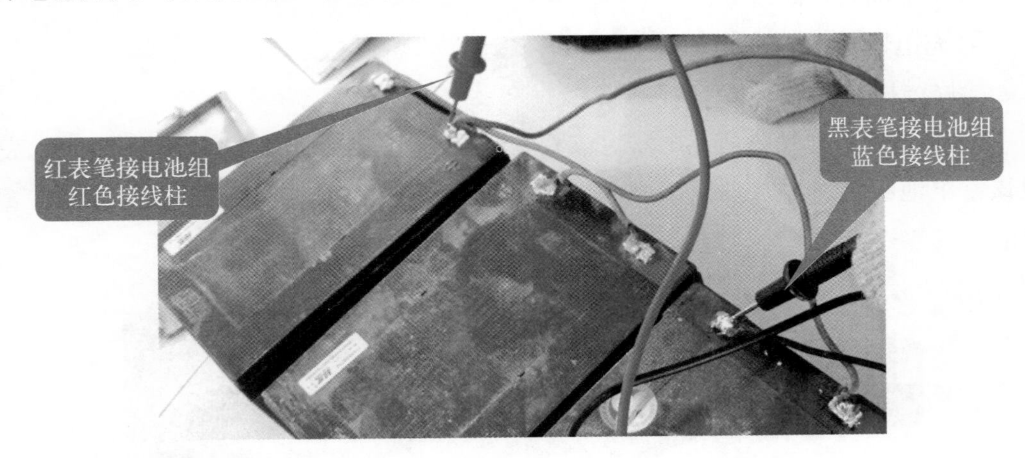

② 打开电源开关，万用表显示电流为900mA，这表明该车的电源开关正常，而电源电路某处有接地漏电的地方。检查蓄电池组至控制器间的电源正极线，发现电源开关输入红线破皮与车体搭接，用绝缘胶布对该线进行绝缘处理，并用扎带将该线与车架牢牢地固定在一起。

③ 此时再用万用表按上述方法测量电路电流，未打开电源开关时，万用表显示电流为0；打开电源开关后，万用表显示电流为100mA（为控制器和仪表等的使用电流），一切恢复正常。

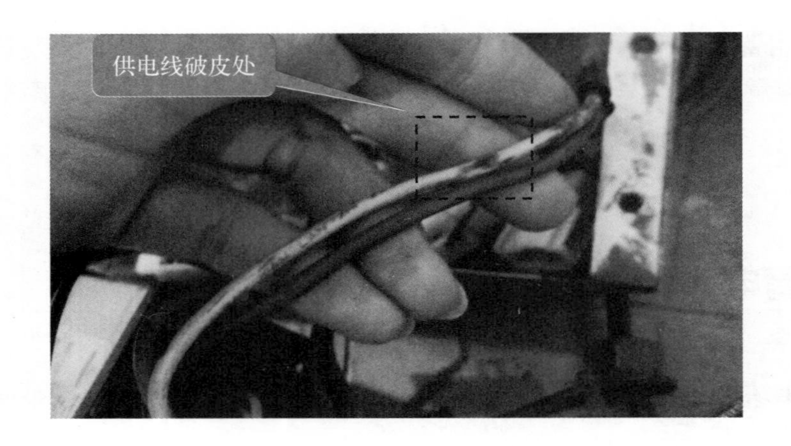

3.3.3 蓄电池充电时严重发热

蓄电池充电时严重发热的原因有以下几点。

① 电解液干涸。

② 极板严重硫化。

③ 极板间有短路现象。

④ 充电器输出电流过大。

检修过程如下。

① 取一只同型号的新充电器对该蓄电池组进行充电试验，结果充电 2h 后，发现该蓄电池组仍然发热严重，表明该蓄电池组所用的充电器正常，故障原因在蓄电池。

② 拆开蓄电池盒，取出各单体蓄电池，用数字万用表的直流 20V 挡测得各单体蓄电池的端电压差别不大。

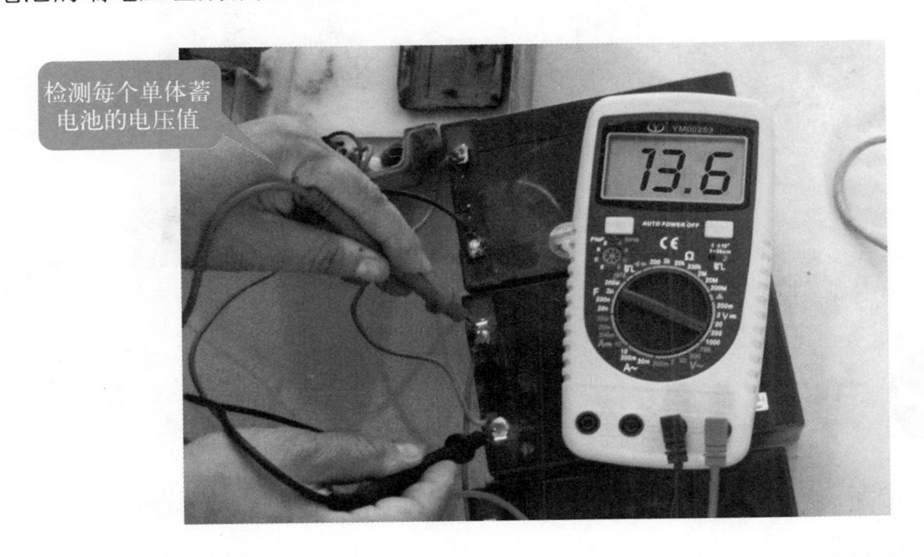

③ 然后打开其中一个单体蓄电池的盖板和安全阀，发现该单体蓄电池内电解液较少，用一根木条对该蓄电池进行液面检查，发现该单体蓄电池内部已严重缺液。再打开另外 2 个单体蓄电池，发现也严重缺液。按图所示为蓄电池添加电解液。

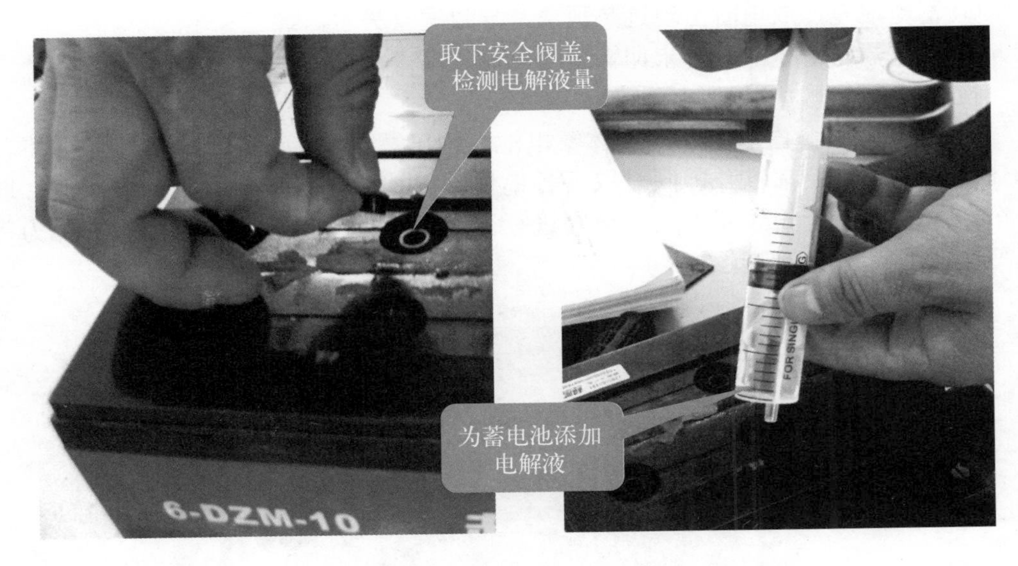

④ 再用 10h 率的电流向蓄电池充电 12～13h，然后再以 2h 率的电流将蓄电池组放电至终止电压。

⑤ 如此反复 3 次，用随车充电器给蓄电池组充电 8h 后，充电器绿灯亮，表示已充满。在 8h 的充电过程中，不断对各单体蓄电池的温升进行检查，未发现严重发热现象，故障现象消失。

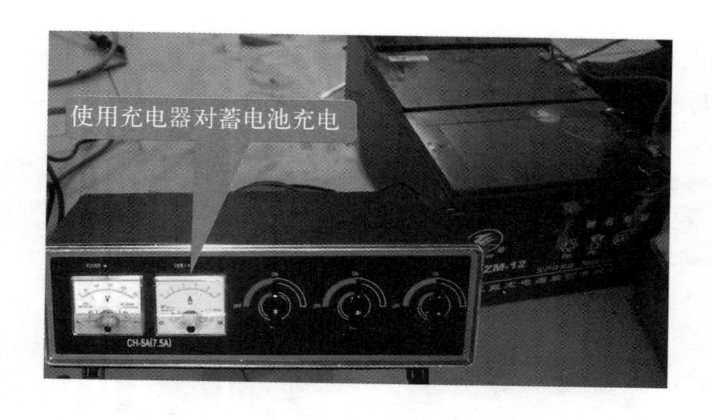

3.3.4 电解液消耗过快

蓄电池在使用中因电解液的蒸发有一定的消耗是正常的，但若消耗过快则说明异常，表明有故障隐患。蓄电池电解液消耗过快的原因有以下几点。

① 蓄电池壳体某处有渗酸漏液现象。

② 蓄电池安全阀设置的开阀压力过低或安全阀老化。

③ 随车充电器的输出电压过高或失调。

④ 蓄电池充、放电时出现过热现象，导致逸气失水。

⑤ 充电器在蓄电池充电末期输出的电流过高。

检修过程如下。

① 从蓄电池盒内取出 3 个单体蓄电池（该车蓄电池为 36V/12A · h），并将各单体蓄电池的盖板都打开，同时取下各单体蓄电池各单格排气孔上的安全阀。取一个新的标准安全阀与卸下的安全阀进行比较，结果发现卸下的安全阀的弹力都已严重减小，不符合使用要求。

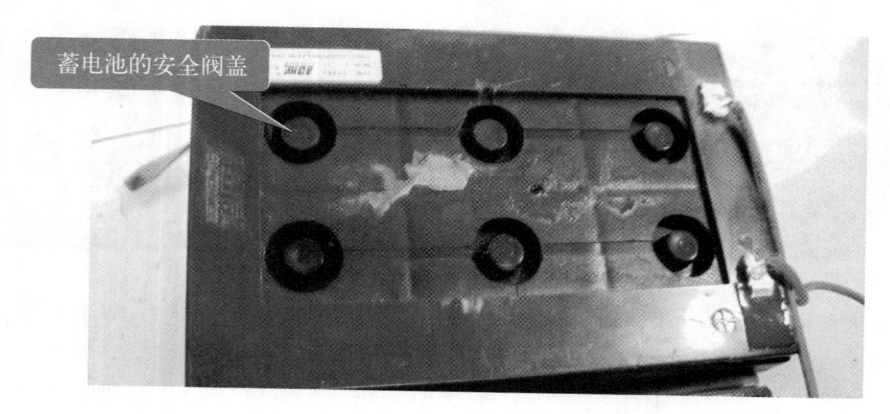

② 对 3 个单体蓄电池进行加水维护后，将各单体蓄电池的安全阀予以更换。更换后故障排除，装复蓄电池交给用户使用，没有再出现异常发热现象。

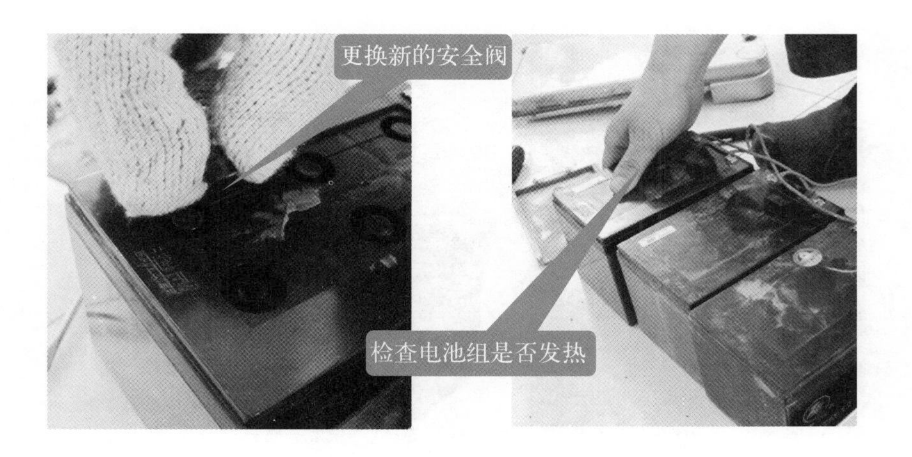

3.4 锂离子蓄电池的故障诊断与排除

3.4.1 锂离子蓄电池的分类与命名

（1）锂离子蓄电池的分类

锂离子蓄电池分为：钴酸锂蓄电池、锰酸锂蓄电池、钴锰镍锂蓄电池和磷酸铁锂蓄电池等。电动自行车常用的是磷酸铁锂蓄电池，其中以18650型磷酸铁锂蓄电池为主，单只3.2V/1.4A·h的蓄电池、5个单只并联成的3.2V/7A·h蓄电池组、单只38.4V/7A·h蓄电池，以及36V/10A·h的18650型磷酸铁锂蓄电池组，如下图所示。

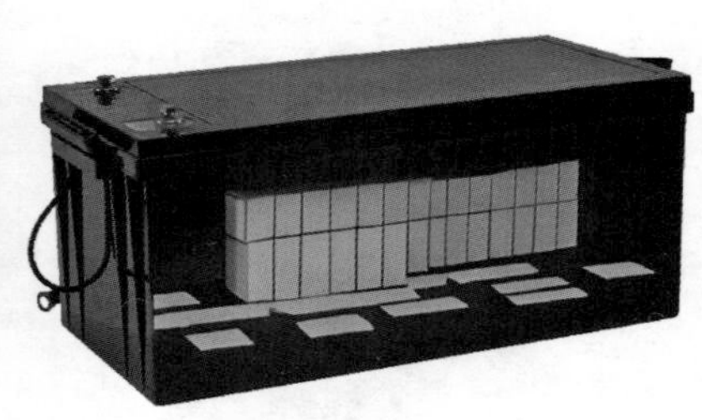

（2）磷酸铁锂蓄电池的特点

① 磷酸铁锂蓄电池的安全性能优越。这是由其本身的晶体结构和物理性质决定的。

② 磷酸铁锂蓄电池的耐过充性能优越。由于过充电时蓄电池表面温度升高很快，因此，高温下正极材料稳定性的好坏决定了蓄电池过充电性能的优良与否。

③ 磷酸铁锂蓄电池的耐过放电性能优越。磷酸铁锂蓄电池的放电曲线非常平坦。表明了该材料具有较好的循环寿命和较高的充、放电效率。此外，放电平台平稳，有利于电子元器件稳定工作。

④ 磷酸铁锂蓄电池存储性能优越。磷酸铁锂蓄电池的存储性能可通过充电后自放电的大小来衡量。自放电的容量损失分为不可恢复容量损失和可恢复容量损失。不可恢复容量损失表示活性物质的损失，例如活性物质的分解。磷酸铁锂蓄电池中，自放电是正极、负极相互作用的结果，实验表明，磷酸铁锂的储存性能优于钴酸锂。

⑤ 磷酸铁锂蓄电池重量轻、体积小。磷酸铁锂蓄电池的重量约是铅酸蓄电池的 1/2，体积约是铅酸蓄电池的 2/3。

（3）锂离子蓄电池的命名

根据国际电工委员会（IEC）规定：圆形锂离子蓄电池的型号命名由 3 个字母和两组数字组成。

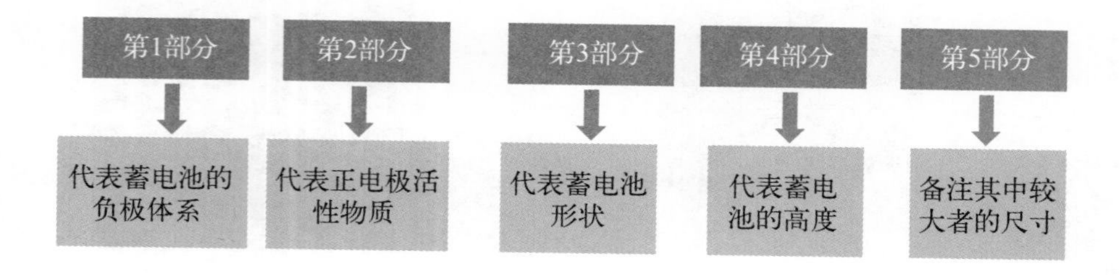

第1部分：字母I表示采用具有嵌入特性的锂离子负极体系；字母L表示金属锂负极体系或锂合金负极体系。

第2部分：字母C表示钴基正极；字母N表示镍基正极；字母M表示锰基正极；字母V表示钒基正极。

第3部分：字母R表示圆柱形蓄电池，第一组数字表示蓄电池组内单体蓄电池的直径，单位为mm，取整数值。

第4部分：代表电池组内单体蓄电池的高度，单位为mm，取整数值。

第5部分：当蓄电池的两个尺寸中至少有一个尺寸大于或等于100mm时，在表示直径的数字和表示高度的数字之间添加分隔符“/”，同时该尺寸数字的位数相应增加。

3.4.2 锂离子蓄电池的结构

锂离子蓄电池的正极材料是氧化钴锂等，负极材料是碳材料。蓄电池通过正极产生的锂离子在负极碳材料中的迁入与迁出来实现蓄电池的充放电过程。为了区别于传统意义上的锂蓄电池，一般称其为锂离子蓄电池。

锂离子蓄电池的结构如下图所示。

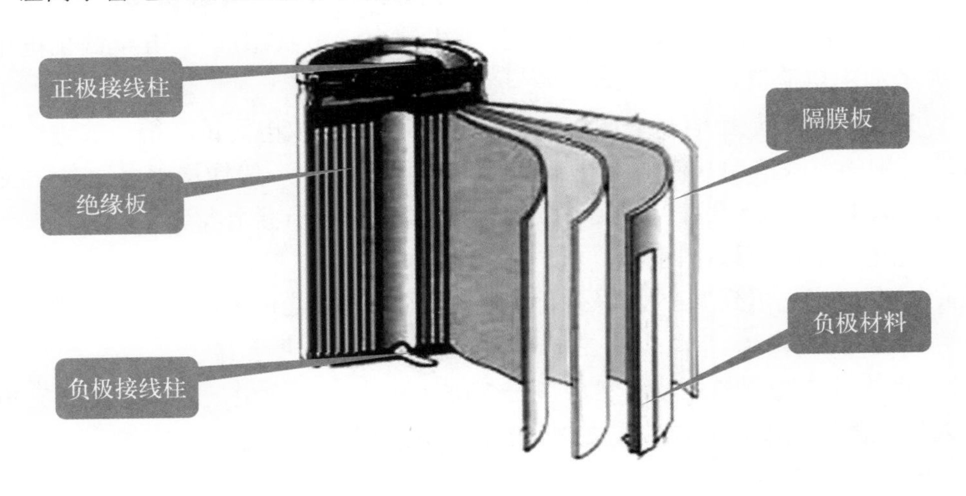

3.4.3 锂离子蓄电池的工作原理

（1）锂离子蓄电池的工作过程

当对蓄电池进行充电时，蓄电池的正极上有锂离子生成。生成的锂离子经过电解液运动到负极。而作为负极的碳层状结构有很多微孔，到达负极的锂离子就嵌入到碳层的微孔中。嵌入的锂离子越多，充电容量越高。同样道理，当对蓄电池进行放电时（使用蓄电池的过程），嵌在负极碳层中的锂离子脱出，又运动回到正极。回到正极的锂离子越多，放电容量越高。我们通常所说的蓄电池容量指的就是放电容量。

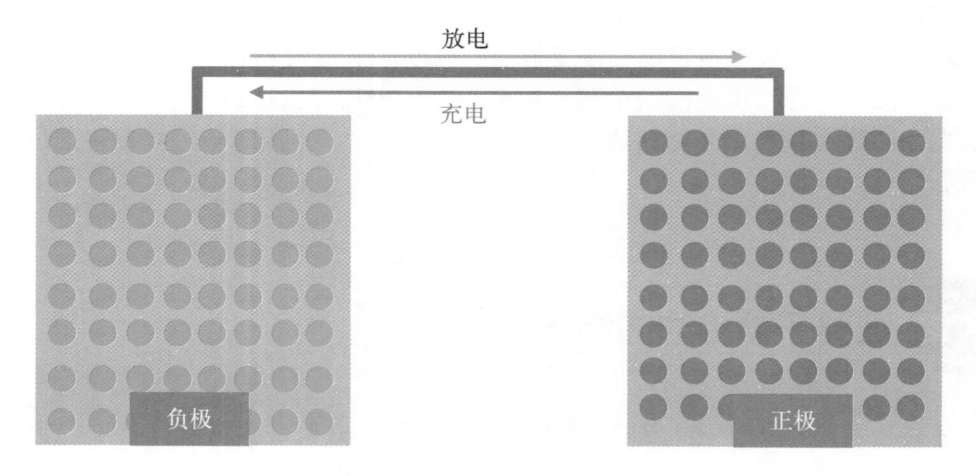

（2）磷酸铁锂蓄电池的基本指标

以下指标均是在 23℃和正常操作、储存以及运送条件下实验得到。

① 放电倍率　放电倍率（mA）是指蓄电池自满电状态放电 1h 至截止电压为 2.0V 时的放电电流值。

② 放电容量　放电容量（mA · h）是用 0.2C 电流放电测试获得。放电容量测试除非有别的方式注明（例如不同温度下的容量测试），一般均指蓄电池在 23℃温度条件下放电。为了测试需要，C 被定义为蓄电池的最小额定容量。

③ 充电机制　有以下两种：

a. 0.5C 恒流充电到 3.65V，然后恒压 3.65V 充电，截止电流为 0.02C 时充电终止。为保证测试精度，充电应在 23℃ ± 2℃温度条件下进行。

b. 1C 恒流充电到 3.65V，然后恒压 3.65V 充电，截止电流为 0.02C 时充电终止。为保证测试精度，充电应在 23℃ ± 2℃温度条件下进行。

3.4.4 锂离子蓄电池的故障诊断与排除

（1）蓄电池组充满电后，电动自行车跑不到 10km

对于这种故障，有以下两种情况。

① 蓄电池放电后，在2min内分别检测单个蓄电池的电压，若电压都在3.2～3.3V，说明蓄电池组寿命接近终止，应该报废。

② 蓄电池放电后，在2min内分别检测单个蓄电池的电压，若个别蓄电池的电压低于3.2V，说明这些单个蓄电池寿命接近终止，应该报废。

（2）蓄电池组电压不正常

有一组36V磷酸铁锂蓄电池由12个单体串联组成，每个单体的电压为3.2V，12个单体串联后为38.4V，标称36V。

由于每个单体磷酸铁锂蓄电池的容量、电压、内阻各不相同，所以由12个磷酸铁锂蓄电池组成的蓄电池组，其容量、电压、内阻也各不相同。经过长期使用，若有一个单体出现容量、电压下降，就会影响整组的容量和电压，蓄电池组就不能正常工作。

对于这种情况，找出电压低且不能使用的单体，把它剔除，换成容量、电压合格的单体，重新组成一个蓄电池组，这样这组磷酸铁锂蓄电池就能正常使用了。

比如在一组磷酸铁锂蓄电池中，各个单体的电压分别为2.86V、3.35V、3.13V、2.87V、3.31V、0V、3.35V、3.31V、3.32V、3.34V、3.31V、3.34V。可以看出一些单体的电压低于3.2V，由于电压低，不符合要求，所以必须把这些单体剔除，换成电压合格的单体，重新组成一个新的蓄电池组，从而故障排除。

第4章

电动机的故障检修

4.1 电动机的结构及原理

4.1.1 电动机的分类

电动机是电动车的动力转换部分。其外形多种多样，用在电动车上的电动机主要有以下几种。

（1）按直流换向分类

有刷直流电动机 → 有刷直流电动机内部有碳刷，采用机械换向，对控制系统的技术要求较低；但缺点是寿命短、噪声大、效率低。

无刷直流电动机 → 无刷直流电动机内部没有碳刷，采用电子换向，电动机不需要维护，没有噪声，且寿命长达10年以上。

有刷直流电动机

无刷直流电动机

（2）按有无齿轮分类

有齿高速电动机 → 有齿高速电动机转速高，噪声比低速电动机相对要大，并且生产工艺复杂，成本高。而且，用于电动自行车的高速电动机如果以3000r/min的速度运转，需要用减速齿轮减速。

无齿低速电动机 → 无齿低速电动机因为转速低，所以无须齿轮减速。低速电动机的最大弱点是电动机效率低、磁钢容易退磁、重量大、动力性差、骑行无力、耗电量大等。

有齿高速电动机

无齿低速电动机

（3）按有无磁铁分类

永磁电动机 → 目前电动自行车大多采用稀土永磁直流电动机。所谓永磁电动机，是指电动机线圈采用永磁体励磁，不采用线圈励磁的方式。

串励电动机 → 直流电动机转子和定子的磁场可以全部由线圈产生，也可以一半使用永久磁铁。串励电动机的定子和转子分别采用了绕组，并且两个绕组串联使用，没有磁铁。

永磁电动机

串励电动机

（4）电动机型号的识别

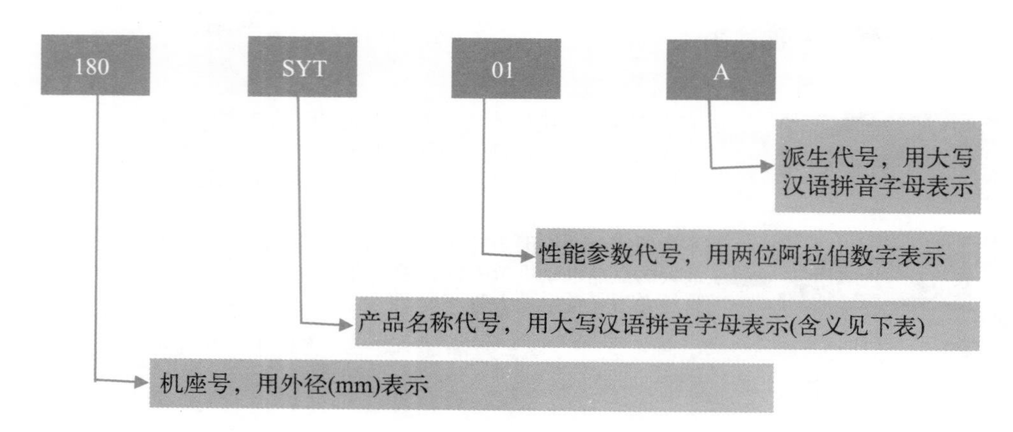

180SYT01A：外径180 mm，铁氧体永磁式直流伺服电动机，厂家01A类产品。

名称	含义
SYT	铁氧体永磁式直流伺服电动机
SYX	稀土永磁式直流伺服电动机
SXPT	铁氧体永磁式线绕盘式直流电动机
SWT	铁氧体永磁式无刷直流伺服电动机
SWX	稀土永磁式无刷直流伺服电动机
SN	印制绕组直流伺服电动机
YX	三相异步电动机
SXPX	稀土永磁式线绕盘式直流电动机

无刷电动机结构与接线

4.1.2 无刷电动机的拆卸及结构组成

无刷电动机采用的是电子换向器，固定于电动车后轮中。以下详细讲述电动机的拆卸过程。

① 电动机位于电动车的后轮上，先使用十字螺丝刀将固定车后架的螺钉拆下，如图所示：

② 然后再将加固后座的螺钉拆下，如下图所示：

③ 再拆下车座下的固定螺钉，就可以把后架拆下来了，如下图所示：

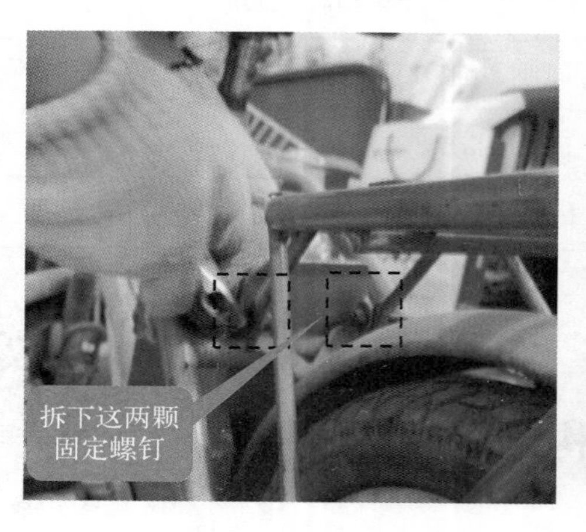

④ 将后轮拆下，但要注意电动车电源线，不能生拉硬拽，将其轻轻拨到一边即可，如下图所示：

⑤ 将飞轮一侧的固定螺钉拆下，然后使用平口螺丝刀撬飞轮，将其拆下，如下图所示：

⑥ 将后轮的固定螺钉拆下，共有6颗，因其比较小，最好用带磁性的螺丝刀，如下图所示：

⑦ 在拆开轮毂与侧盖前，需要用记号笔在一处做个标记，以便装配时位置准确。然后手握侧盖，双脚固定轮胎，便可以看到电动机的内部结构了。

无刷电动机的零部件如下表所示：

<table>
<tr><td rowspan="9">无刷电动机</td><td colspan="2">零部件</td></tr>
<tr><td>无刷电动机的定子</td><td>无刷电动机的转子</td></tr>
<tr><td>定子铁芯</td><td>电动机外壳</td></tr>
<tr><td>电枢绕组</td><td>磁钢</td></tr>
<tr><td>3个霍尔元件</td><td></td></tr>
<tr><td>定子支架</td><td></td></tr>
<tr><td>电动机轴</td><td></td></tr>
<tr><td>轴承</td><td></td></tr>
</table>

定子：定子由定子铁芯、电枢绕组及其引出线、3 个霍尔元件及其引出线、定子支架、电动机轴、轴承等部分组成。

转子：转子由电动机外壳、磁钢等组成，如下图所示。

4.1.3 有刷电动机拆卸及结构组成

有刷电动机结构与接线

有刷电动机所有的位置跟无刷电动机位置是一样的，所以，还是需要先将其从车架上拆下来，然后再对其进行分解。

① 将后轮从车架上拆下，其操作与无刷电动机一样，先将链条拆下，然后再将车架的固定螺钉拆下，也要将脚踏板拆下，如下图所示：

② 再将电动车另一侧的车架紧固卡扣固定螺钉拆下，如下图所示：

③ 这时候车架已经基本拆下，电动车借助支架站立，再将其他紧固螺钉拆下，如下图所示：

④ 后轮拆下后，使用较小的扳手将固定电动机的螺钉拆下，由于封装时比较紧，要小心操作，以防止滑丝，如下图所示：

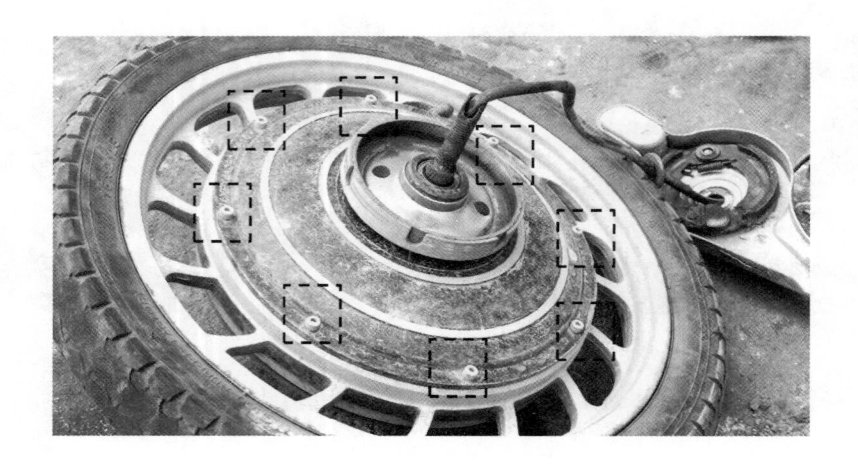

⑤ 可以将后轮站立拆卸，这样比较方便操作，如下图所示：

⑥ 拆开侧盖，就可以看到有刷电动机的结构，如下图所示：

与无刷电动机相比，有刷电动机的内部大多一致，只是在定子上多了碳刷，接下来认识有刷电动机的结构。

定子：有刷电动机的定子是带有磁性的不动的磁钢部分。有刷电动机的定子由电动机轴、轴承、磁钢、碳刷及碳刷架组成，如下图所示。

转子：有刷电动机的转子由电枢铁芯、线圈、换向器、电动机外壳组成，如下图所示。

电动机外壳多数是合金质地，主要起散热和保护电动机的作用。

4.1.4 有刷电动机与控制器的接线

有刷电动机一般有正负两根引线：一般红线是电动机正极，黑线是电动机负极。剩下的就是电源线，所以相对比较简单。

连线时需与有刷控制器电动机引线相接才会使电动机转动。如果将正负极交换接线，只是会使电动机反转，一般不会损坏电动机。

4.1.5 无刷电动机与控制器的接线

无刷电动机与有刷电动机相比较，显然接线就比较多，共有八根引线，其中三根粗线蓝、绿、黄是电动机相线（即线圈引出线）。无刷电动机的霍尔元件有五根引线，分别是霍尔元件的公共电源正极、公共电源负极、A 相霍尔输出、B 相霍尔输出和 C 相霍尔输出。

4.2 电动机内部关键元件的检测

4.2.1 无刷电动机霍尔元件的检测

霍尔元件的检测

霍尔元件的故障主要有霍尔元件脱落、霍尔集成电路失效、霍尔引线断开等。当怀疑霍尔元件损坏时，应按以下方法进行检测。

（1）通过测量霍尔相线电压来判断霍尔元件的好坏

① 在电动机工作时霍尔相线输出电压应在 0～5V 变化，故选择数字万用表直流电压 20V 挡，检测其电压值，操作方法如下：

② 打开电源开关，在控制器处，将黑表笔接插接器上的黑色线，红表笔接插接器上的红色线，此时万用表的显示值即是霍尔电源电压。

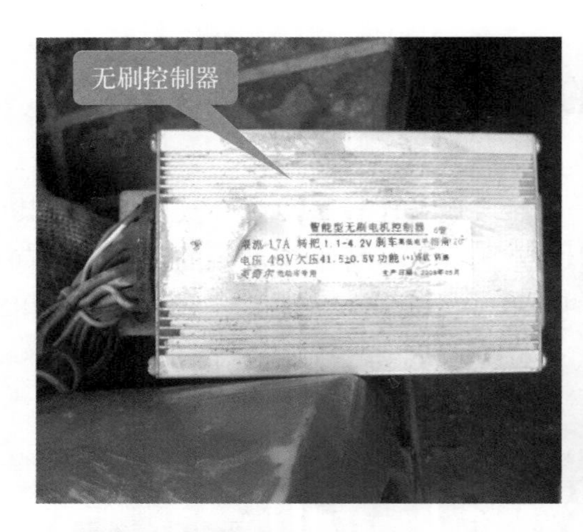

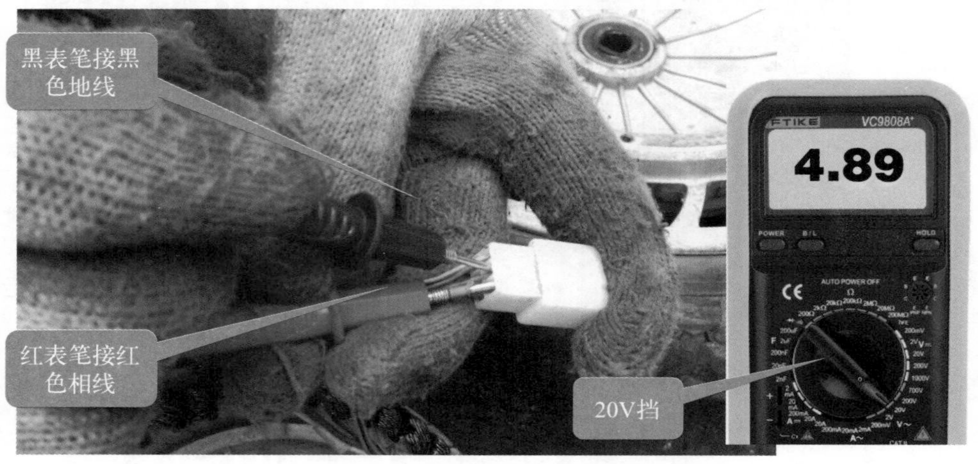

若所测霍尔电源电压异常，应修复相关电路，待霍尔电源电压正常后才可进行以下测量。所以，霍尔电源电压正常是霍尔相电压检测的前提。

③ 若电源电压正常，则将红表笔移至霍尔元件黄色相线，黑表笔不动，并慢慢转动后轮，检测其电压值，如下图所示：

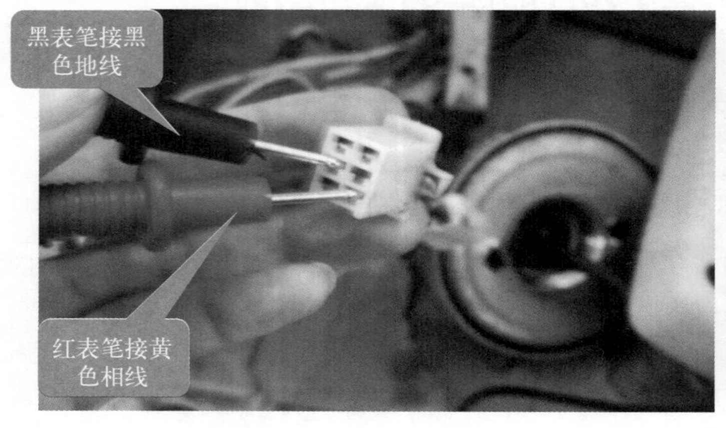

若万用表显示值在0～5V变动，表明该相霍尔相电压正常，也说明与黄色线相连的霍尔元件正常；若万用表显示值不变化，表明与黄色线相连的霍尔元件损坏。

（2）分解霍尔元件进行检测

霍尔元件是一个电子元件，有3根引脚，其外形如下图所示：

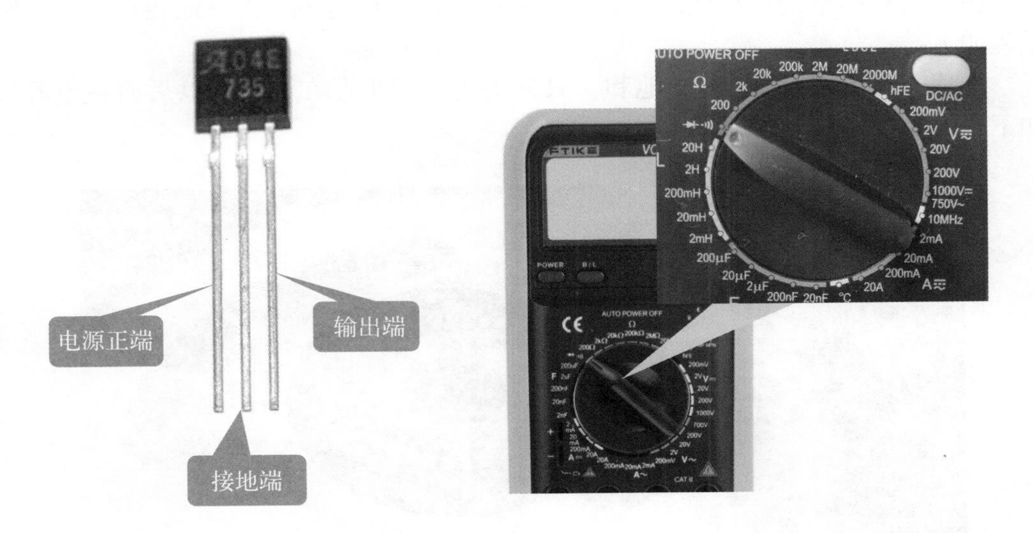

① 选取数字万用表的“二极管”挡，如图所示。

② 将红表笔接霍尔元件的中间接地端，黑表笔接左侧电源正端，其阻值正常时应为无穷大（即显示“1.”），呈断路状态。

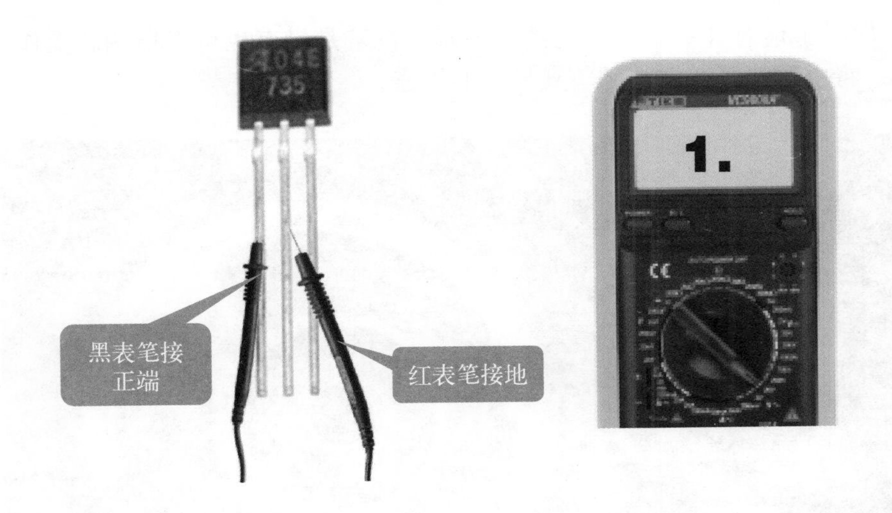

③ 接着，将黑表笔接右边输出端，红表笔不动，仍接接地端，此时万用表应显示400～900Ω（对于不同霍尔元件，该阻值有所不同）。

④ 若上述检测数据异常，则表明该霍尔元件损坏。

4.2.2 有刷电动机绕组的检测

（1）检测有刷电动机绕组是否有断路

在检测有刷电动机绕组时，需要将其拆开，然后与单体蓄电池相连，其操作过程如下：

① 将一只 12V 单体蓄电池和一只开关用导线串联在一起（以后简称电源），如下图所示。

② 如果手边有开关，可以用鳄鱼夹相连，若是没有也可以检测。操作方式如下所示，将电源的接线柱与鳄鱼夹另一端相连。

③ 将数字万用表的挡位开关调到 20V 直流电压挡，将万用表的黑、红表笔分别接在相邻的换向片上，如下图所示。

若相邻两个换向片间的电压都为 2.4V，则表明该绕组无断路。

④ 若测量时某相邻换向片间的电压较高，而其他相邻换向片间的电压较低，则表明测试电压为 12V 的相邻换向片间的绕组断路。

⑤ 再用相同的办法，检测与相隔较远的绕组接线柱间的电压，如下图所示。

用上面所说的方法检测，若测得的电压正常，则说明绕组正常，不存在故障。

（2）电动机绕组搭铁的检测

① 将一只 12V 单体蓄电池与一只开关用导线串接起来，操作与之前相同。

② 将电源负极鳄鱼夹夹在图中的 A 处，电源正极鳄鱼夹夹在与 A 处正相对应的 B 处（A、B 处连线通过圆心），如下图所示。

③ 将万用表的黑、红表笔与相邻换向器焊点接触，万用表都显示“2.1V”则为正常，如下图所示。

在测量中，若万用表显示不定的数值（或大或小），则表明绕组有搭铁部位，万用表读数越小，表明红表笔越接近与搭铁绕组相连的接线端子。当万用表读数为 0（或近似为 0）时，表明与这一绕组接线端子直接相连的绕组搭铁。

（3）有刷电动机绕组绝缘电阻的检测

① 测量电动机绕组的绝缘电阻应选用 20MΩ 挡，将万用表的一支表笔接电动机轮毂（接地），另一支表笔接换向片或绕组接线端子，如下图所示。

② 若万用表显示“1.”，表明电动机绝缘电阻正常；若万用表显示几千欧，则表明电动机绕组绝缘电阻下降，应进行烘干处理。烘干方法如下图所示。

4.2.3 无刷电动机绕组的检测

（1）不拆电动机快速检测无刷电动机绕组是否正常

① 在无刷控制器上，将与电动机相连的 3 根较粗的黄、绿、蓝色主相线的线头从线盒中拔出，如下图所示。

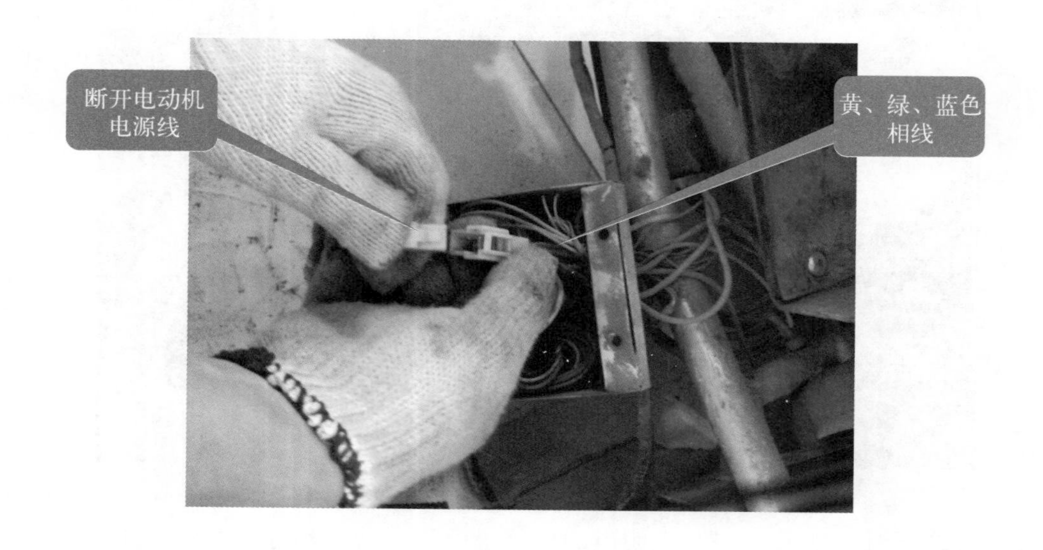

② 然后将电动机的霍尔线从插接器拔下，将电动机 3 根主相线的线头捏在一起并转动后轮。

若用手转动后轮时感觉阻力较大，表明电动机绕组正常；若转动后轮时感觉阻力较小或较轻松，则表明绕组短路或断路。

（2）无刷电动机绕组短路的检测

① 在检测中，若电动机某相绕组短路，该相绕组阻值会有不同程度的减小。由于电动机绕组线径较粗，每相绕组间的阻值一般小于 1Ω，故选用数字万用表的 200Ω 电阻挡，被测电动机 3 根主相线编号如下图所示。

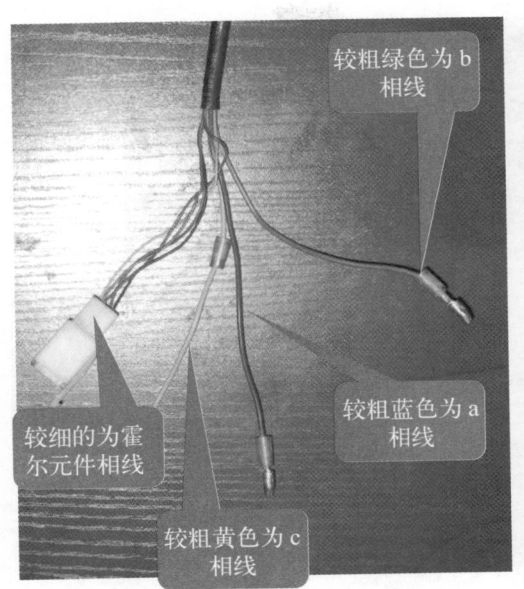

② 用数字万用表分别测得 a/b、b/c、a/c 相间的阻值为 0.1Ω、0.1Ω、0.2Ω，则表明 b 相绕组短路。测量方法如下图所示。

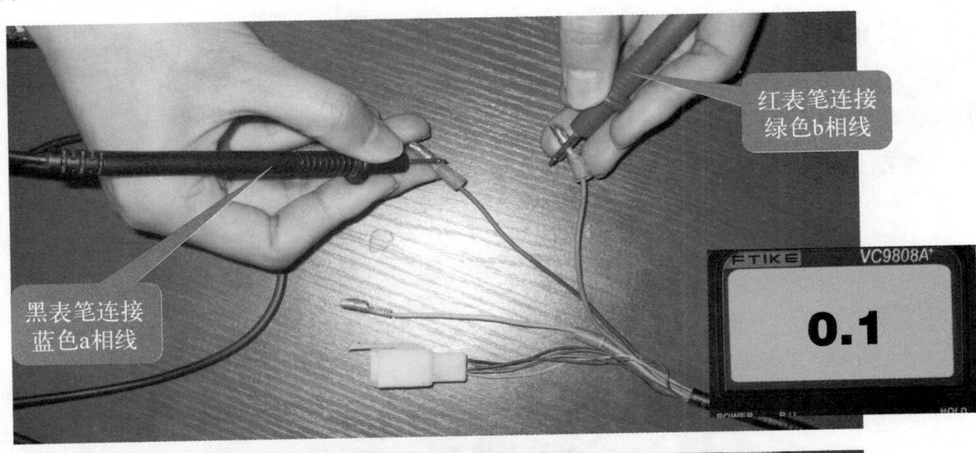

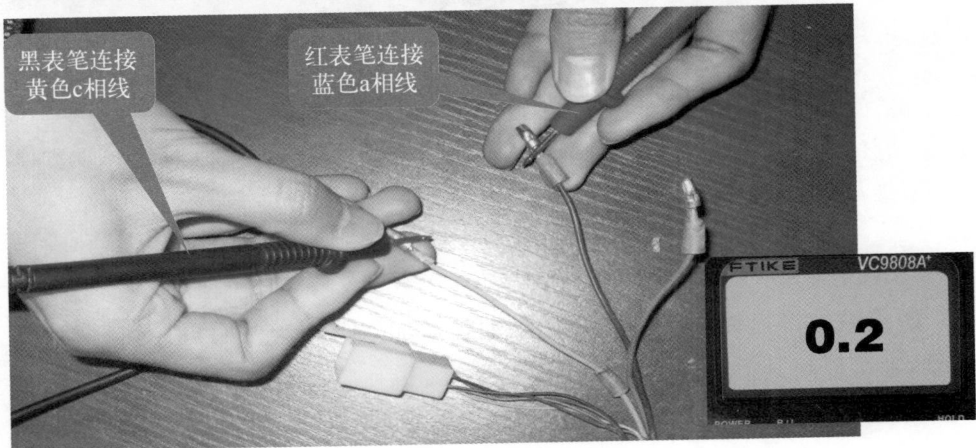

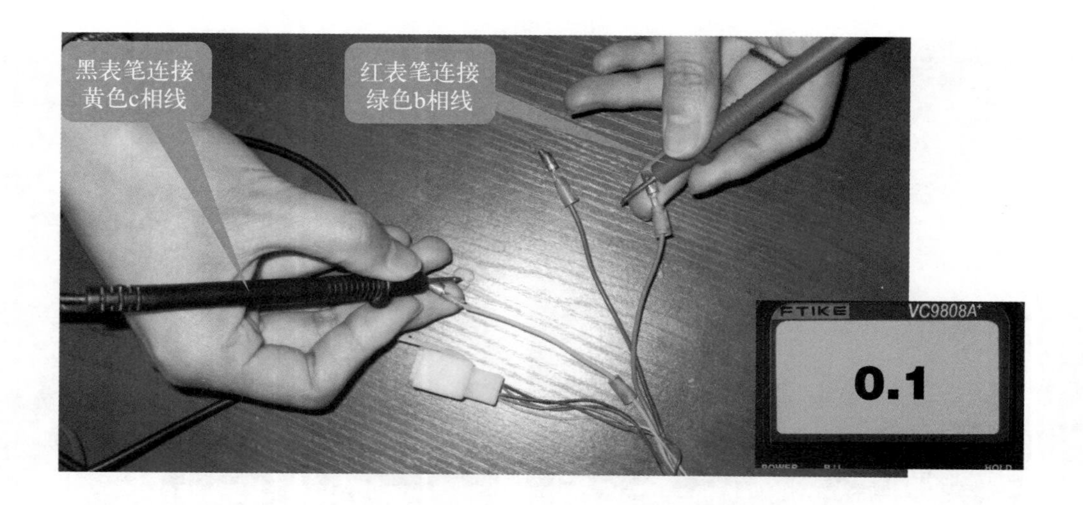

4.2.4 电动机轴承的检测

电动机轴承损坏或缺油时，会听到“咕噜咕噜”的声音；若听到不连续的“梗梗”的声音，可能是轴承钢圈破裂。轴承内混有沙土等杂物或轴承零件有轻度磨损时，会产生轻微的杂音。

① 转动轴承，观察轴承的转动情况，如下图所示。

② 如果缺油，可以用小针拨开轴承油封，加入黄油，然后再将油封复位，若是有损坏，可以将其拆下，换新后再重新装复。

③ 侧盖上的轴承也需要检测一下，方法与前面相同，如下图所示。

4.2.5 有刷电动机碳刷的检测安装

① 拆开电动机，检查碳刷磨损情况；若需要更换，则需要将背面的固定螺钉拆下，如下图所示：

② 将碳刷的固定螺钉全部拆下。

③ 取下旧碳刷及碳刷弹簧。

④ 更换操作就是以上操作的逆操作，比较简单，放入碳刷封，用螺钉固定好就可以了。

4.2.6 电动机磁钢的检测

电动机磁钢容易脱落，若电动车出现乏力或用手缓慢转动电动机，电动机磁力不均匀等，都是磁钢脱落的表现。

① 首先对磁钢脱落处进行清理，清除电动机定子上的残胶，将AB胶按1∶1的比例配比，涂抹于定子原磁钢脱落处，如下图所示：

② 再重新粘好，但需要晾干后才能将电动机装复。

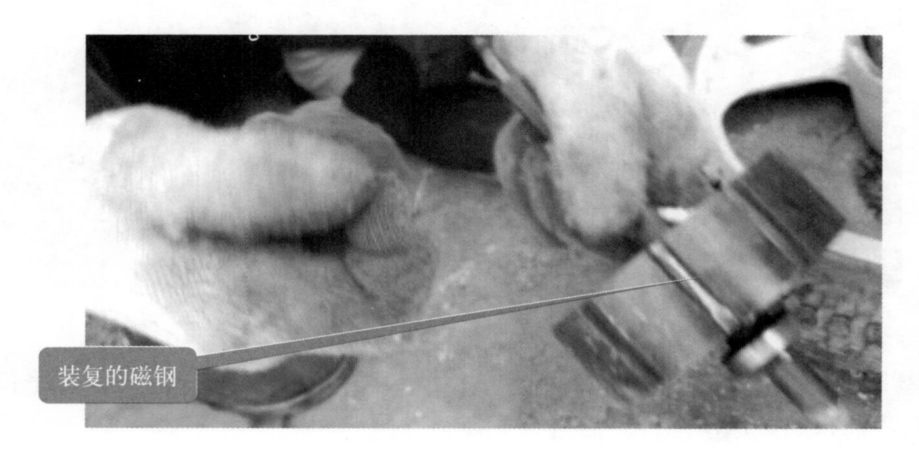

③ 磁钢脱落不仅会出现在定子上，在转子上也会出现，如下图所示。其检修方法类似，但需要注意安装时的N/S极性的问题，可按同性相排斥、异性相吸引进行试验后粘接。

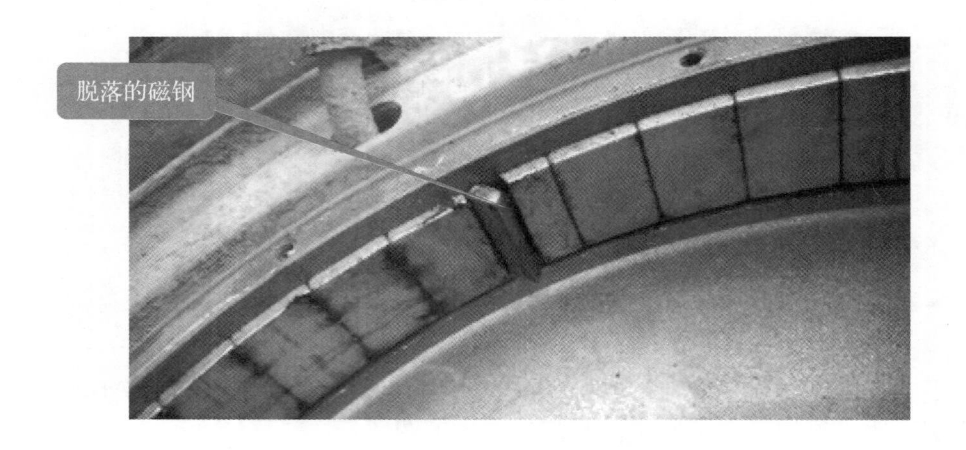

4.2.7 电动机换向器的检测

换向器若出现短路，容易造成电动机电流过大的故障。

① 观察换向器，若发现电动机换向器出现氧化层，可以用细砂纸打磨，然后再用毛刷清洁即可。

② 若是换向器出现故障，则需要先将绕组与接线线束一一断开，用平口螺丝刀将其撬起，如下图所示，然后进行更换。

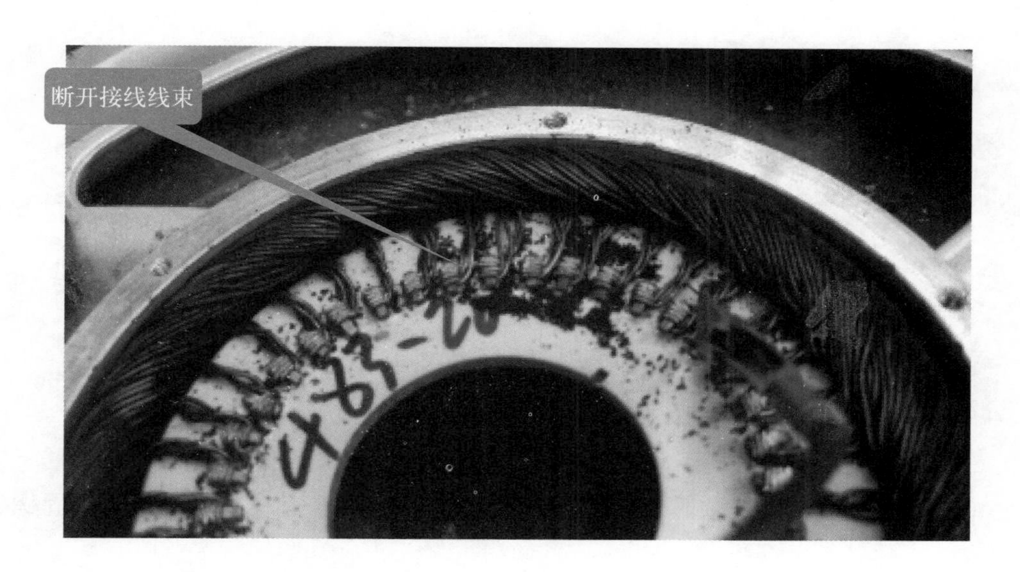

③ 新换向器安装到位后，需要再将接线一一装复。若有绕组接线无法完全到位，可以借助电烙铁，将其焊接到位。

4.2.8 电动机上制动鼓的检测

制动鼓的位置如下图所示：

① 制动鼓的拆解比较容易，先将固定螺钉拆下，然后使用锤子按逆时针方向敲击，就可以取下制动鼓，如下图所示。

② 将新的制动鼓按顺时针的方向安装于电动机侧盖上，然后再拧上紧固螺钉即可。

4.3 电动机的故障诊断与排除

4.3.1 电动机不转

一辆电动机在行驶中，突然出现电动机不转，只是发出“嗡嗡”声。

电动机突然不转，说明电动机内部发生故障，造成这种故障的原因可能是磁钢脱落，一般磁钢脱落会发出异响。由于磁钢脱落，此时通电电动机不能正常转动，只能“嗡嗡”发声。

① 从车架上卸下电动机，并按本章第一节步骤拆解，果然在电动机内部发现了脱落的磁钢。排除时，首先将电动机内部的碎片和氧化物进行清理。

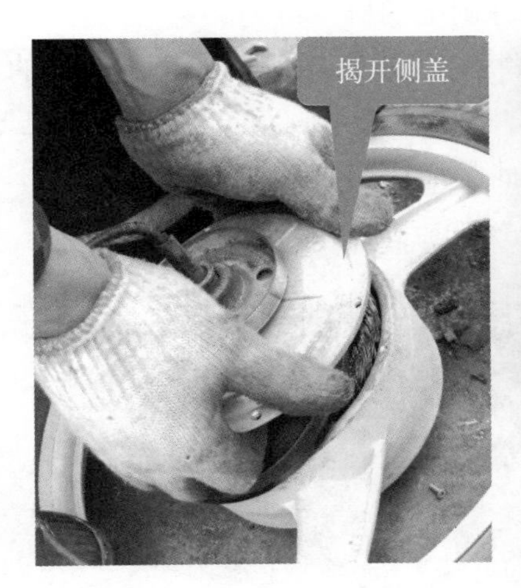

② 将脱落的磁钢清理干净，调配好 AB 胶把同型号磁钢粘回原位，静置 12h，待 AB 胶凝固至最佳状态。

③ 装复所拆各零件，通电试车，电动机运转强劲有力，无任何异常响声，故障排除。

4.3.2 电动机中有异响

一辆电动自行车行驶中发出异响，电动机为有刷电动机。

电动机工作中电刷与换向器间处于滑动摩擦状态，发出轻缓的响声是正常的，但若运行时响声过大或异常，则表明电动机异常。这种异常响声产生的原因有飞轮长期缺乏润滑而锈蚀或电动机轴承严重磨损。此故障检修步骤如下。

① 从链扣处解开链条，并把链条从车上卸下，如下图所示：

② 通电骑行，发现故障依旧，这说明故障不在链条。由于电刷与换向器摩擦发出的声音较小，不会产生“哗啦啦”的响声，故把该故障锁定在电动机轴承上。从车上卸下电动机，按正确步骤拆解，此步骤可参照本章 4.1.3 节的内容，检测电动机轴承，如下图所示。

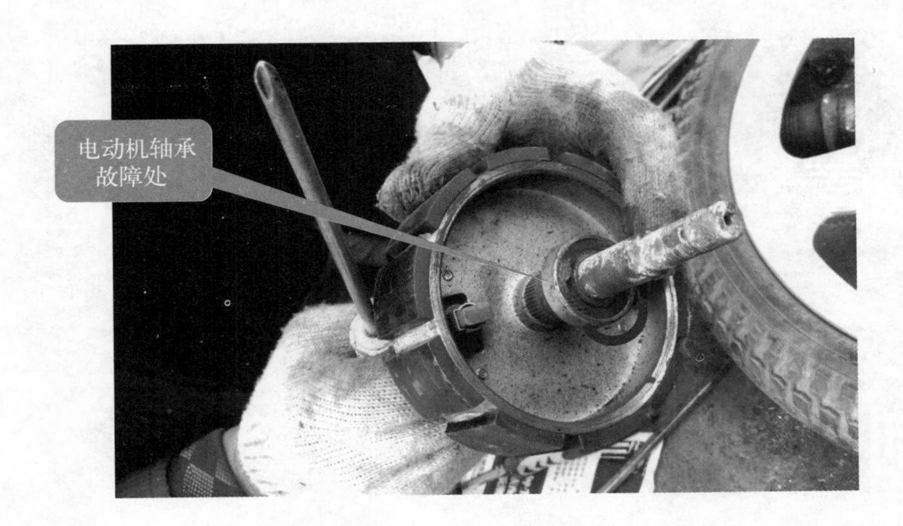

③ 检查发现轴承已严重损坏，取 2 个同型号轴承更换，复装所拆各件，通电骑行，故障现象消失。

第5章

控制器的故障检修

5.1 控制器的分类及型号参数

5.1.1 控制器的作用及分类

（1）控制器的作用

电动机驱动控制器简称控制器，主要控制电动机的转速，并对电动自行车的电气系统及电气装置进行控制和保护。一般电动自行车采用的多为永磁直流电动机，这种直流电动机比交流电动机容易实现调速。要实现对电动机的速度控制就必须有控制器。

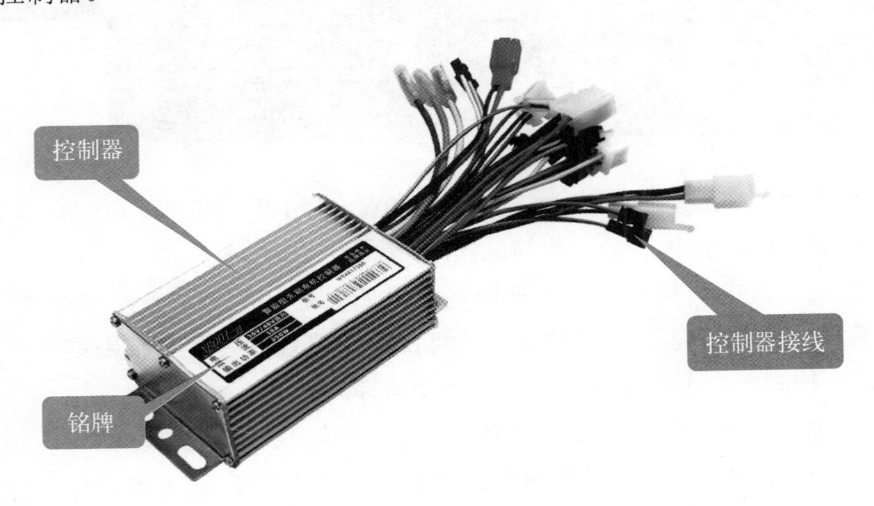

控制器的功能有如下几种。

① 刹车断电功能：刹车时，控制器自动切断电动机的电源，实现先断电后刹车。

② 调速功能：根据转把的输出可以对电动车实现无级调速。

③ 限流保护：当电流超过一定值时，能自动限制电流的输出，从而保护电动机。

④ 蓄电池欠压保护：当蓄电池电压降至欠压保护值 42V（48V 蓄电池）时，使电动机断电不工作，从而保护蓄电池。

⑤ 限速功能：当电动自行车车速超过规定值时，控制器的限速保护电路切断蓄电池供电电路，限制了车速。

⑥ 显示功能：控制器的显示功能主要是显示电量、欠压及行驶速度。

不仅如此，控制器还有很多其他的功能，如定速行驶（巡航）、零启动、反充电（能量再生）、行车里程计算与显示驱动、电制动、智能助力控制，以及各种状态的指示功能等。了解了控制器的功能，在接下来分析诊断电动自行车故障时，才能更快速地定位故障位置。

（2）控制器的分类

① 按电动机的电压分为36V、48V和60V（如图所示），控制器也应与之匹配。

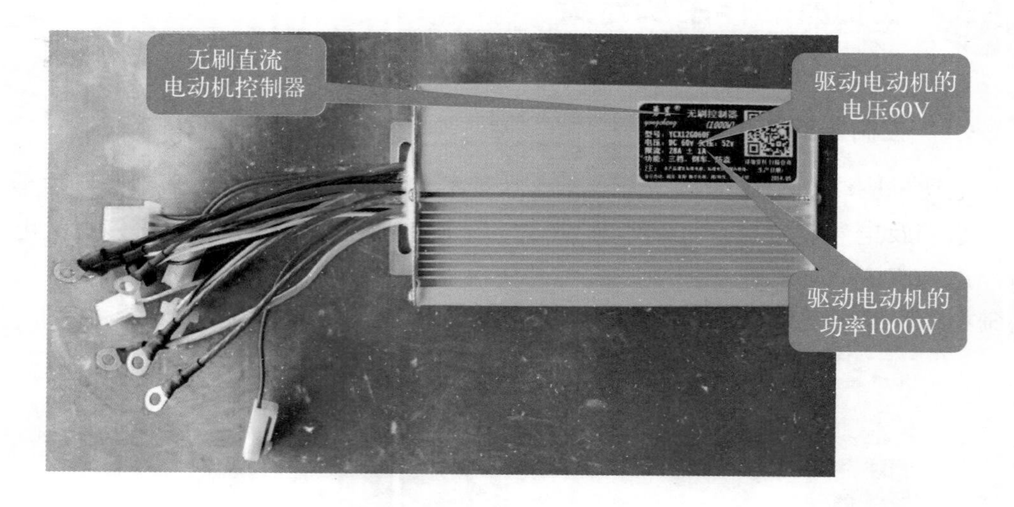

② 按车用电动机功率分为180W、250W、350W、500W、600W、800W和1000W（如图所示），控制器也应与之匹配。

③ 有刷直流电动机控制器。车用电动机如果是有刷电动机，控制器较简单，它不用换相，电动机自己能够换相，绕组在不同位置就会产生与磁钢相对应的磁场。所以，控制器也不需要换相功率电路及器件。

④ 无刷直流电动机控制器。无论是高速有齿轮减速的无刷电动机，还是外磁钢转子的低速无刷电动机，其控制器都比较复杂，它的微处理器芯片本身也比有刷直流电动机芯片复杂，并且价格较高。其内部要用功率足够的开关管组合一套换相电路。

⑤ 有助力功能电动机的控制器，它的主要特点是要处理力传感信号，与助力传感器配合使用。

5.1.2 控制器的型号识别及参数

识别电动车控制器

（1）控制器的型号识别

电动车用控制器的标准命名方式如下：

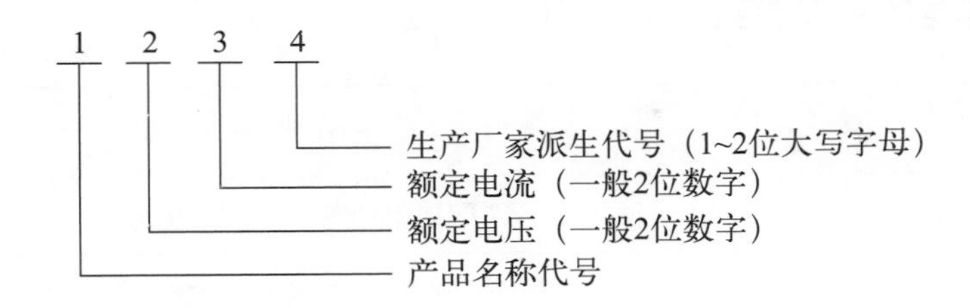

产品名称代号如下：

代号	含义
ZK	有刷电动机用普通型驱动控制器
ZKC	有刷电动机用智能型驱动控制器
WZK	无刷电动机用普通型驱动控制器
WZKC	无刷电动机用智能型驱动控制器

额定电压参数包括直流36V、48V和60V；额定电流参数包括6A、8A和10A。

（2）控制器铭牌的识读

控制器的铭牌上一般有如下标注：

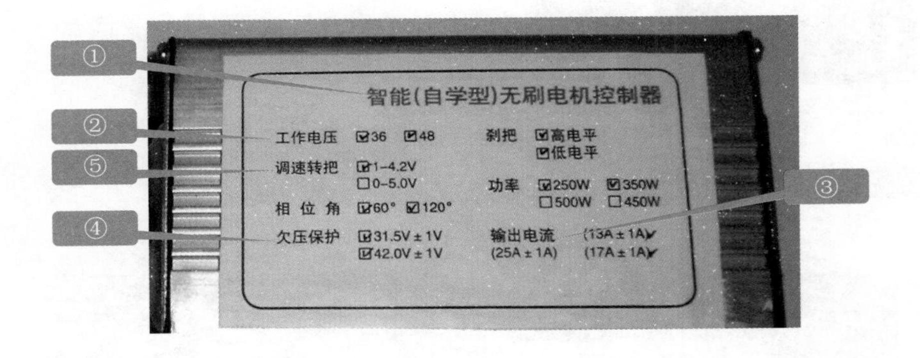

① 产品名称：电动自行车电动机控制器。

② 额定电压：控制器的供电电压。

③ 额定电流：控制器的过流保护值。

④ 欠压：控制器的欠压保护值。

⑤ 转把：控制器所匹配的转把信号电压。

（3）控制器的主要参数

参数	使用参考
额定电压	匹配使用的蓄电池额定电压
额定电流	允许长时间放电的最大电流
欠压保护	蓄电池电压在保护数值以上允许给电动机供电
限流/过流保护	允许短时间放电的最大电流
使用温度	控制器内部元器件能正常工作的温度范围
转把信号	可以正常调速的转把信号电压数值
刹车信号	刹车时闸把信号的高低电位

（4）识读控制器的参数

① 有刷控制器的参数举例

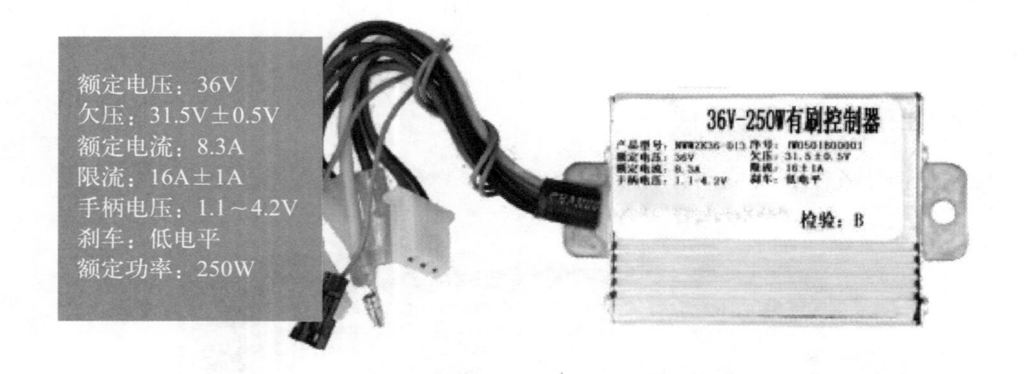

② 无刷控制器的参数举例

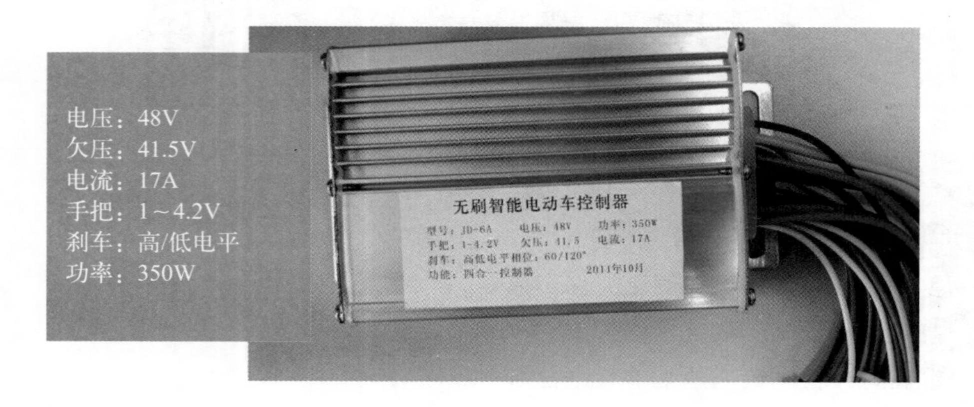

5.2 控制器的结构及原理

5.2.1 控制器的内部结构

控制器的开关电路相当于用一个闸刀开关连接在电动机与电源之间。闸刀开关合闸一次，电动机通电，开始运转。开关拉开断电，电动机在无电状态下依靠绕组中剩余电流和转子惯性继续转动，并逐渐减速。控制器由主芯片（或单片机）和周边元器件组成。

周边元器件是一些功能器件，主要完成如执行、采样等控制任务，如电阻、传感器、桥式开关电路，以及辅助单片机或专用集成电路完成控制过程的器件。单片机也称微处理器，就是电动自行车的智能控制器。

目前，有刷直流电动机和无刷直流电动机大都采用PWM（脉宽调制器）控制方法调速，只是选用驱动电路、集成电路、开关电路功率晶体管和某些相关功能上的差别。脉宽调制器常用集成块有UC3842和TL494。

UC3842芯片　　TL494芯片

控制器内部包括 PWM 发生器电路，还包括电源电路、功率器件驱动电路、控制器件驱动电路、控制部件（转把、闸把、电动机霍尔元件）、信号采集单元与处理电路、过流与欠压等保护电路。

5.2.2 有刷控制器的工作原理

有刷控制器原理框图如下图所示。

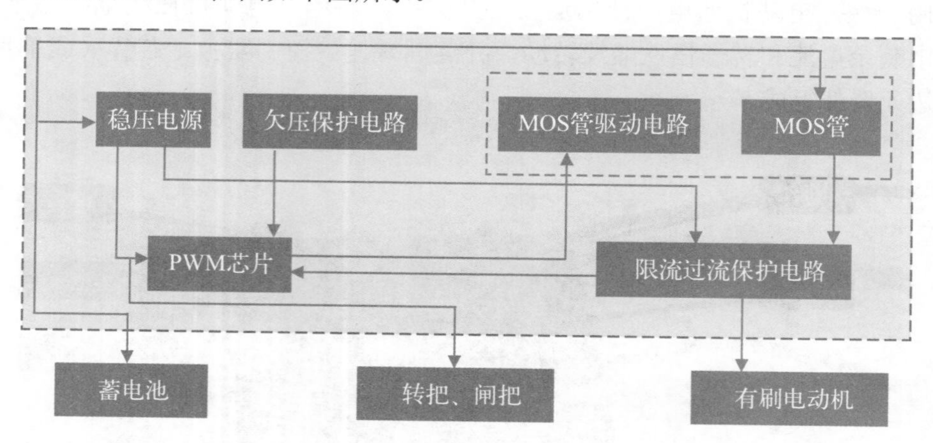

有刷控制器的工作原理简述如下。

① 稳压电源电路　主要功能是把蓄电池电压经限流电阻限流、稳压集成电路稳压后向控制器输出其内部电路所需要的正常工作电压，例如 12V、15V 和 18V 等。将输出电压再经三端稳压集成电路 7805 或主芯片内部 5V 稳压电路输出 5V 电压供给外接元件（调速转把和闸把）作为电源电压。

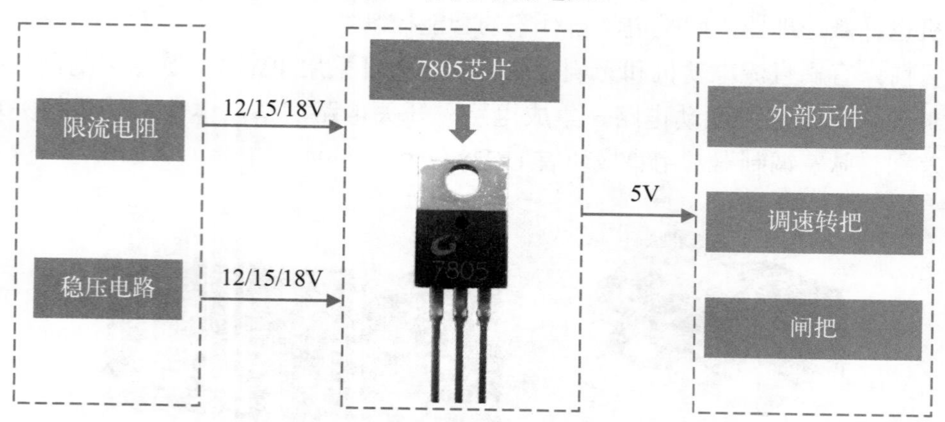

② 欠压保护电路　该电路主要是保护蓄电池不会低压过放电而导致损坏。当电池电压降低到设定值以下时，控制器保护电路检测到此信号并反馈到主芯片，主芯片切断输出控制信号，使电动机得不到供电电压而停转，从而实现保护的目的。

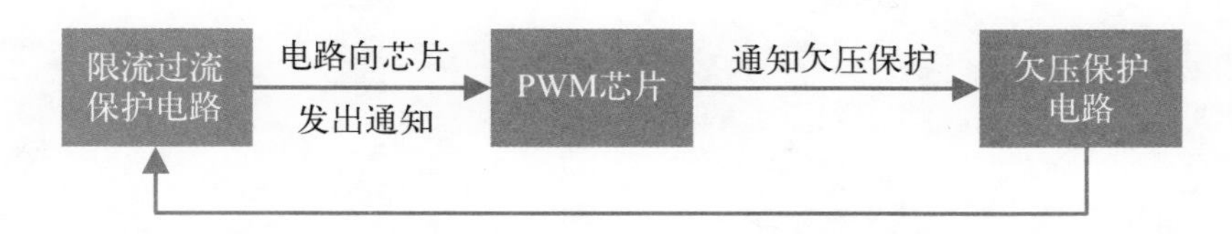

③ 限流保护电路　当电动机异常或其他原因造成场效应功率管电流增大时，限流保护电阻上的电压相应升高，该电压变化加到主芯片控制电路，从而使主芯片内部逻辑电路动作，切断驱动信号的输出，场效应功率管因无驱动电压而截止，电路得到保护。

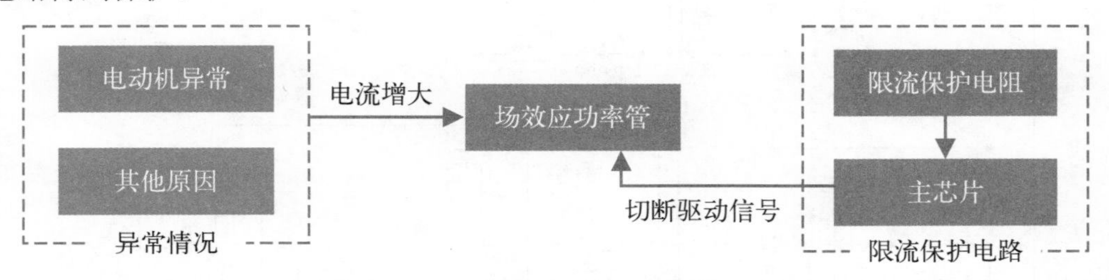

④ 驱动电路　该电路可以把主芯片输出的微弱驱动脉冲电压加以放大，加到场效应管的栅极，使功率管达到良好的饱和导通状态。

⑤ 输出电路　控制器的输出功率管一般使用场效应功率管，它的栅极得到驱动电压后功率管饱和导通。场效应功率管相当于一个电子开关，导通时相当于开关闭合，接通了电动机的工作电源，电动机得电转动；场效应功率管截止时，相当于切断电动机工作电源，电动机失电停转。

⑥ 集成电路　集成电路的主要功能是把调速转把、闸把及欠压保护电路、过流保护电路的信号经内部电路放大、转换处理后输出相应的信号控制场效应功率管导通或截止。

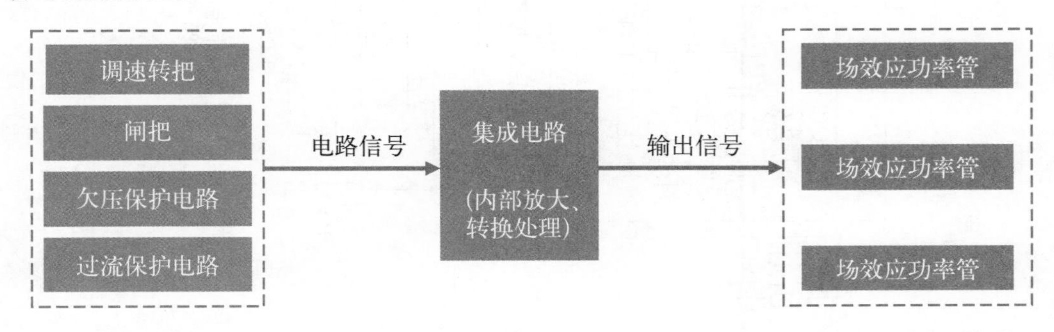

现以SG3525A和LM358组成的有刷控制器电路为例（其总电路见下图所示），介绍有刷控制器电路的分析与检修方法。

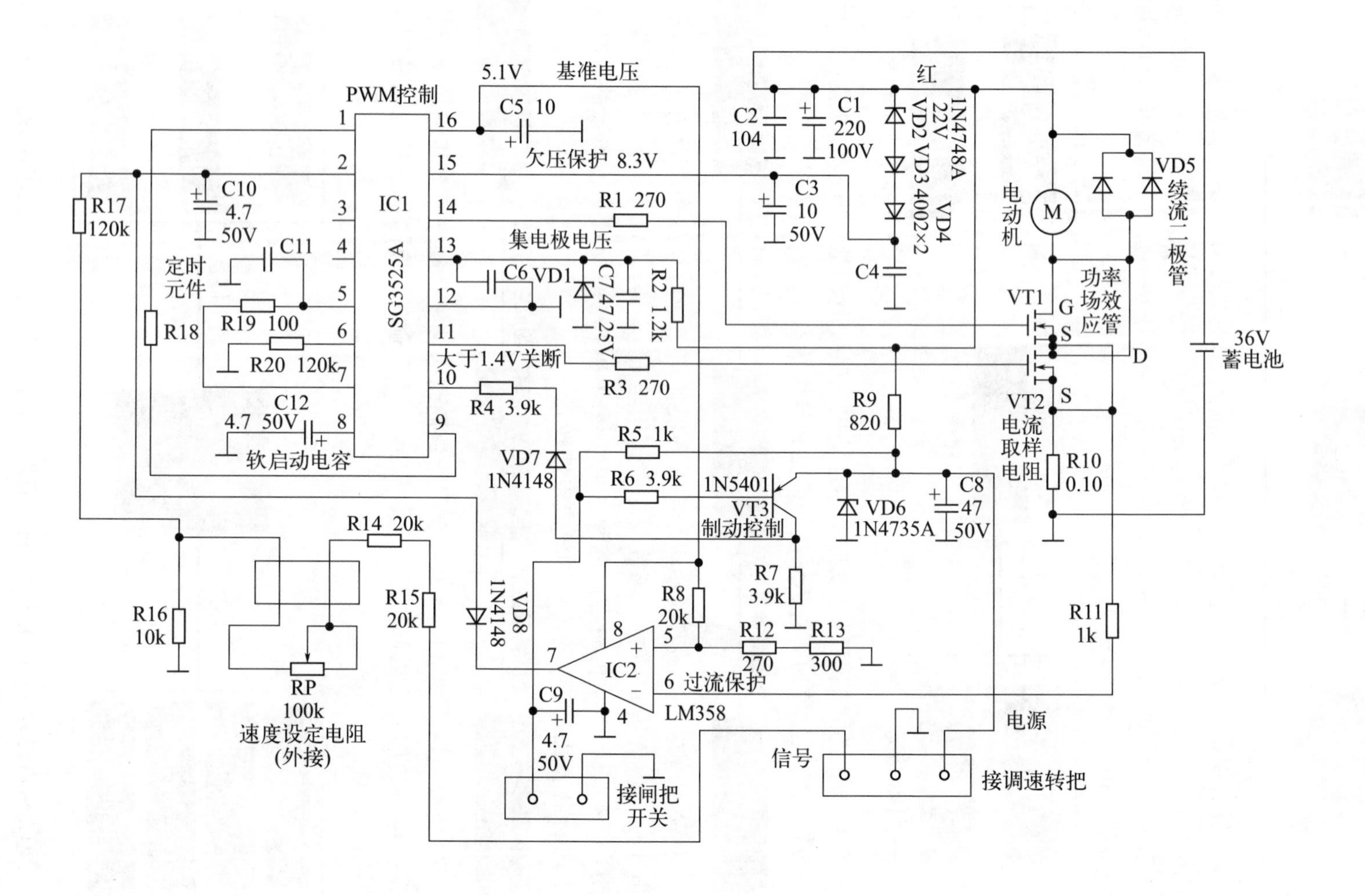
PWM控制
5.1V
基准电压
C5 10
欠压保护 8.3V
IC1
SG3525A
C10
4.7
50V
C11
定时
元件
R17
120k
R18
R19 100
R20 120k
C12
4.7 50V
软启动电容
R1 270
集电极电压
C6
VD1
C7 47 25V
R2 1.2k
大于1.4V关断
R3 270
R4 3.9k
VD7
1N4148
R5 1k
R6 3.9k
1N5401
VT3
制动控制
R9
820
VD6
1N4735A
C8
47
50V
红
C2
104
C1
220
100V
1N4748A
22V
VD2 VD3 4002×2
VD4
C3
10
50V
C4
电动机
M
VD5
续流二极管
功率
场效
应管
VT1
G
S
D
VT2
电流
取样
电阻
R10
0.10
36V
蓄电池
R14 20k
R15
20k
R16
10k
RP
100k
速度设定电阻
(外接)
VD8
1N4148
R7
3.9k
R8
20k
R12
270
R13
300
IC2
6 过流保护
LM358
C9
4.7
50V
接闸把
开关
R11
1k
电源
信号
接调速转把

（1）信号电路工作电压的产生

IC1（SG3525A）正常工作时需要两路供电，如下图中箭头所指：

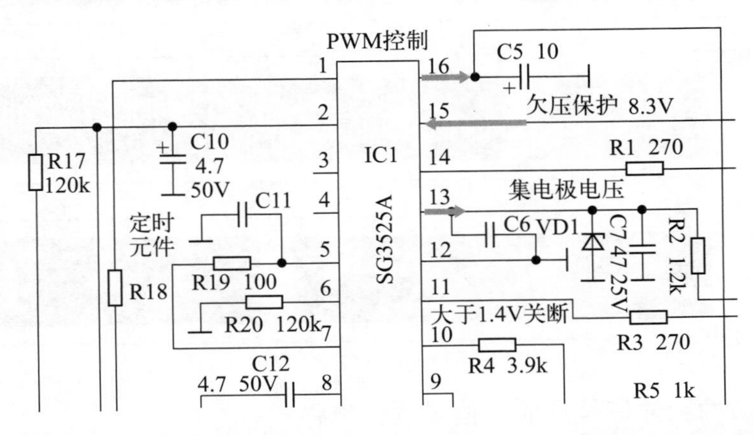

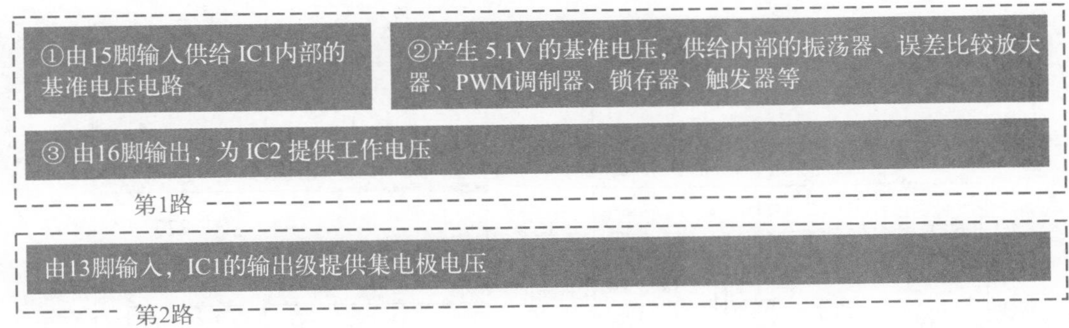

①由15脚输入供给IC1内部的基准电压电路

②产生5.1V的基准电压，供给内部的振荡器、误差比较放大器、PWM调制器、锁存器、触发器等

③ 由16脚输出，为IC2提供工作电压

第1路

由13脚输入，IC1的输出级提供集电极电压

第2路

蓄电池电压经过C1、C2滤波后分成3路：

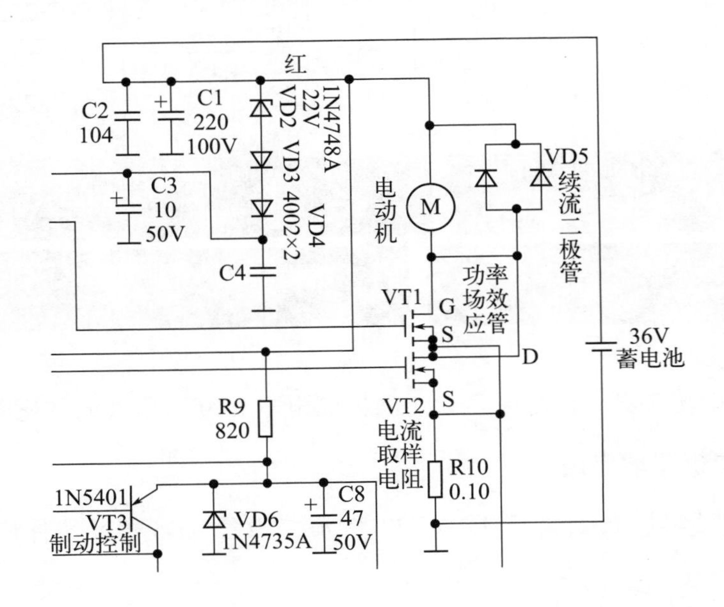

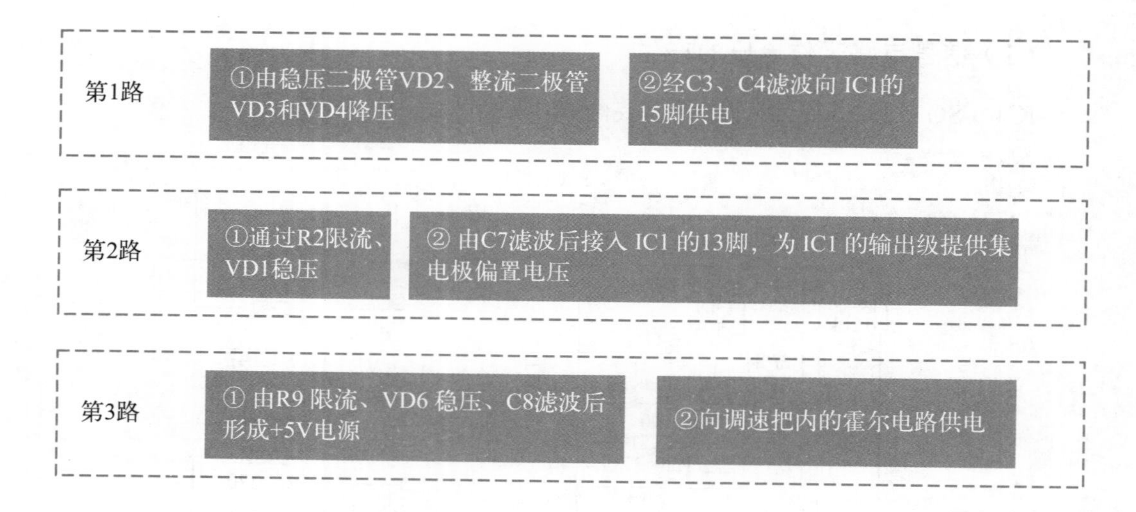

（2）激励脉冲信号形成及信号放大电路

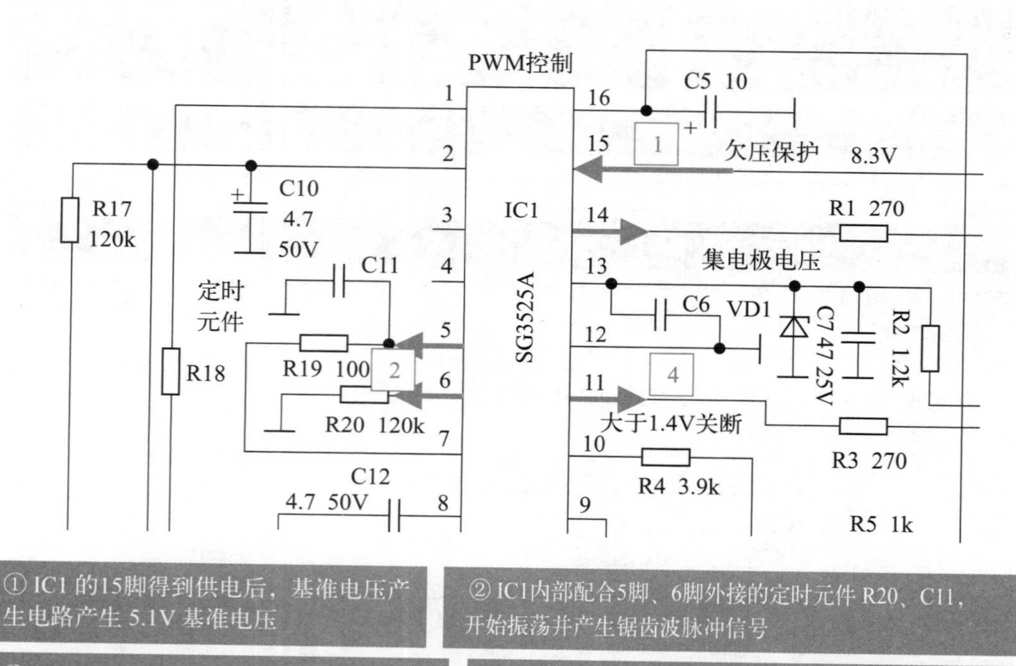

IC1 的放电端 7 脚和定时电容 C11 间接的电阻 R19 可用来调节死区时间。

（3）电动机驱动电路

该电路由功率场效应管 VT1、VT2，续流二极管 VD5 等元器件构成，如下图所示。

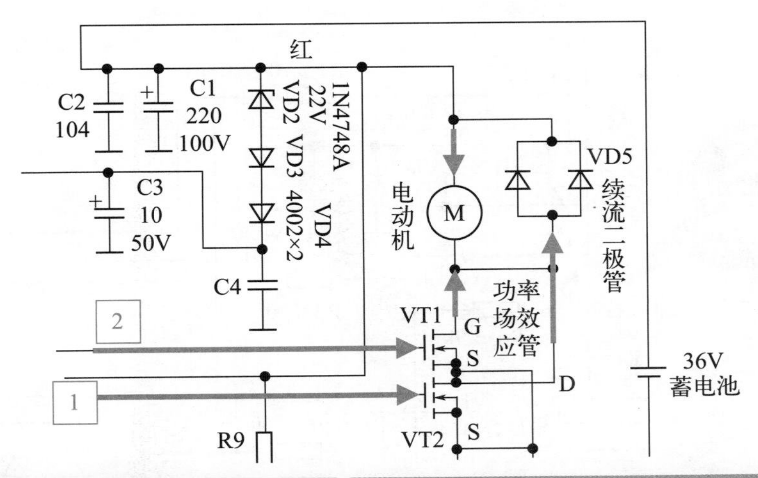

①由 IC1 的11脚输出的激励脉冲信号通过限流电阻 R3 接到VT2 的栅极

② IC1 的 14脚输出的反相激励脉冲信号通过限流电阻 R1 接到VT1 的栅极

③ VT1 和VT2 交替导通，导通电流使电动机开始旋转

④在电动机停止转动的瞬间，其绕组两端会产生上负下正的电动势。这时VD5导通，将电动势泄放到电动机正极，避免该电动势将VT1、VT2击穿

（4）调速控制电路

该电路由调速把内的霍尔电路、IC1 内部的误差放大器、IC1 的外围组件 R14～R17 和外接速度设定电阻 RP 等组成，此电路涉及整个控制器，可参照前文里的总电路图。

①转动调速把时，其内部的霍尔电路产生变化的直流控制电压

②当该直流控制电压由低变高时，通过外围组件使IC1的2脚电位升高

③经过 IC1 内部误差放大器放大

④控制PWM调制器并使产生的PWM脉冲信号占空比增大

⑤ IC1的11脚、14脚输出的激励脉冲信号也随之加大

⑥VT1、VT2 的导通时间延长，电动机绕组电流增大

⑦电动机转速提高

⑧当调速把内的霍尔电路产生的直流控制电压由高降低时

⑨ IC1的2脚电位降低，输出的激励脉冲信号占空比减小

⑩VT1、VT2 的导通时间缩短，电动机转速降低

外接的速度设定电阻 RP 用来设定 IC1 的 2 脚误差电压，使电动机只能在设定的速度范围内转动。

（5）制动控制系统

该电路由闸把开关、IC1 的 10 脚内部电路和制动控制三极管 VT3 等组成。

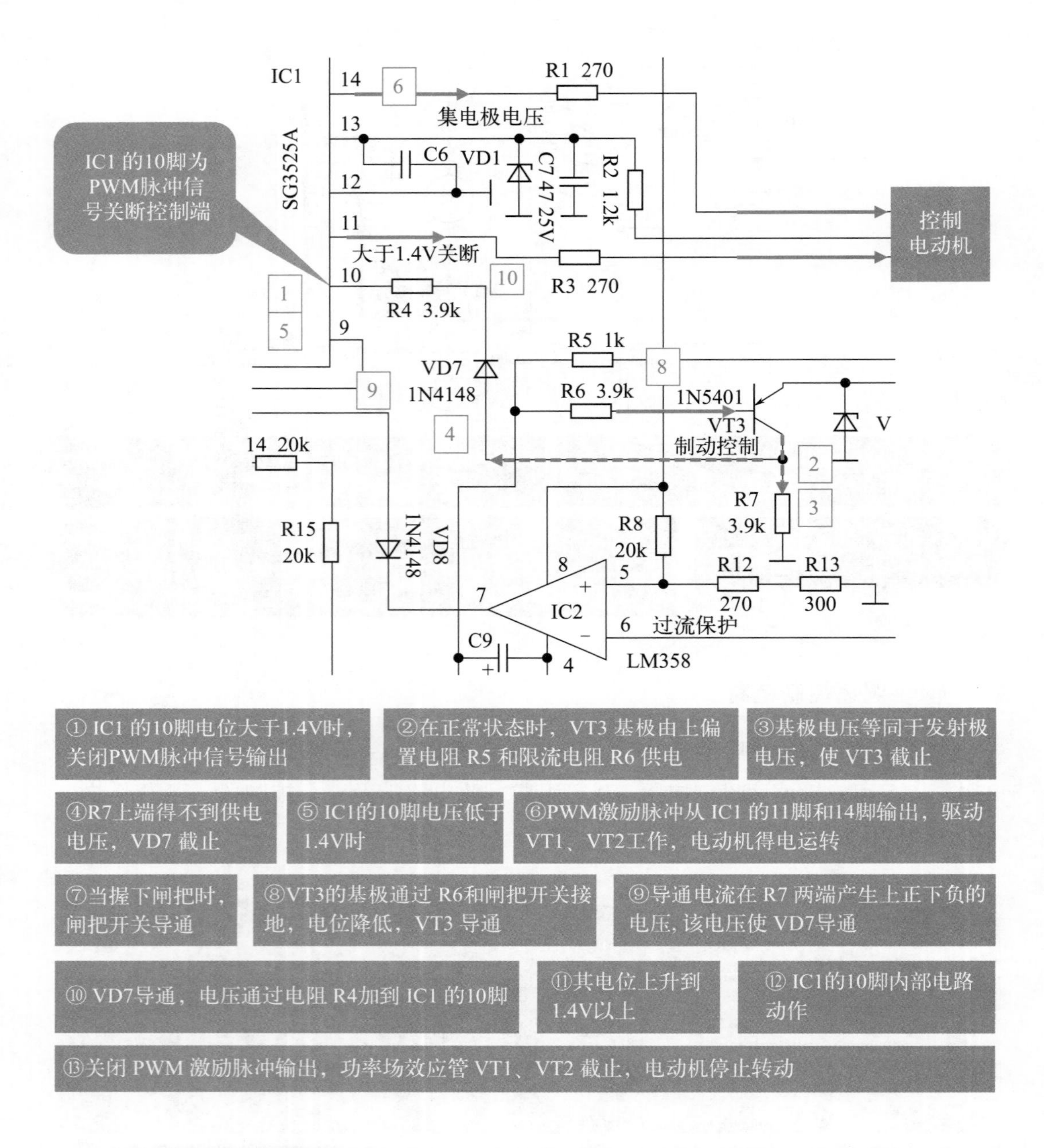

（6）欠压保护电路

该电路主要由 IC1 内部的欠压锁定电路及其 15 脚外部的供电电路组成。

①蓄电池电压经过 VD2～VD4 降压后向 IC1 的15脚供电	②当蓄电池电压下降到 31.2V 以下时	③ IC1的8脚电位低于 8V，内部的欠压锁定电路启动
④控制 IC1 的输出级电路截止	⑤ IC1 的11 脚、14 脚停止输出激励脉冲信号	⑥功率场效应管 VT1、VT2 截止，电动机停止转动，完成欠压保护

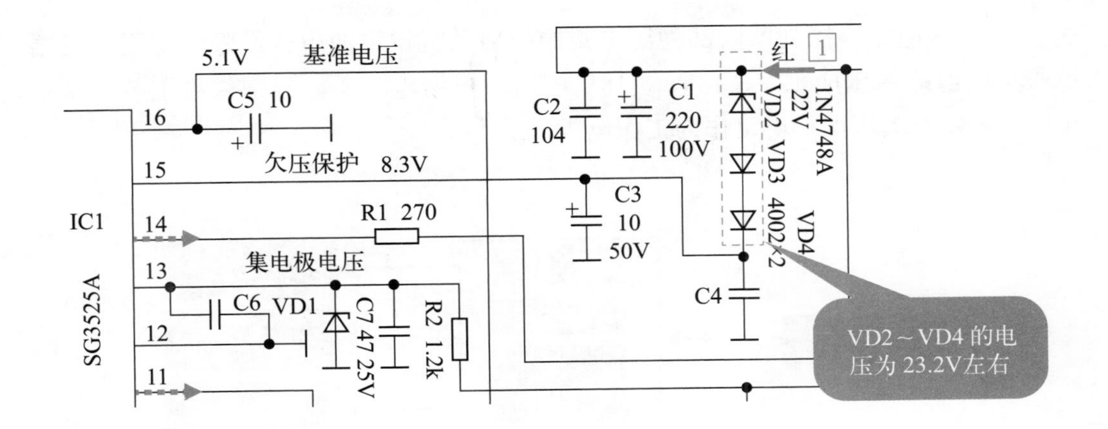

（7）软启动控制电路

软启动控制电路比较简单，元件涉及比较少，可以参看前面总电路 IC1 的 8 脚的外接元件。

① 在接通电源的瞬间，IC1 的8脚电位为 0	② IC1 内部的 PWM调制器无 PWM脉冲信号输出	③ 随着 C12 充电过程的进行，IC1 的8脚电位不断升高，开始输出 PWM脉冲信号

④ PWM脉冲信号的占空比逐渐加大，激励脉冲信号随之逐渐增大	⑤VT1、VT2导通时间延长，电动机绕组内的电流也逐渐增大，避免了通电瞬间功率场效应管因击穿而损坏

5.2.3 无刷控制器的工作原理

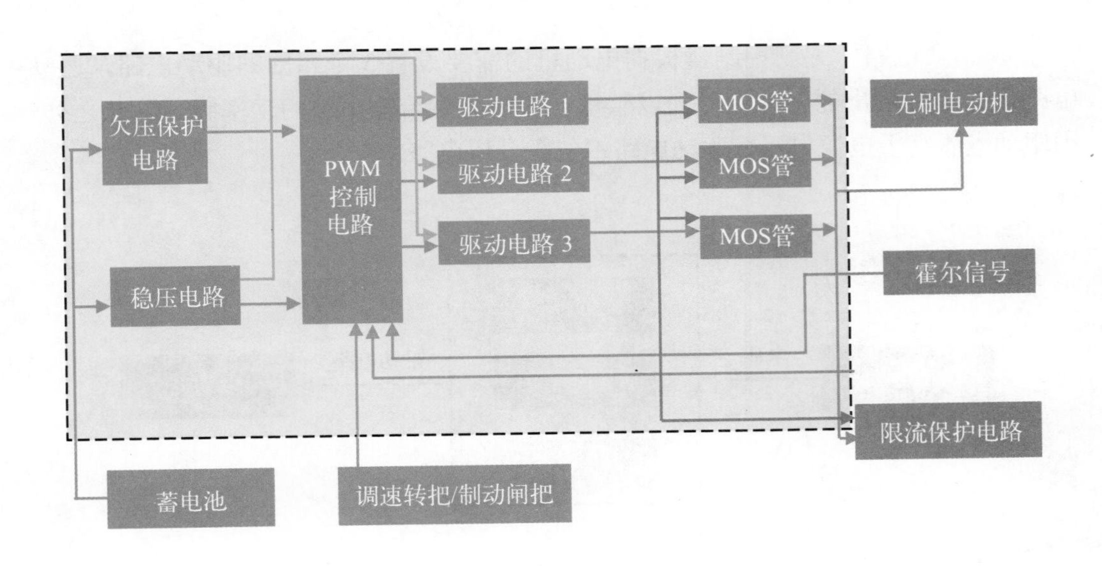

① 稳压电路　控制器内部稳压电路的作用是将蓄电池电压经限流电阻、三端稳压集成电路稳压成 12V、15V 和 18V 电压，根据电路所需分别供给主芯片、三相驱动电路及欠压保护电路作为工作电压。

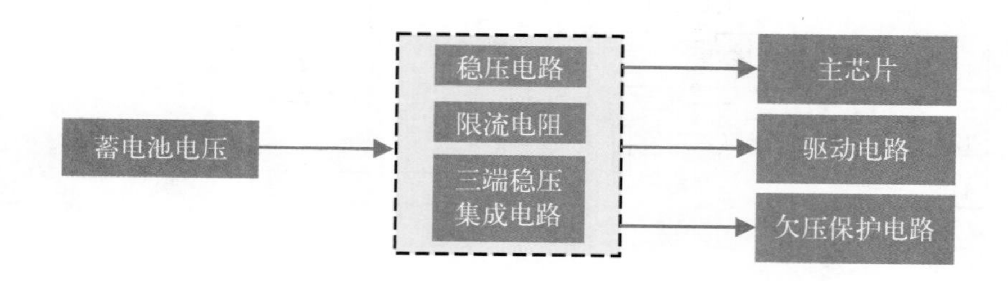

② 主芯片集成电路　该电路的主要功能如下。

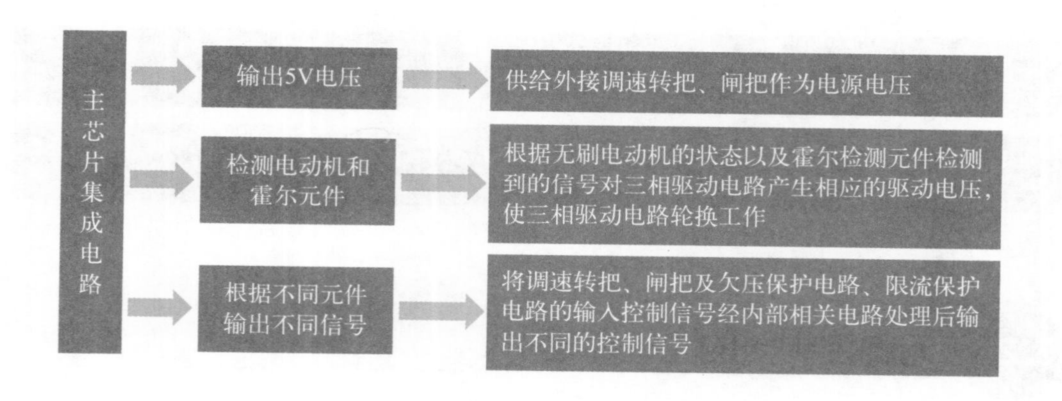

③ 驱动电路　无刷控制器根据电动机的需要设置 3 个相同的驱动电路，驱动电路将主芯片输出的脉冲信号加以整形、放大提供给输出级的功率管。除此之外，因驱动电压高于电源电压，驱动电路中包含升压电路。

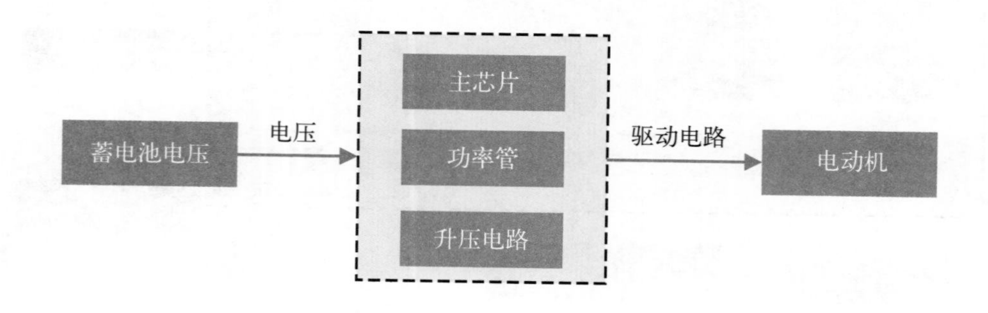

④ 输出电路　输出电路是由6个相同的大电流功率管组成的。它们的导通和截止在时间和相位关系上是有先后顺序的，否则电动机不能转动。

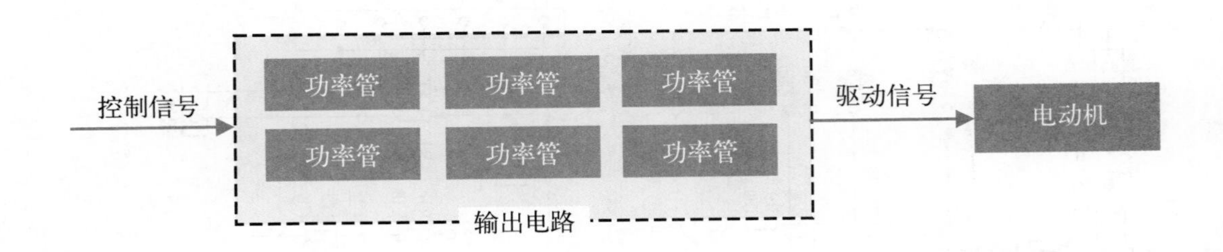

⑤ 欠压保护电路　该电路主要是为防止蓄电池在低压下出现过放电现象而设计的。

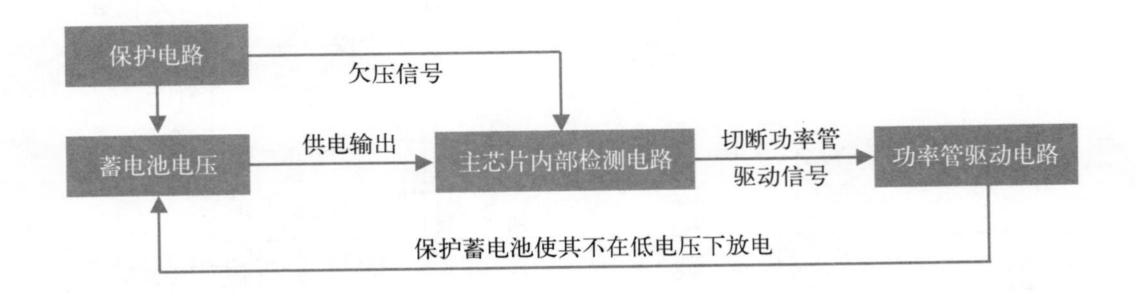

⑥ 限流保护电路　该电路主要对控制器输出大电流时进行控制，即保护蓄电池、控制器、电动机在安全范围内工作。

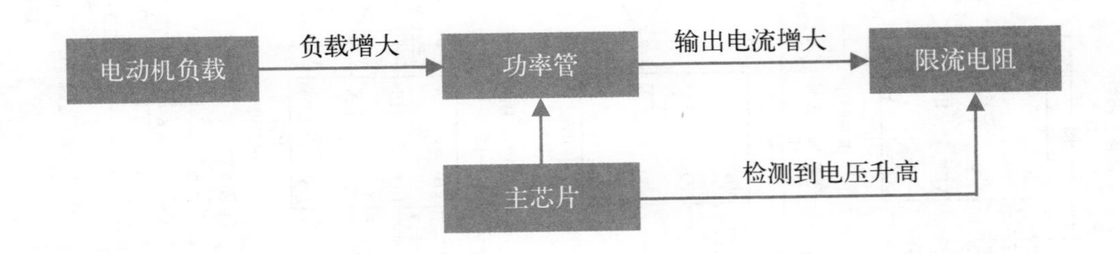

当电动机负载增大时，功率管的输出电流增大，此时限流电阻上的电压随功率管的电流增大而升高，主芯片检测到该电压后便控制缩短功率管的导通时间，使功率管电流减小。

现以LB11820S和IR2103组成的无刷控制器电路为例对无刷控制器的电路原理加以说明，其电路原理如下图所示。

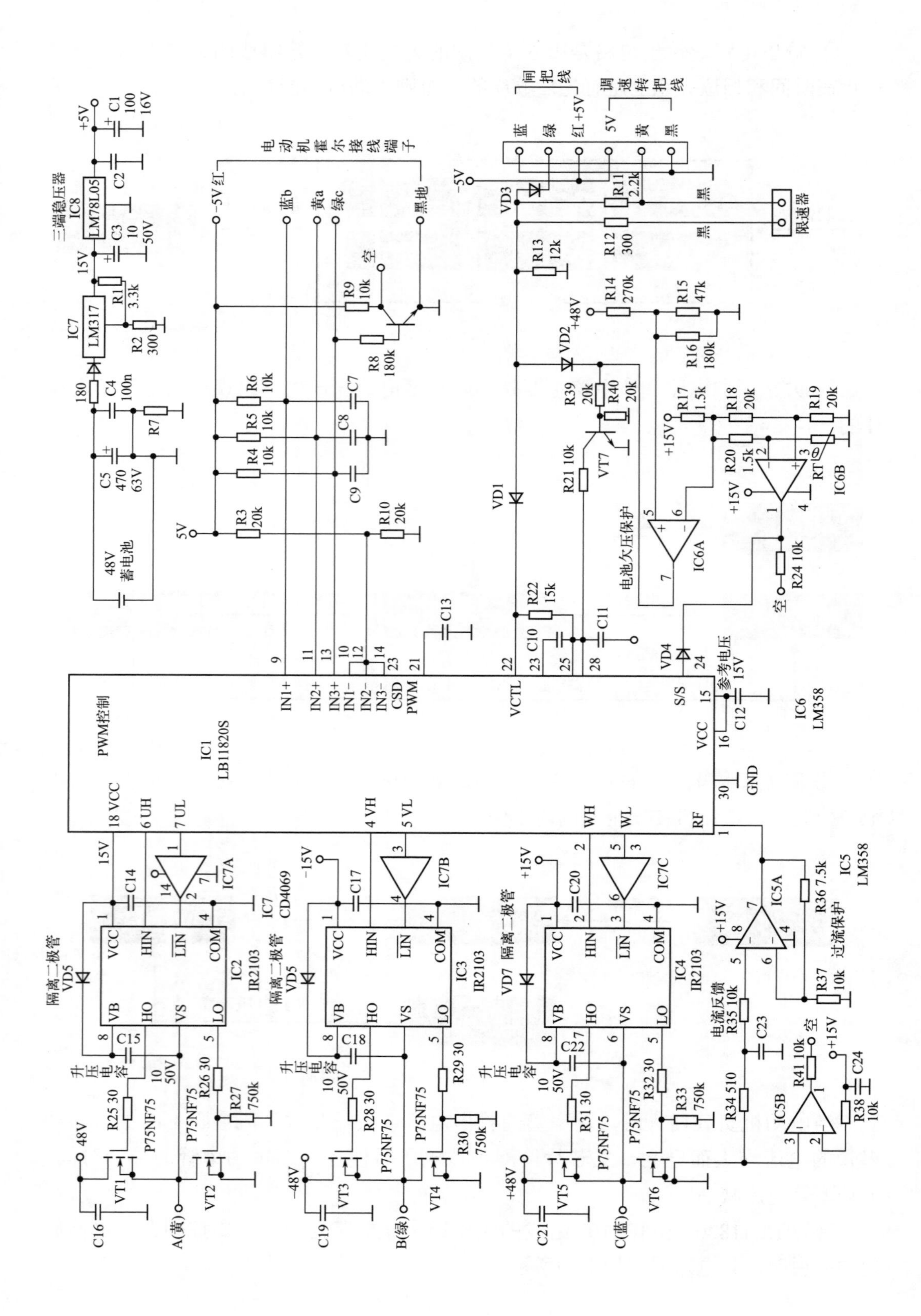
三端稳压器
IC8
LM78L05
IC7
LM317
48V
蓄电池
电动机霍尔接线端子
-5V 红
蓝b
黄a
绿c
黑地
空
闸把线
调速转把线
蓝
绿
红 +5V
5V
黄
黑
限速器
电池欠压保护
IC6A
IC6B
PWM控制
IC1
LB11820S
IN1+
IN2+
IN3+
IN1-
IN2-
IN3-
CSD
PWM
VCTL
S/S
VCC
GND
RF
参考电压 15V
IC6
LM358
18 VCC
6 UH
7 UL
4 VH
5 VL
WH
WL
IC7A
IC7B
IC7C
IC7
CD4069
隔离二极管
VD5
VD7
VCC
HIN
LIN
COM
VB
HO
VS
LO
IC2
IR2103
IC3
IR2103
IC4
IR2103
升压电容
P75NF75
VT1
VT2
VT3
VT4
VT5
VT6
A(黄)
B(绿)
C(蓝)
IC5A
IC5B
IC5
LM358
过流保护
电流反馈

（1）+15V、+5V 电压形成电路

该电路由三端可调稳压器 LM317、三端稳压器 LM78L05 等元器件组成，其局部电路如下图所示。

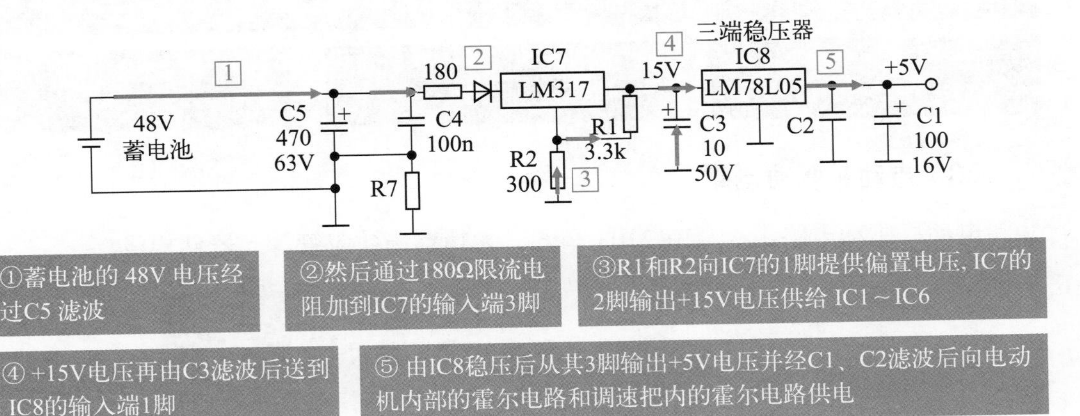

（2）激励脉冲信号形成电路

该电路主要由 IC1（LB11820S）及其外围元器件组成，其局部电路如下图所示：

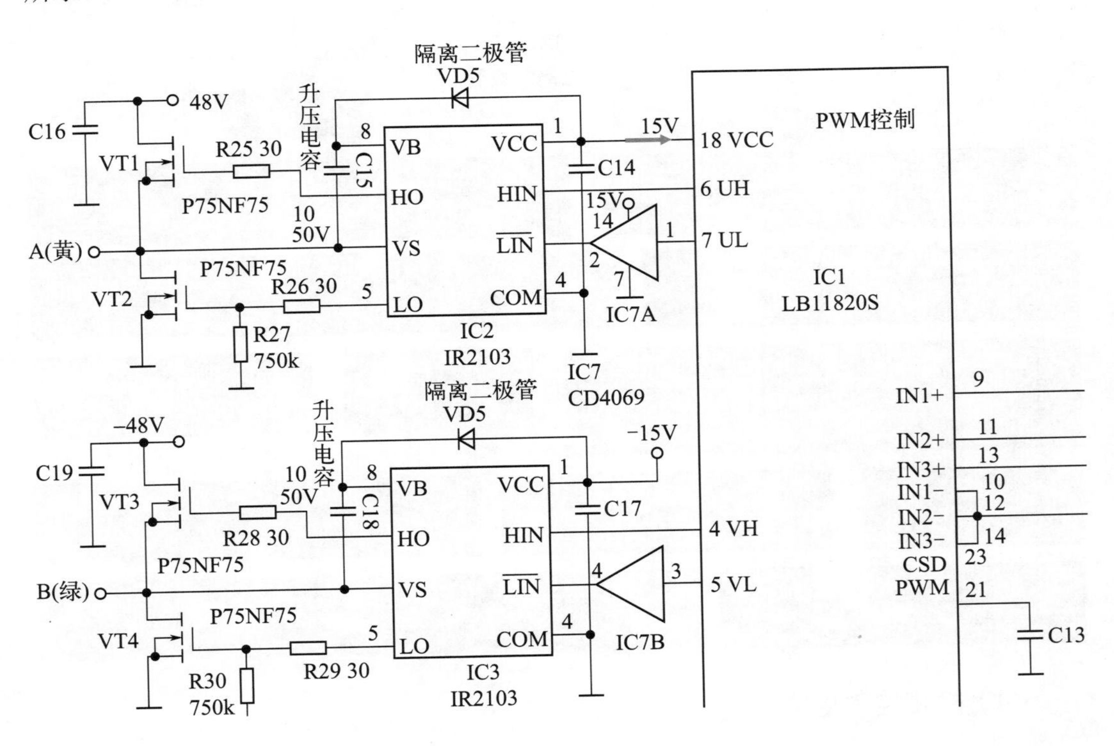

①IC1的18脚得到+15V电压供电后

② IC1内部的基准电压产生电路开始工作，并产生+5V的基准电压

③该+5V电压向IC1内部电路供电，由15脚输出

④ IC1内部的振荡器得到供电后和其外接的定时电容C13一起开始振荡并产生锯齿波脉冲信号

⑤该激励脉冲信号可分成3路高端激励脉冲和3路低端激励脉冲

⑥由转子定位解码器来控制IC1的2～7脚轮流输出

⑦ IC1的2、4、6脚输出高端激励脉冲

⑧3、5、7脚输出低端激励脉冲

（3）电动机驱动电路

电动机驱动电路由 3 只 IR2103 和 6 只大功率场效应管等元器件构成。

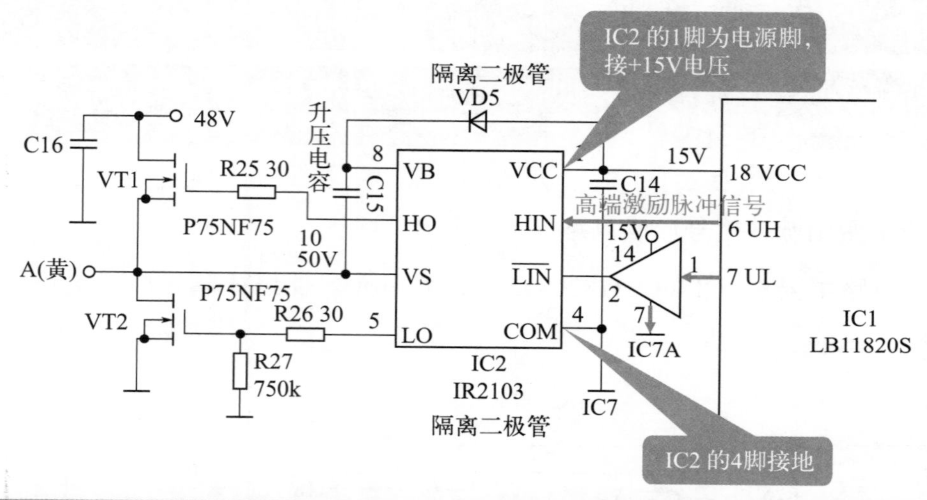

① IC1的7脚输出的低端激励脉冲由六非门逻辑电路IC7 倒相后输入IC2 的3脚

② IC2 的内部电路对激励脉冲进行放大后得到的高端驱动电压由7脚输出，经R25到VT1栅极

③ 由IC2的5脚输出的低端驱动电压经R26 加到功率场效应管VT2 的栅极

④ 由隔离二极管VD5和升压电容 C15 及 IC2的内部电路组成自举升压电路

⑤在VT1 截止、VT2 导通时，+15V 电压通过VD5、C15、VT2 的D/S 极到地形成闭合回路，回路电流向 C15 充电

⑥ 当VT1 导通、VT2 截止时

⑦ 电压通过 IC2 的内部电路和限流电阻R25

⑧电压加到VT1栅极使其维持导通

⑨ VD5反偏截止，防止 C15 上的电压回流入+15V 电源

⑩无刷电动机在任一时刻只有1只高端场效应管和1只低端场效应管同时导通

⑪ IC1的2～7脚按此特性轮流输出高、低端激励脉冲

⑫ 激励脉冲经 IC2～IC4 放大后驱动 VT1～VT6 交替导通，不断变化的电流促使电动机开始旋转

（4）换相控制电路

该电路由电动机内部的霍尔电路和 IC1 内部的转子定位解码器等组成。

①控制器接通电源后，电动机内部的霍尔电路产生3路转子位置传感信号

②该信号分别送到IC1的9脚、11脚、13脚

③IC1内部对3路传感信号进行解码

④控制IC1的2～7脚轮流输出对应的高、低端激励脉冲

⑤高、低端激励脉冲再由IC2～IC4放大后驱动VT1～VT6交替导通，实现换相控制

（5）制动控制电路

该电路由闸把开关和IC1的22脚内部电路组成。

①当握下闸把时

②闸把开关导通

③调速把内的霍尔电路产生的直流控制电压经过R11、VD3、闸把开关接地

④IC1的22脚电位接近0，PWM停止工作

⑤IC1的2～7脚无激励脉冲信号输出，VT1～VT6截止，电动机绕组内没有电流通过，电动机停止转动

（6）欠压保护电路

为避免蓄电池在电量不足时继续放电而损坏，由IC6内部的运算放大器A、控制器VT7及IC1内部电路等构成了欠压保护电路。

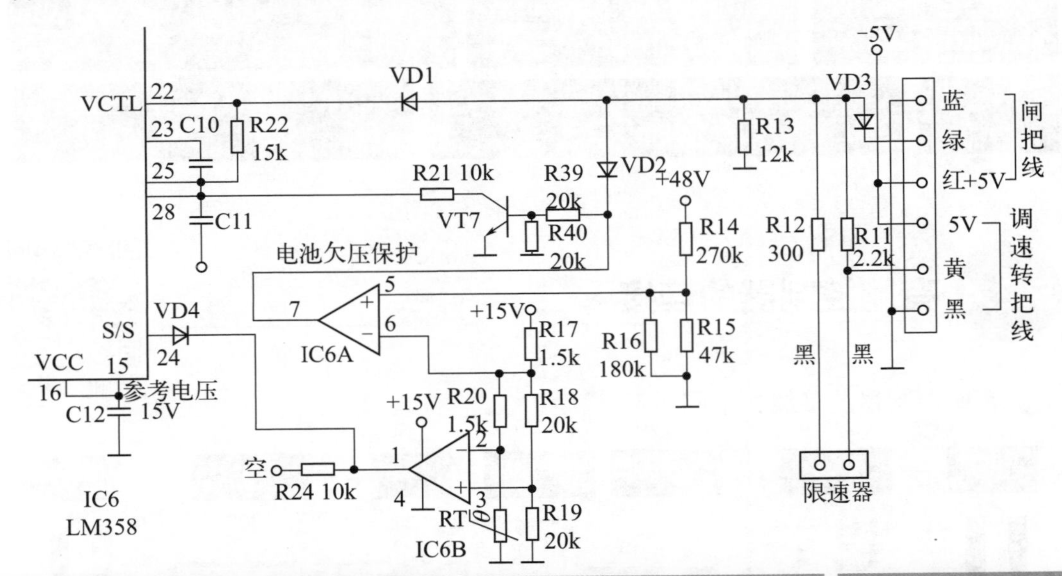

①蓄电池电压由R14、R15、R16分压取样后加到IC6的同相输入端5脚

②IC6的6脚参考电压由R17～R20从+15V上分压提供

③当蓄电池电量充足时

④IC6的5脚电位高于6脚电位，7脚输出高电平

⑤该电平信号经R39、R40加到VT7的基极为其提供正向偏置电压

⑥VT7导通使IC1的28脚为低电平

⑦控制器正常工作

⑧当蓄电池放电后电压下降到终止电压时

⑨IC6的5脚电位低于6脚电位

⑩7脚输出低电平，VT7截止

⑪这时IC1的28脚变为高电平，内部电路动作，关闭激励脉冲信号输出

⑫于是VT1～VT6截止，电动机停止转动，从而实现欠压保护

（7）过流保护电路

该电路由电流取样电阻 R7，IC5 内部的运算放大器 A、IC1 的 1 脚内部电流检测电路等组成。

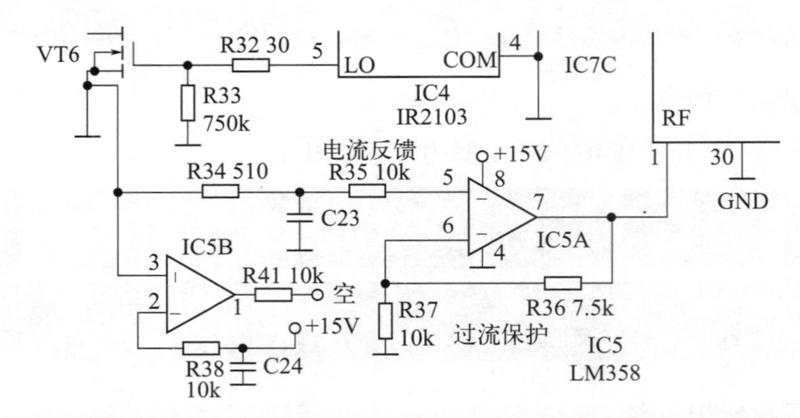

① 在电动机转动过程中，VT1～VT6 的导通电流在取样电阻 R7 两端形成电压

② 该电压经电流反馈电阻R34、R35送到IC5的同相输入端5脚

③ IC5内部对电压放大

④由IC5的7脚输出到IC1的电流检测端1脚

⑤ IC1内部的电流检测电路对1脚的电位进行监控

⑥当负载过重或其他原因导致VT1～VT6的导通电流过大时

⑦ R7两端的电压上升

⑧ 此电压经 IC5放大后使IC1的1脚电位上升到过流保护电路的阈值时

⑨IC1的2～7脚激励脉冲信号被关闭，VT1～VT6截止，电动机停止转动

5.2.4 有刷控制器的连接

有刷控制器的连接

有刷控制器的接线如下图所示。

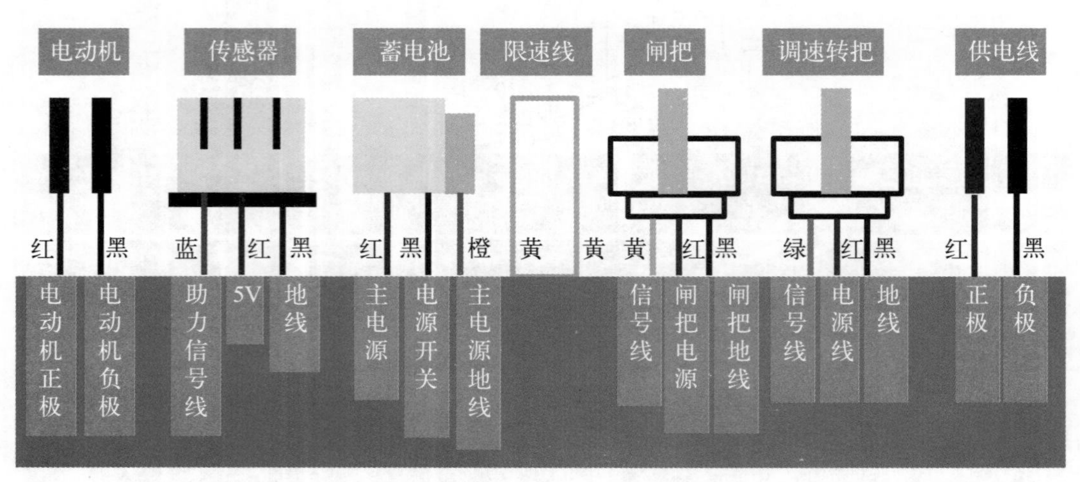

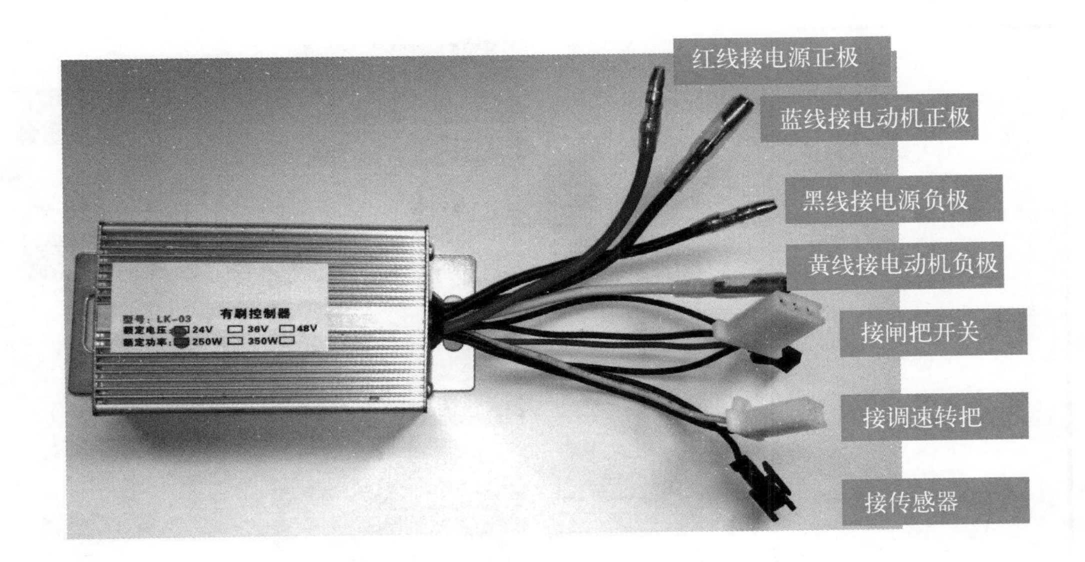

5.2.5 无刷控制器的连接

无刷控制器的连接

① 普通无刷控制器的接线

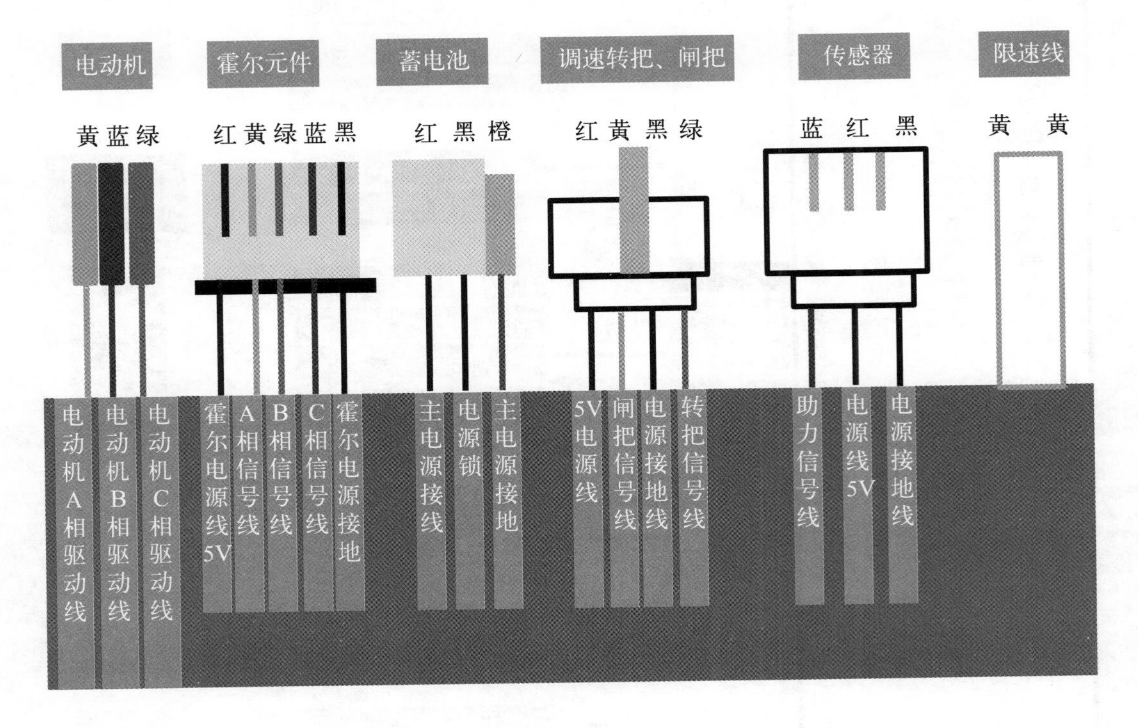

② 豪华型无刷控制器的接线

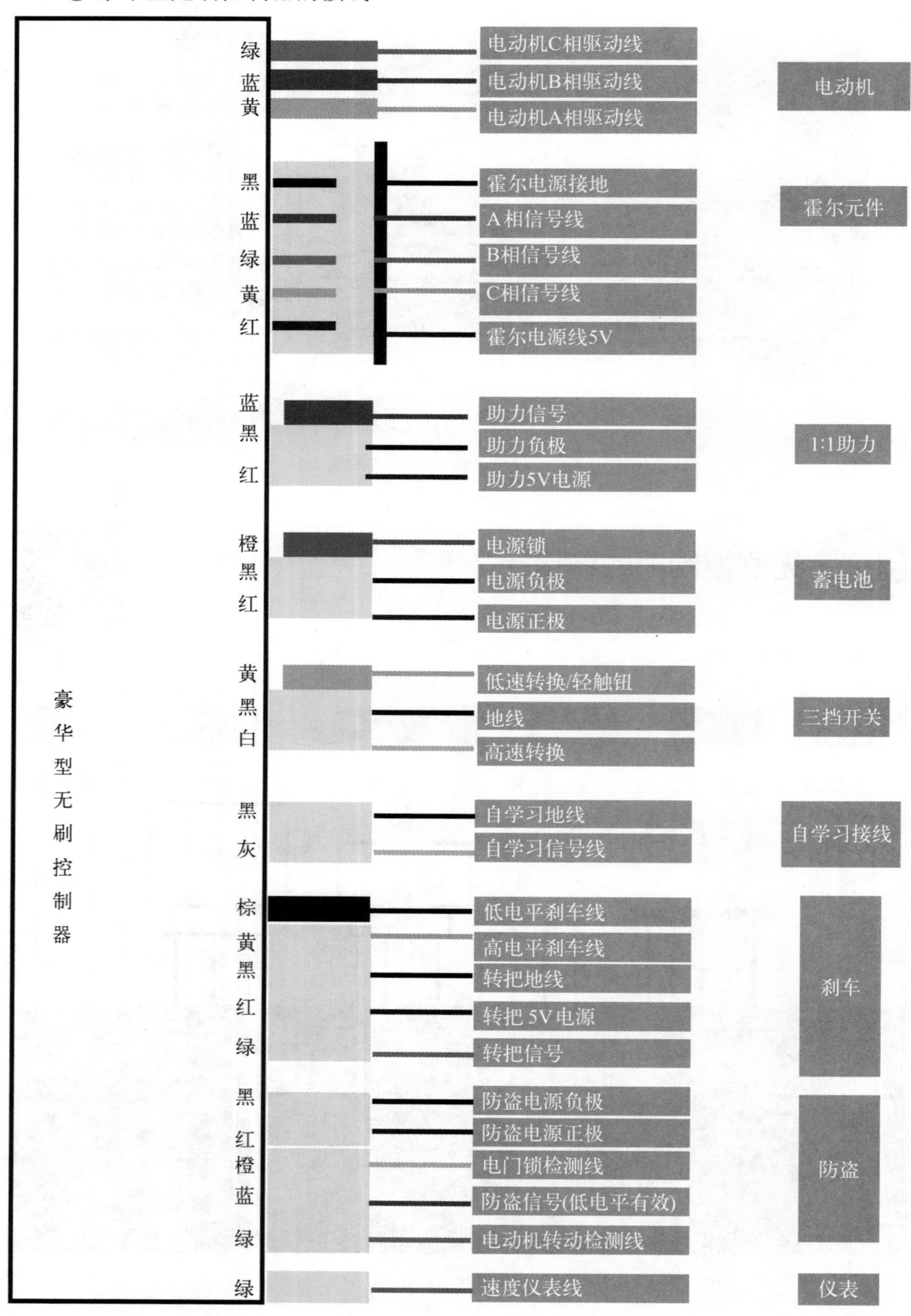

③ 48V/750W 电动三轮车的控制器接线

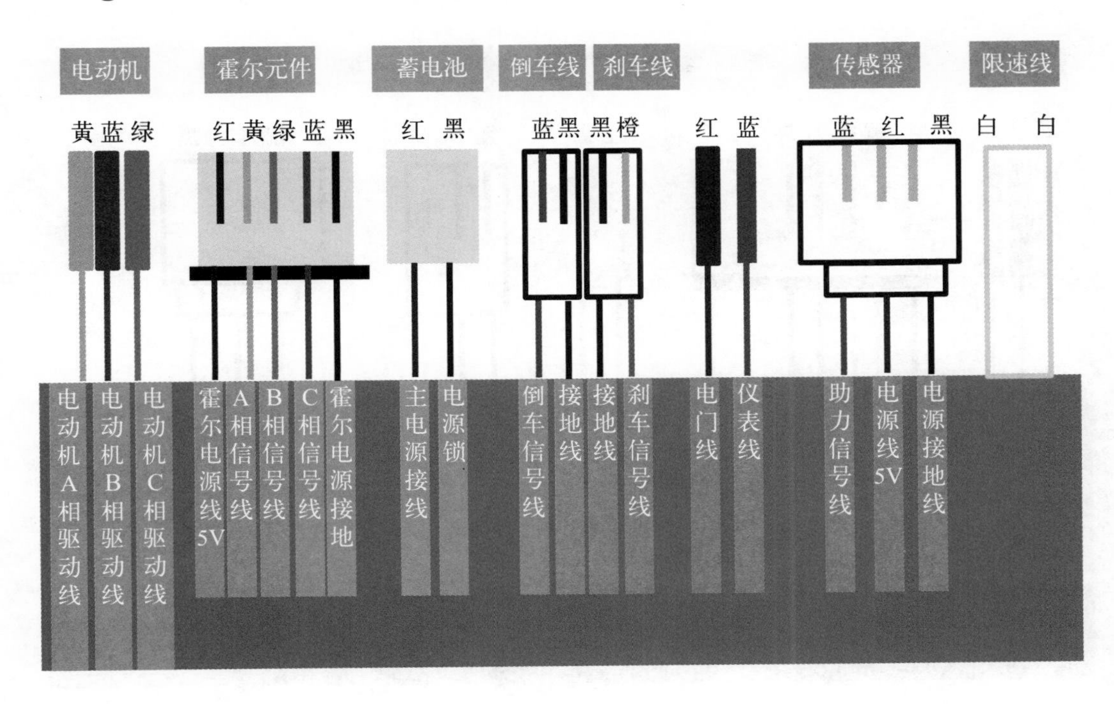

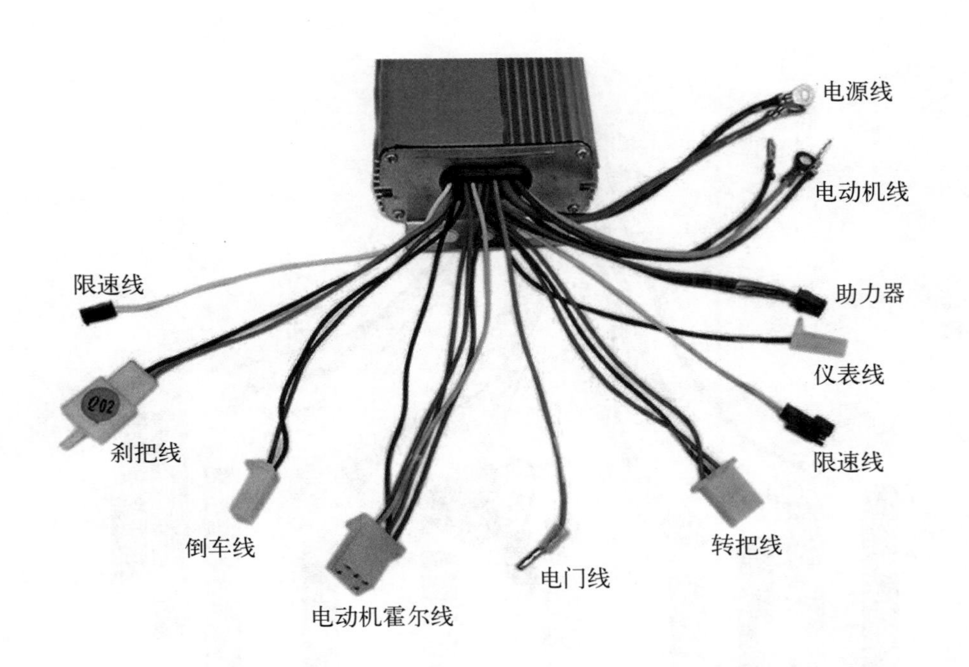

④ 豪华型电动三轮车控制器接线

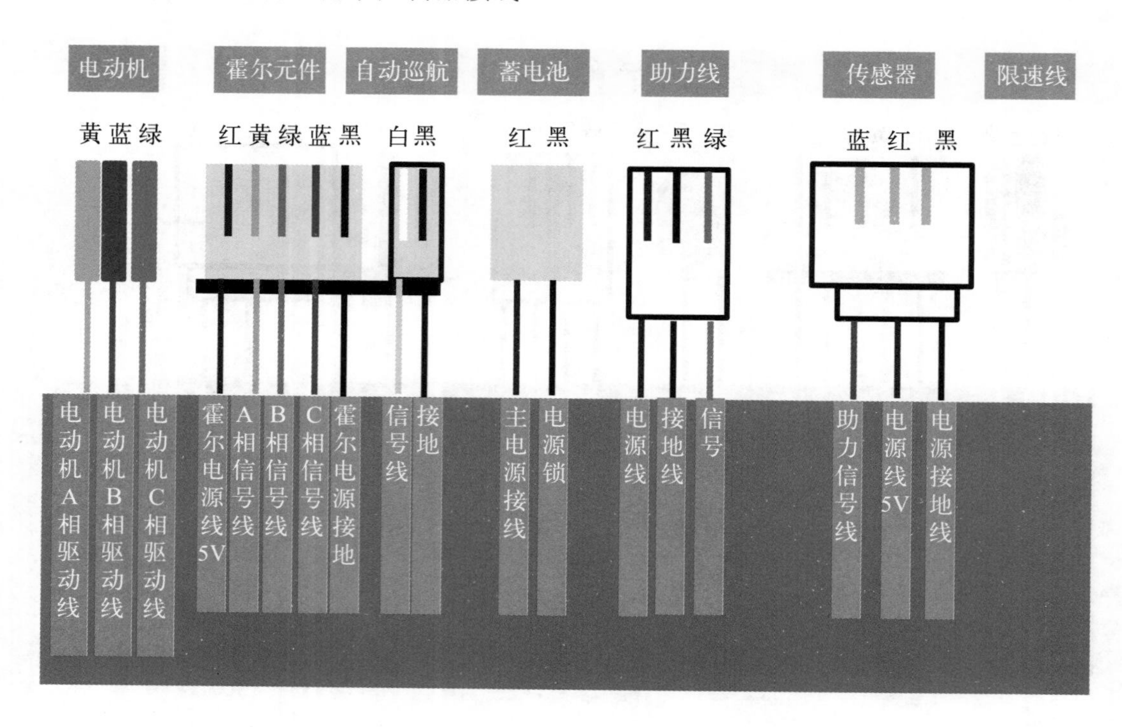

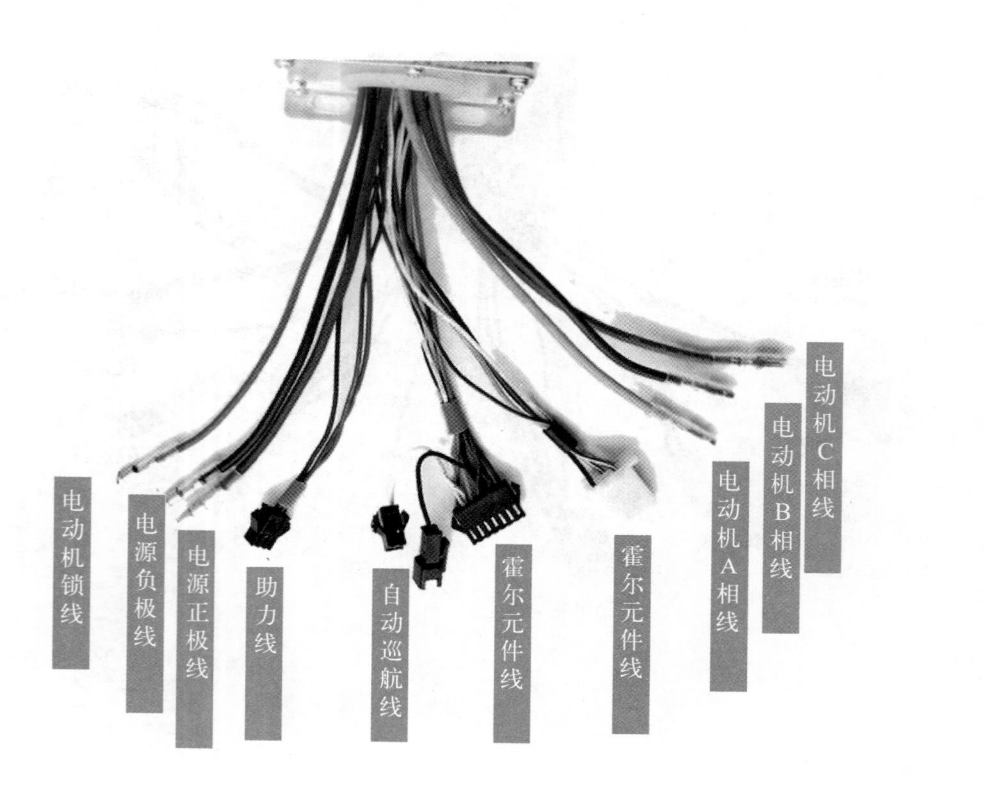

5.3 控制器的检测

5.3.1 有刷控制器的检测

① 有刷控制器的驱动电压最大值一般为蓄电池组端电压 36V，应选用数字万用表直流电压 200V 挡，如下图所示。然后将隐藏的控制器拆出来。首先将车座下的固定螺钉拆下，见下图所示。

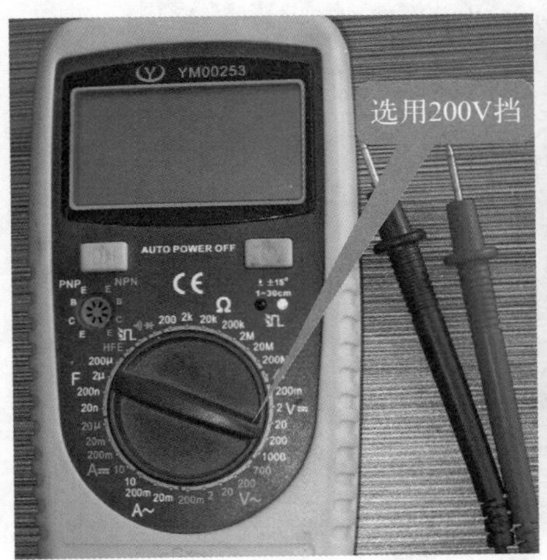

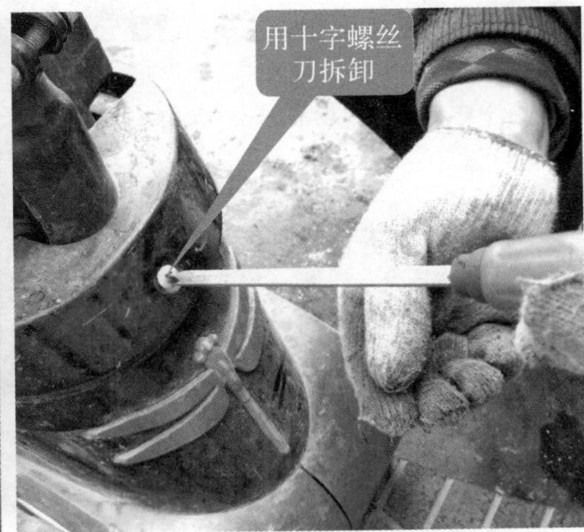

② 将踏板处的紧固螺钉拆下，如下图所示。

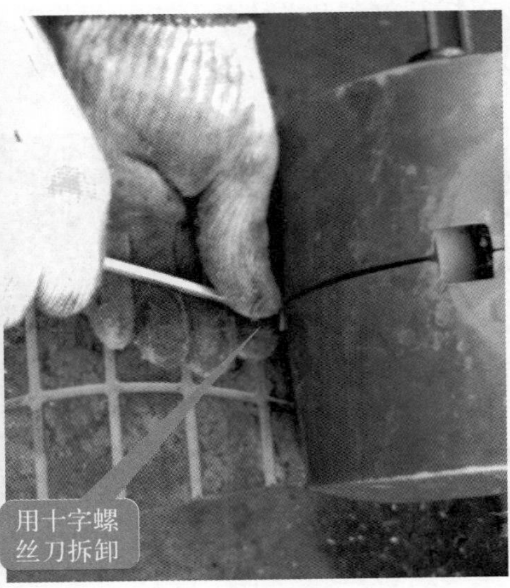

③ 将控制器拆出，然后断开电动机与控制器相连的2根驱动线，如下图所示。

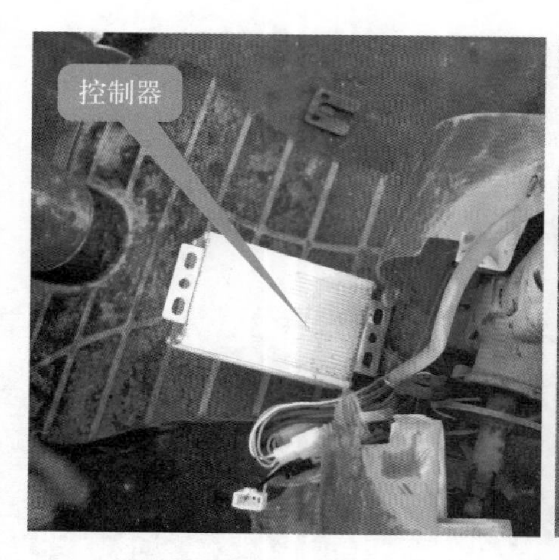

④ 断开电动机的接线端子，如下图所示。

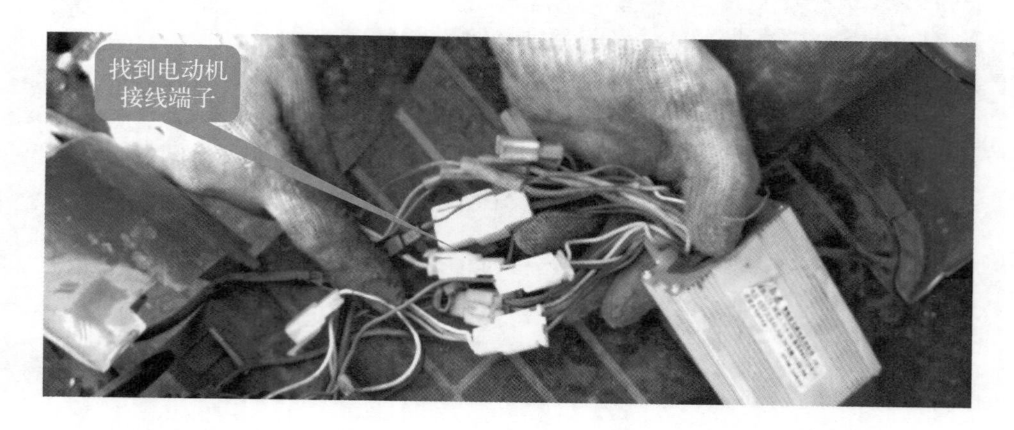

⑤ 打开电源开关，断开电动机接线端子，如下图所示，防止因接通电源故障造成电动机故障。

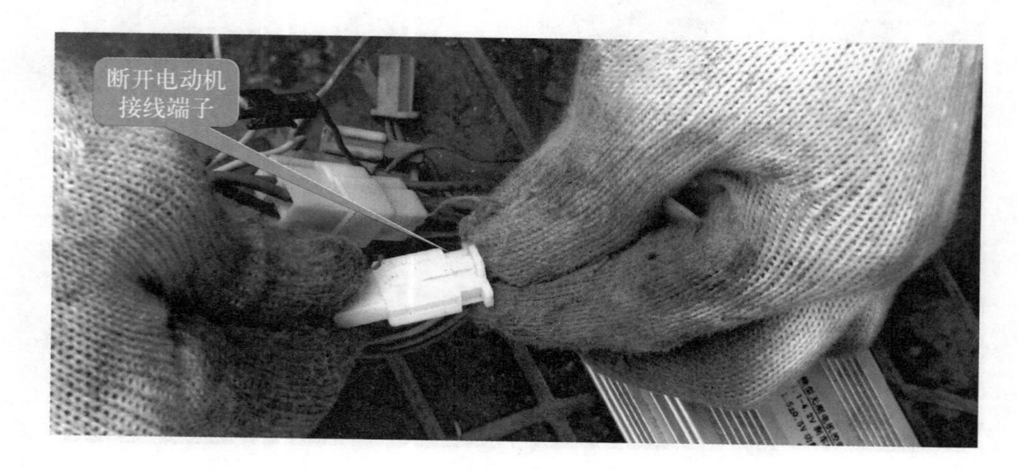

⑥ 将万用表红表笔接控制器驱动线正极（绿色线），黑表笔接控制器驱动线负极（黄色线），如下图所示。

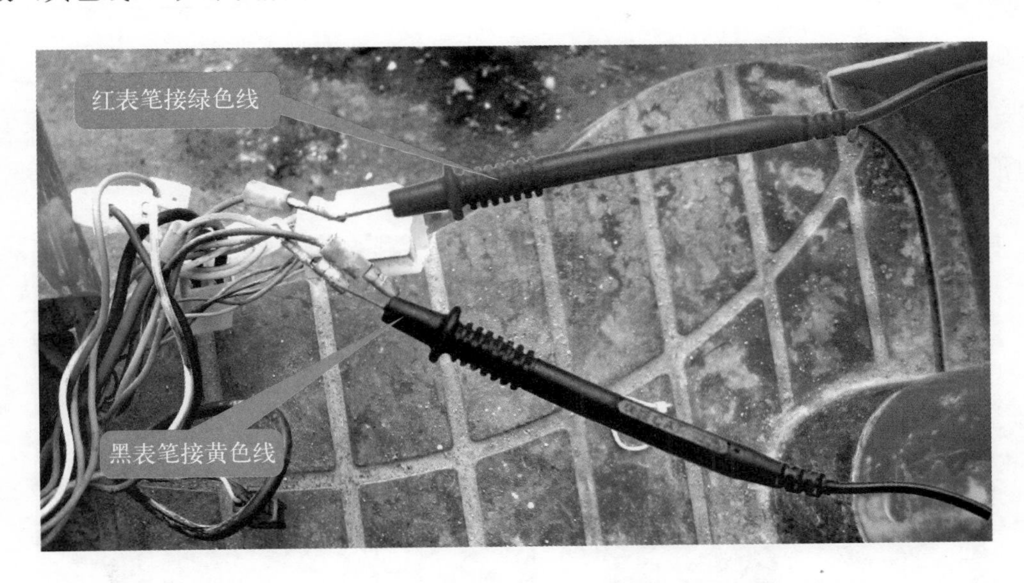

⑦ 打开电源开关之后，转动调速转把至最大转角，然后观察万用表的显示数值，如下图所示。

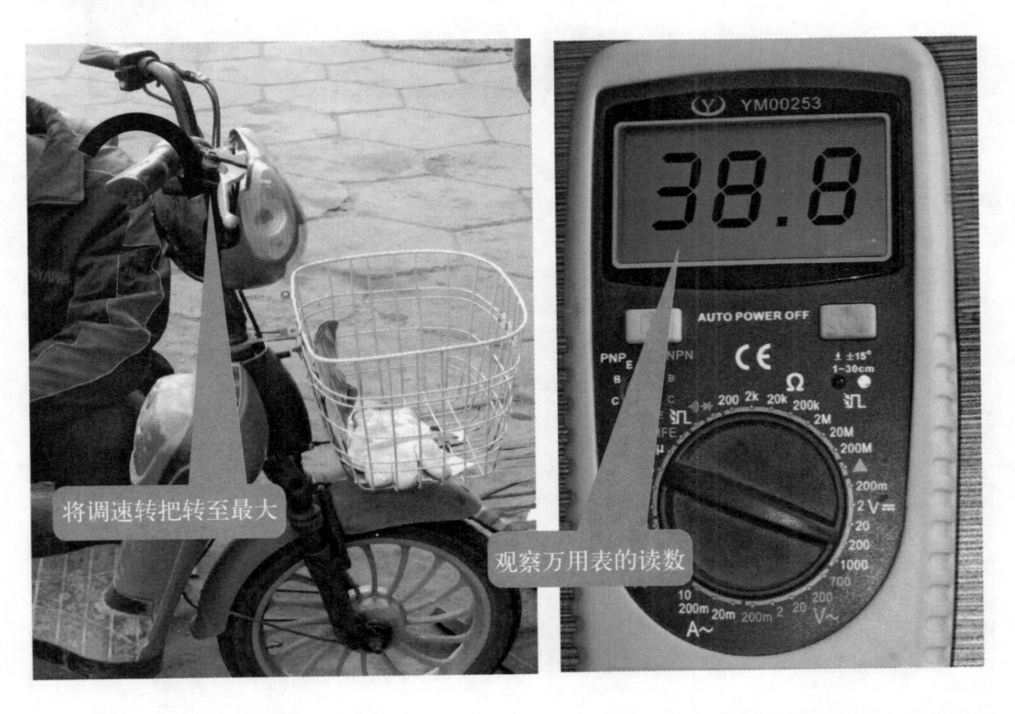

⑧ 若显示值较小（为12V左右）或为0，则表明控制器驱动电压不良，应检查电源、调速转把、闸把及其电路，若发现这些部件无异常，则表明控制器损坏。

5.3.2 无刷控制器的检测

无刷控制器驱动电压的检测如下。

① 找到无刷控制器所在位置（此例中其位置是在蓄电池下面，所以先拔下蓄电池），拆下螺钉，如下图所示。

② 然后将固定控制器的螺钉拆下来，并打开护盖，拆下控制器，找出电动机与控制器相连的 3 根较粗的蓝、绿、黄色主相线，如下图所示。

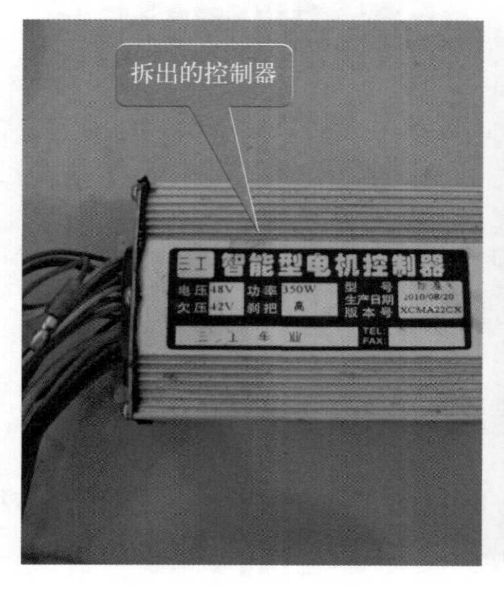

③ 打开电源开关，由于无刷控制器驱动电压为 16～28V，故选择数字万用表的直流电压 200V 挡，如下图所示。

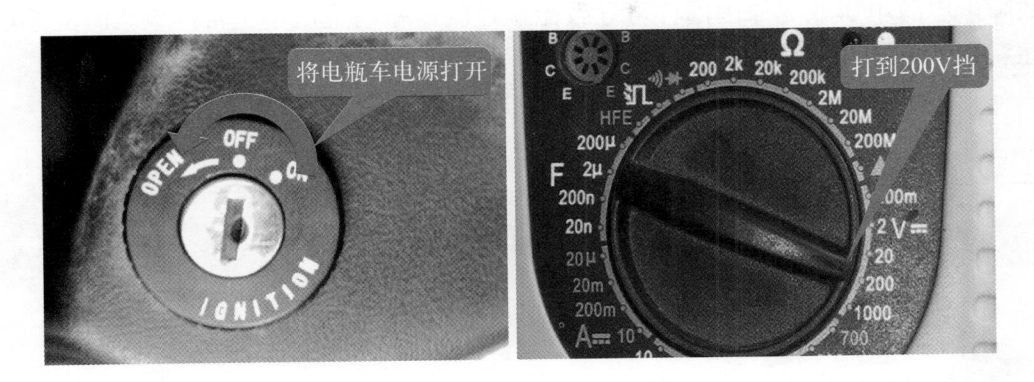

④ 将万用表的黑表笔接控制器上的黑色接地线，红表笔接较粗的黄、绿、蓝色主相线的任一根，如下图所示。

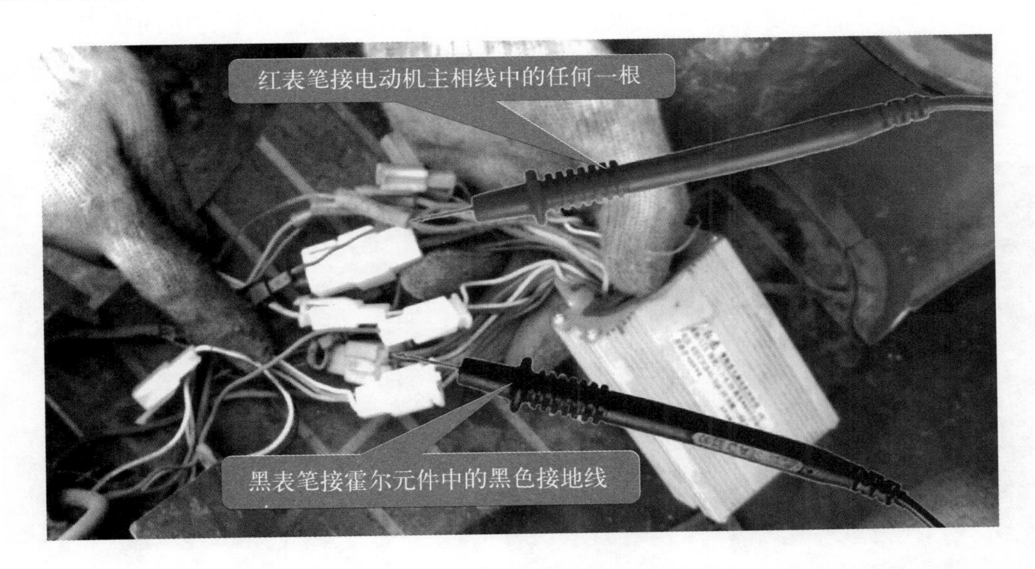

⑤ 然后将电动车调速转把转至最大角度，观察万用表的读数，如下图所示为正常。

⑥ 由图可见电压显示正常，若是过低（如在几伏），则表明控制器故障。无刷控制器驱动电压异常不能表明故障就出在控制器上，电动机调速转把、闸把有故障，电源电压低等原因同样可导致无刷控制器驱动电压不正常，检修时应予以注意。

5.4 控制器的故障诊断与排除

5.4.1 电动车整车不通电

电动车在行驶中突然断电，仪表电量指示不亮，出现整车不通电的状态。

①首先检测蓄电池输出电压，万用表显示为零，打开蓄电池盒，发现熔断器已烧毁，如下图所示。

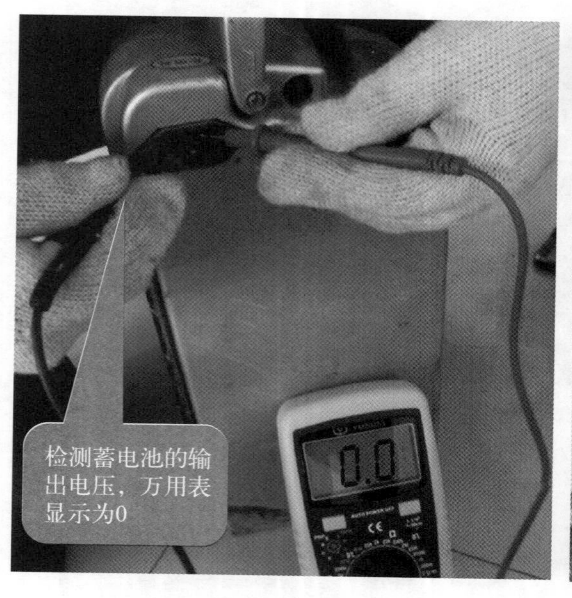

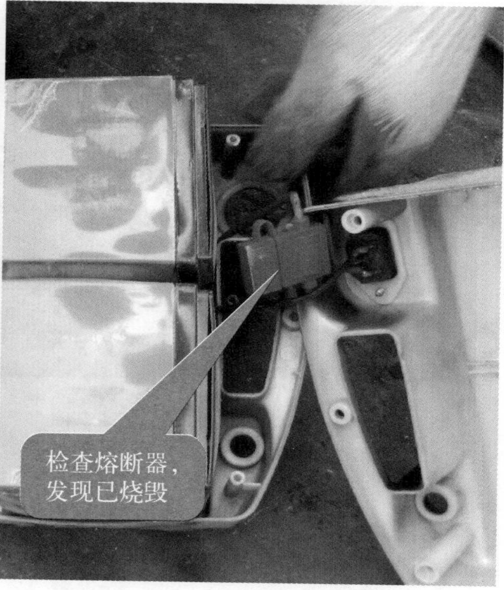

② 怀疑控制器有故障，于是将电动车的控制器拆出，如下图所示。

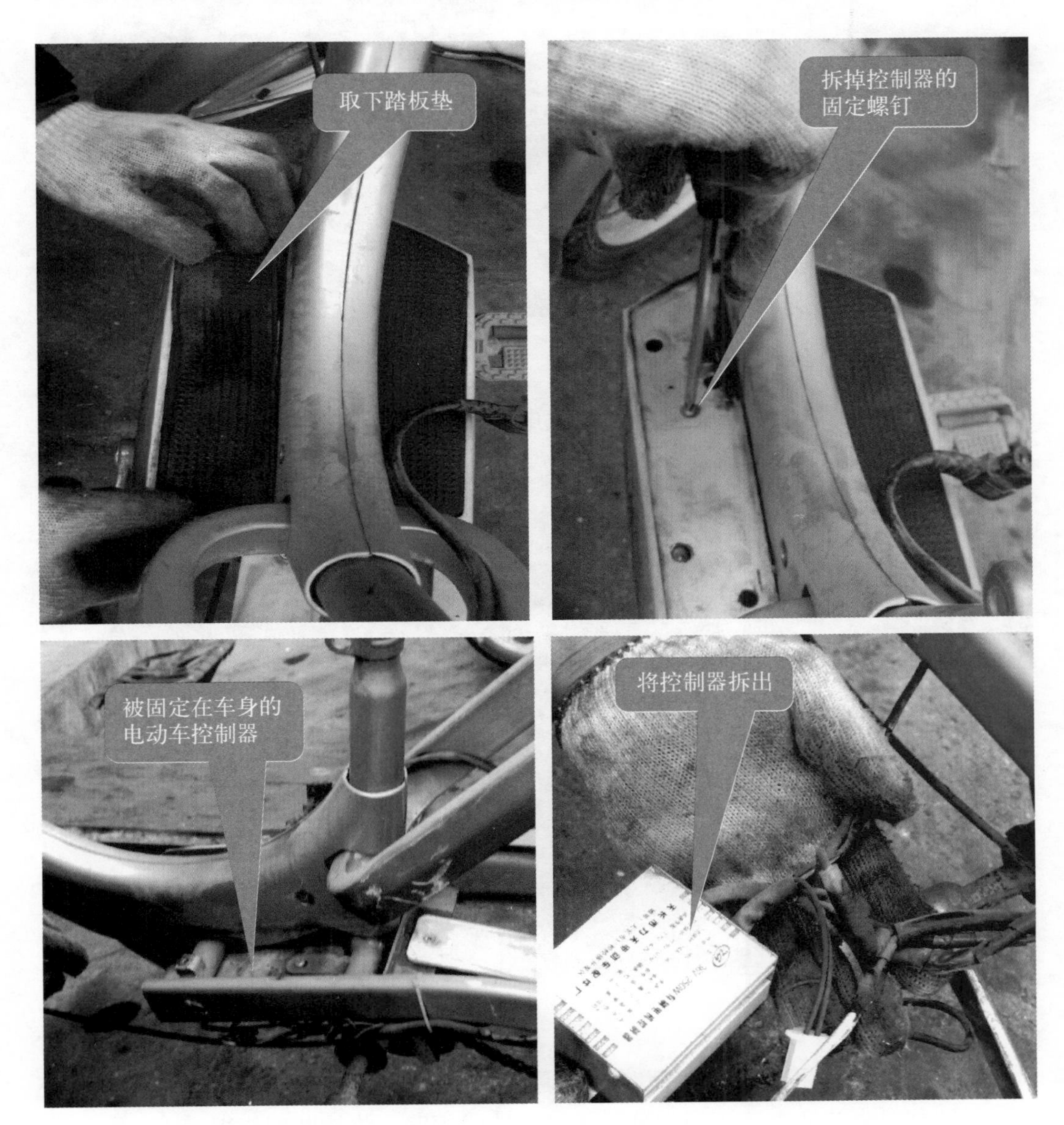

③ 检测控制器正、负极负载电阻近似为 0，说明存在短路现象。

④ 断开控制器的正端电源线后负载电阻上升到正常数值，表示故障在控制器内部。

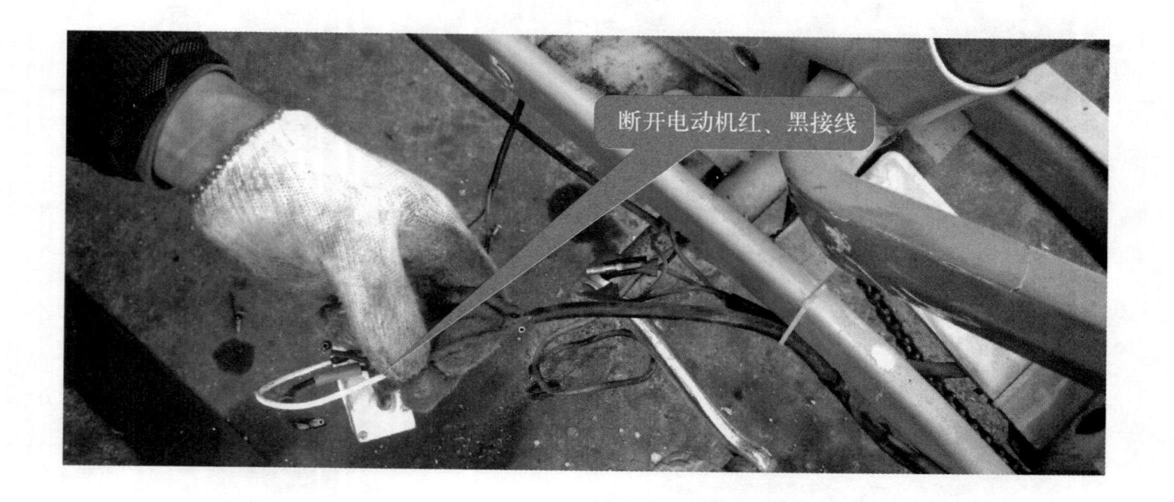

⑤ 引起控制器正、负极间短路的原因主要有以下两点。

a. 控制器内部的电源正极与外壳相接，造成短路，将熔断器烧毁。

b. 滤波电容 C1 击穿，导致正、负极间形成短路。

该故障车型使用的控制器为由 LM339+LM358 构成的有刷控制器电路，如下图所示。

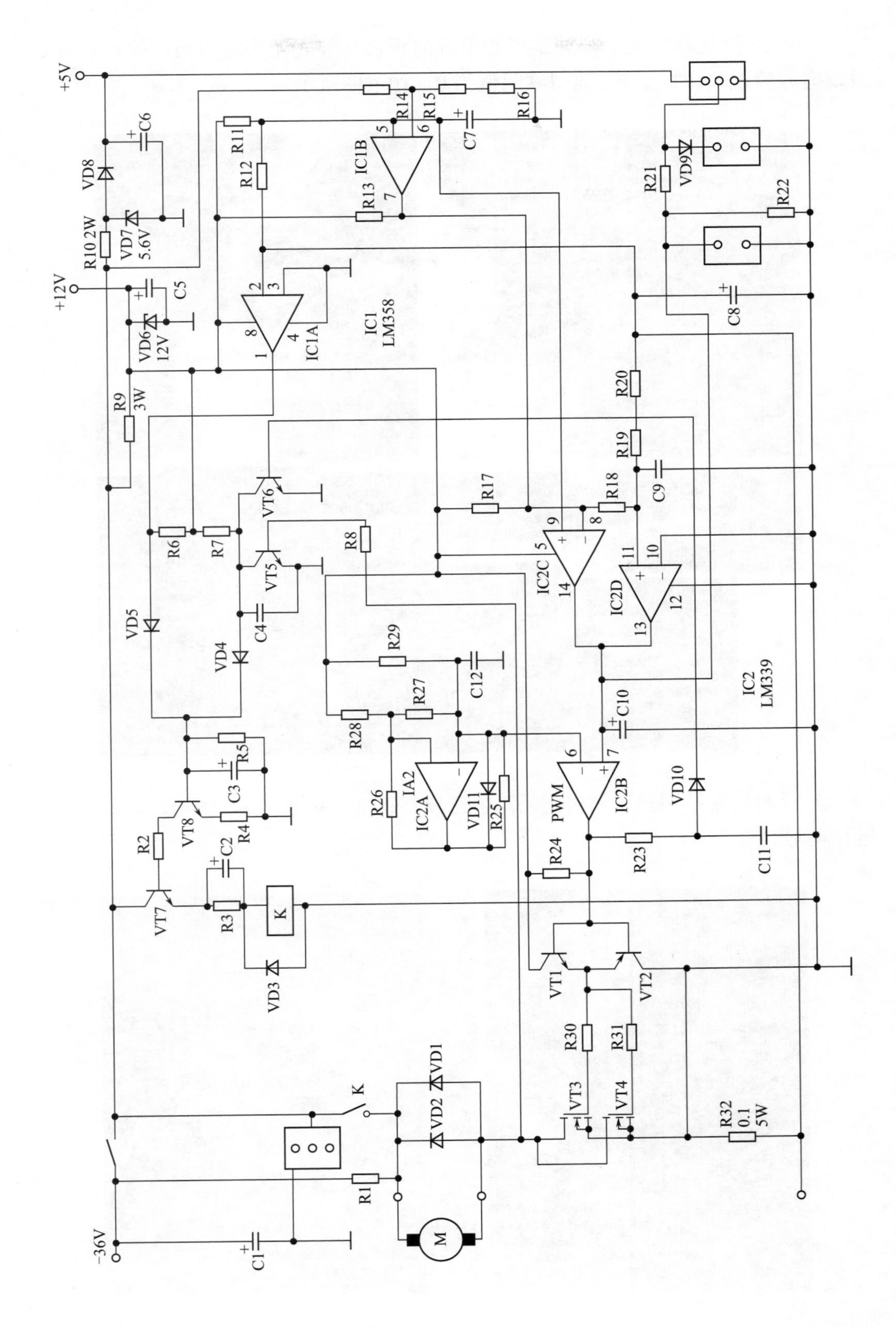
+5V
+12V
-36V
IC1
LM358
IC1A
IC1B
IC2
LM339
IC2A
IC2B
IC2C
IC2D
IA2
PWM
R10 2W
R9
3W
R32
0.1
5W
VD6
12V
VD7
5.6V
VT1
VT2
VT3
VT4
VT5
VT6
VT7
VT8
K
M

⑥ 打开控制器外壳后，观察可知电源的正极与外壳无接触短路。检查电容 C1 发现有漏液现象，拆下 C1 测得其阻值为 0，如下图所示。

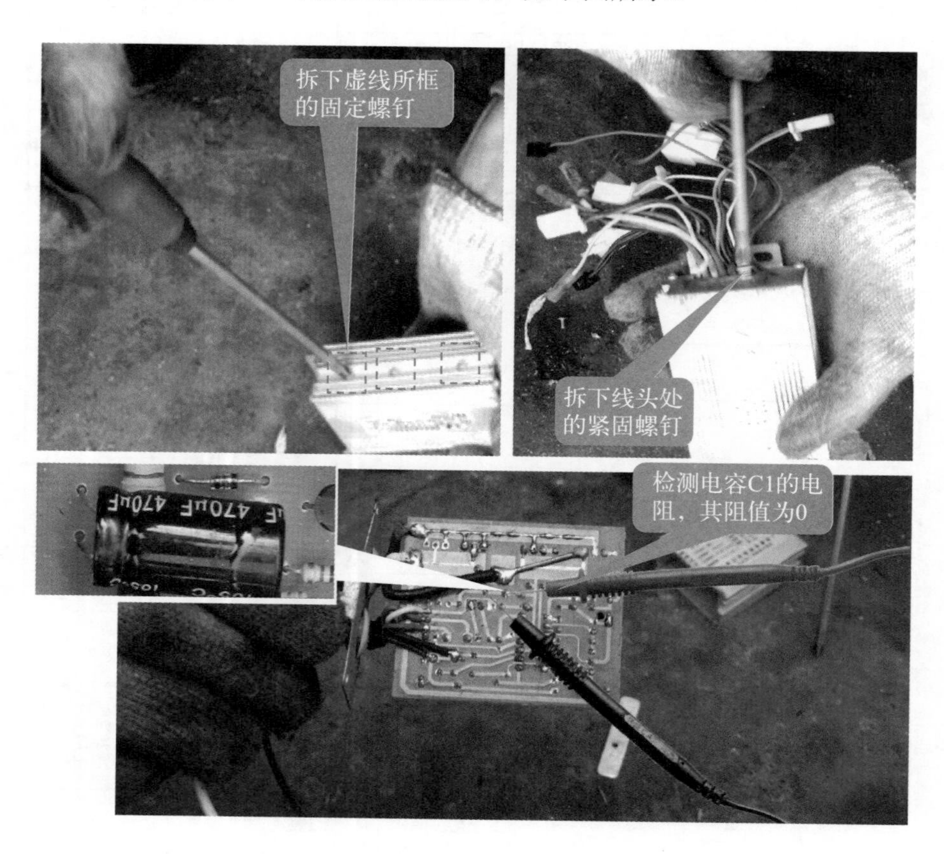

⑦ 再测发现控制器正负极间的阻值已恢复正常。更换电容 C1 后，电动自行车运行正常。

5.4.2 电动车飞车

电动车飞车是有刷电动机特有的故障，其故障现象是电动机一通电就会高速运转，也就是说不受调速转把和闸把的控制，这个故障非常严重，是什么原因导致的飞车呢？导致电动车飞车的故障有以下四大原因：

- 控制器故障：控制器的 MOS 管（即功率管）被击穿。
- 调速转把故障：调速转把中的霍尔元件损坏。
- 电路进水连电：控制器进水容易造成飞车。
- 调速转把与控制器负载断路。

由上可知，怀疑调速转把故障，所以首先对调速转把进行检测，查看其是否有短路现象。

① 找到调速转把与控制器的连线，如下图所示进行检测，看其电压是否在 5V 左右。

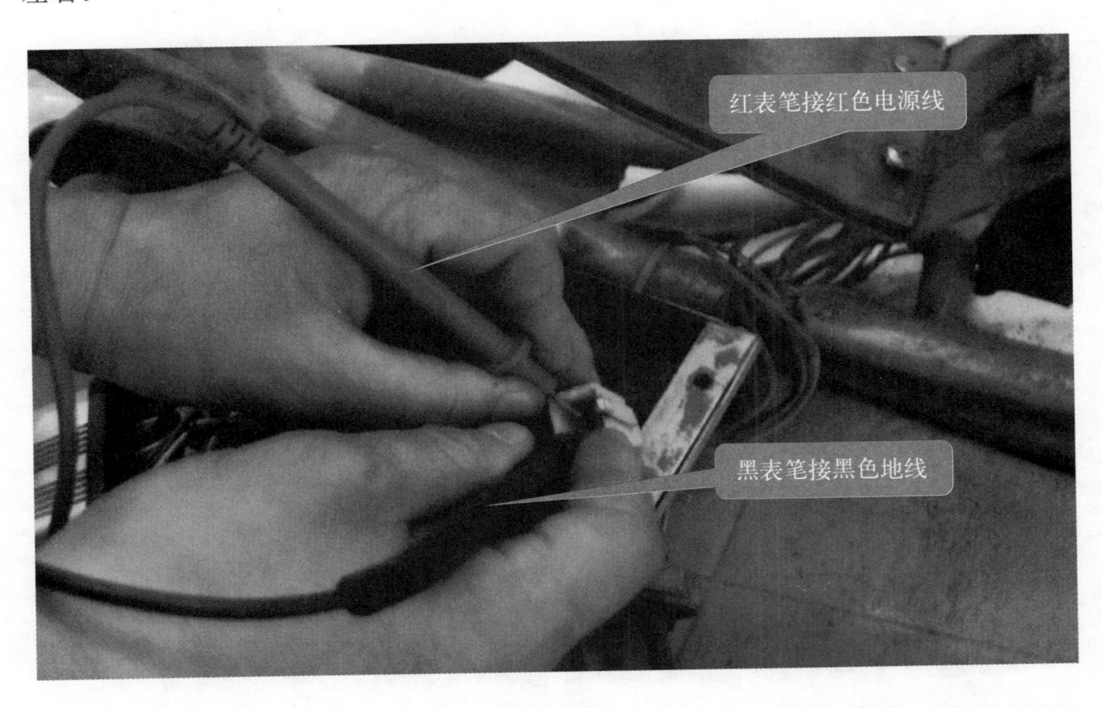

② 若供电电压正常，保持黑表笔不动，将红表笔移动到绿色信号线，检测其信号电阻是否正常，只要不出现 0 或无穷大的电阻，就说明调速转把是正常的，可以排除这个故障，那造成电动自行车飞车的原因可能就是控制器的 MOS 管了。

③ 将控制器拆开，可以看到有 2～3 个像三极管的元件，上面有标识，如

LM339N 或 8105 等的文字，那就找没有标识的那个，一般就是 MOS 管，如下图所示。

④ 使用万用表的电阻挡测量 MOS 管三个引脚，检查是否有短路（0Ω）现象，如下图所示。如果 MOS 管损坏，则可以通过更换同型号的 MOS 管来排除故障。

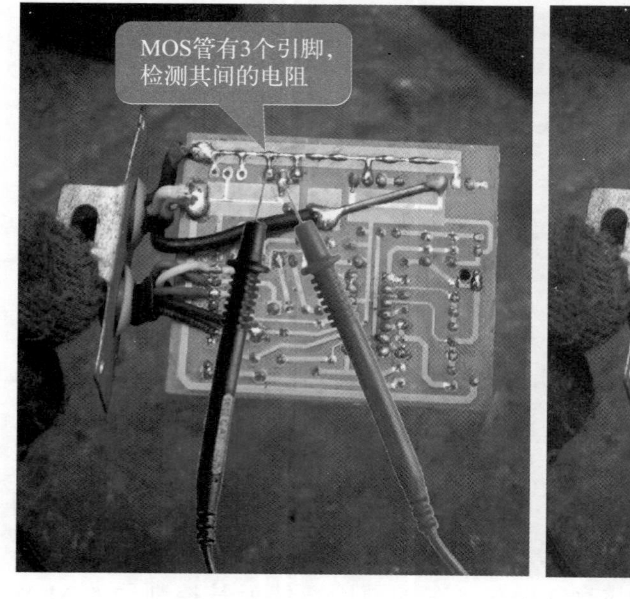

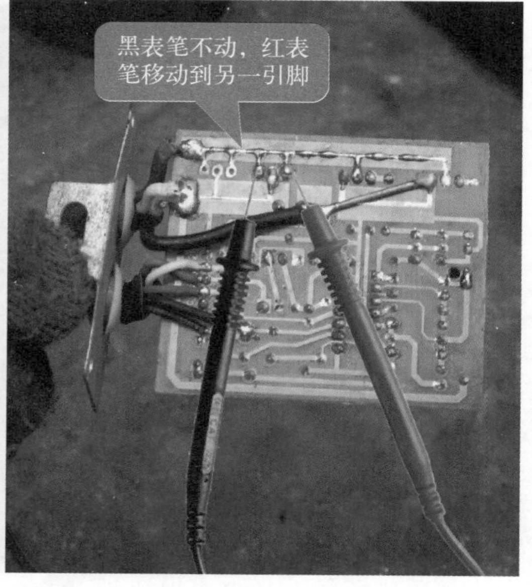

⑤ 用万用表 $R\times1\text{k}$ 挡测量 MOS 管各引脚之间的正、反向电阻，如果为 0Ω，表示击穿损坏，应更换新件。

5.4.3 电动车行驶无力

电动车有电，但行驶无力，甚至有时会出现断电现象。

造成这种故障的原因可能是控制器或者电动机出现故障。

① 首先用手转动电动车后轮，看是否有明显的阻力，确定是否是机械故障，如果不是，则继续检查。

② 后轮不着地的情况下通电，将调速转把转至最大角度，观察电动机的转速，发现明显过慢，将控制器从电动车上拆出，如下图所示。

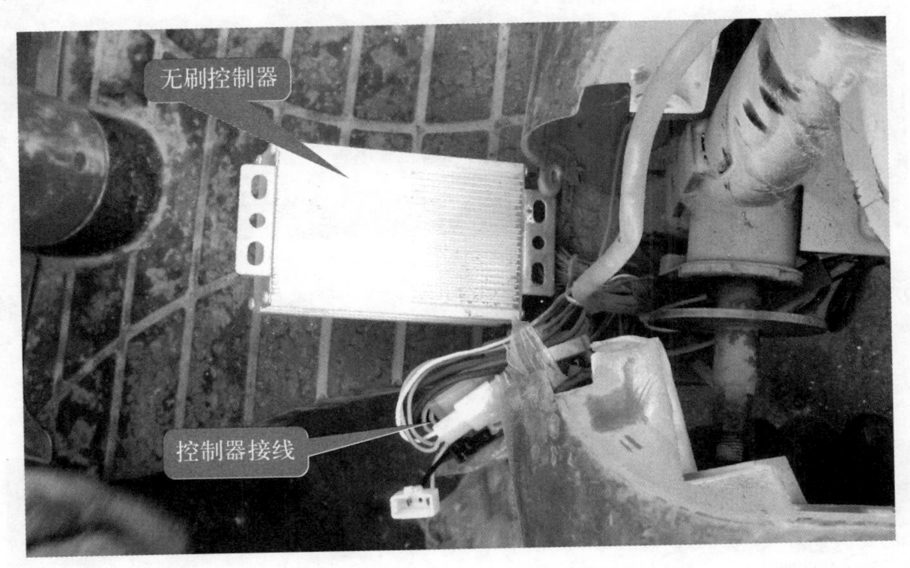

③ 然后找到控制器连接的限速线，检查其连接是否有问题，如下图所示，限速线一切正常。

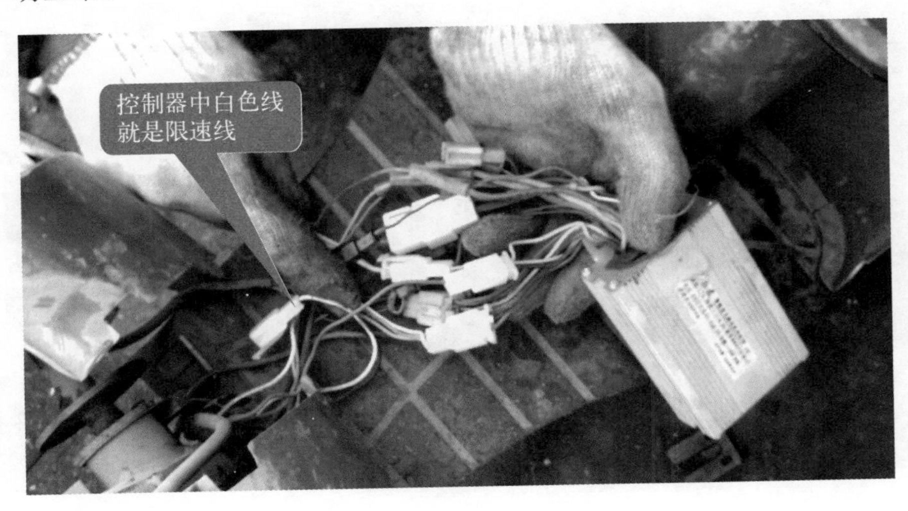

④ 找到霍尔元件的接线端子，使用万用表测量霍尔传感器上的红线（+）和黑线（–）时有 5V 直流电压，如下图所示，说明霍尔传感器供电正常。

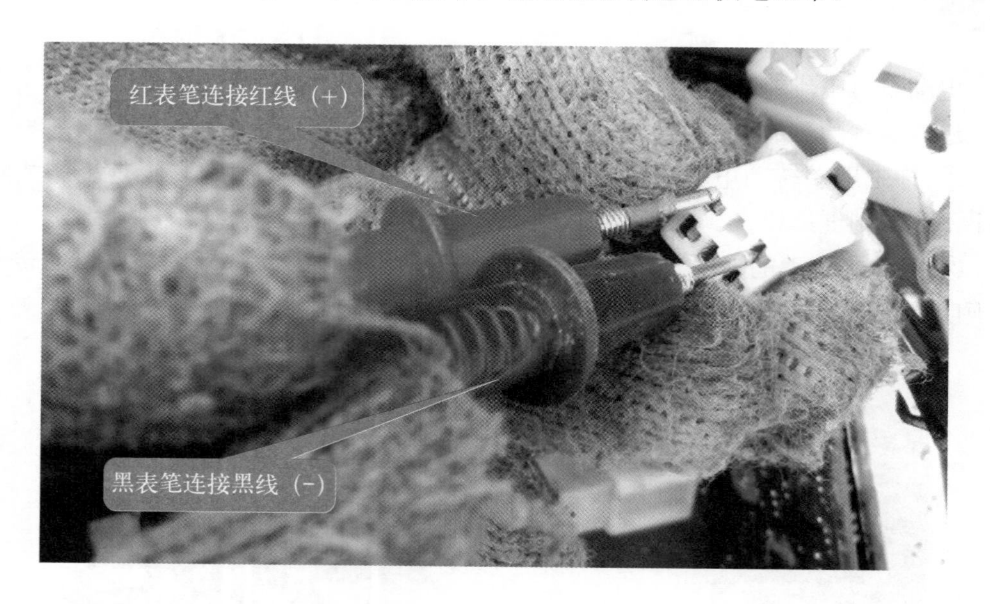

⑤ 再用黑表笔接霍尔传感器黑线，红表笔分别连接霍尔传感器上三根输出线（黄、绿、蓝线），如下图所示（检测方法相同，只需要将红表笔依次连接各相线就可以），同时用手转动后轮，电动机都应有 0～5V 的脉冲电压。

⑥ 当测到蓝线时转动车轮无任何反应，说明传感器蓝线断或霍尔元件损坏，造成该相没有输出位置信号，导致主电源蓝线缺相。

⑦ 如下图所示，拆解电动机。

⑧ 将电枢定子从转子中抽出，只接通控制器传感器电路，接通钥匙开关，用红表笔接触红线（+），黑表笔接触蓝线，用一块磁铁的一面接近霍尔元件表面，应有5V左右的直流电压。

⑨ 再用磁铁的另一面去接近霍尔元件表面，这时电压读数应变为 0V。而测蓝线这一相无任何反应，说明该相霍尔元件已损坏。

⑩ 将三个旧霍尔元件拆除，其拆卸过程如下图所示。

⑪ 将霍尔元件外面的橡胶保护层向上撸起，露出元件与线缆的焊点，如下图所示。

⑫ 换上新的霍尔元件，连接时使用焊锡条进行加固，如下图所示。

因为该电动机相位角为120°，所以安装霍尔元件时一定要将B相（即中间）的霍尔元件有型号面朝下安放（相位角为60°的电动机三个霍尔元件型号面均朝上）。这一点一定要注意，否则，电动机不能正常工作。

⑬ 然后用AB胶粘牢，待胶干后将电动机重新装好，通电试车正常，故障排除。

5.4.4 电动车不走

电动车电量显示正常，但不走，造成该故障的原因有以下两种：

• 一是调速转把损坏。

• 二是控制器损坏。

① 将万用表调到直流 20V（DC）挡，先测量闸把输出信号。如果捏闸把时，闸把信号有超过 4V 的电位变化，则可排除闸把故障。测量闸把的方法如下所示，需要有人配合捏住或放开闸把。

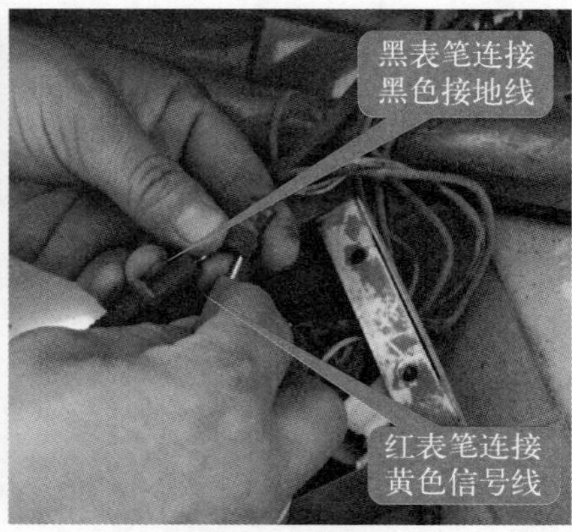

② 如果闸把正常，然后再检测调速转把。检测方法如下图所示，黑表笔不动，将红表笔接调速转把绿色信号线，或者是除了红、黑和刚检测过的黄线之外的另一根信号线。转动调速转把，观察万用表读数是否有 1～4.2V 电压。如果有电压变化，说明转把是好的，否则应更换新转把。

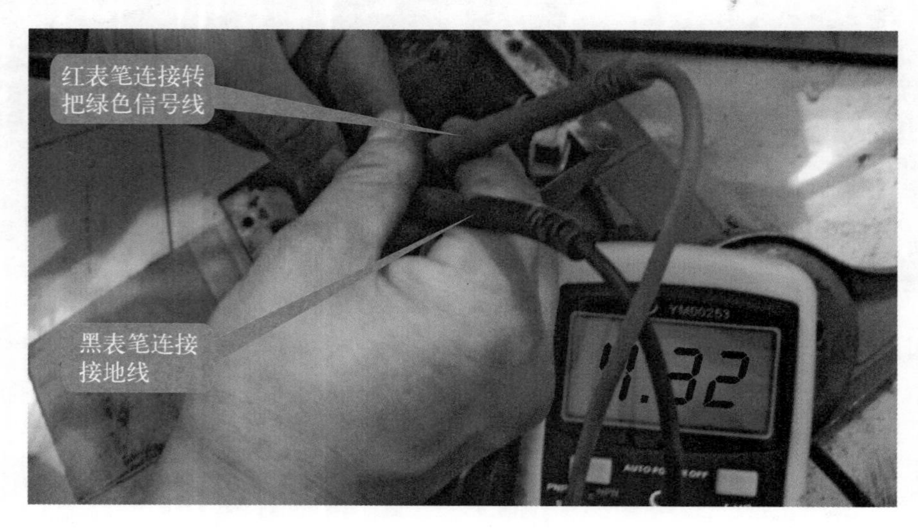

③ 用万用表测量电动机两根引线，转动转把，电压应在 0～40V 之间，否则，说明控制器已坏，更换同型号的控制器来排除故障。

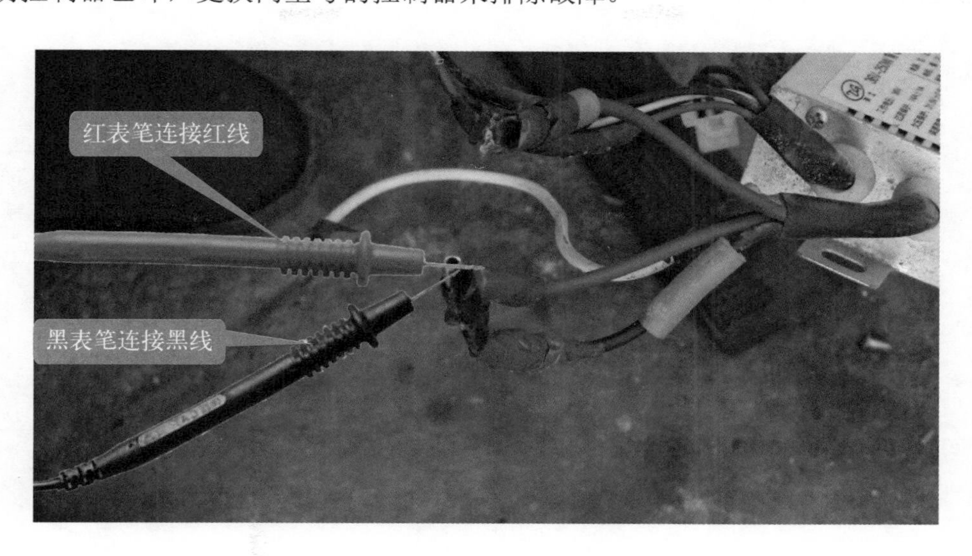

5.4.5 电动车刹车闸不断电

一辆电动车行驶正常，但是按下刹车闸不断电，反而加速。造成这种故障的原因可能是闸把和控制器损坏，对其进行如下检测。

① 测量刹车闸把（电子型）上霍尔元件的输出电压，如果不刹车时为 0V，刹车时为 4V，说明正常。

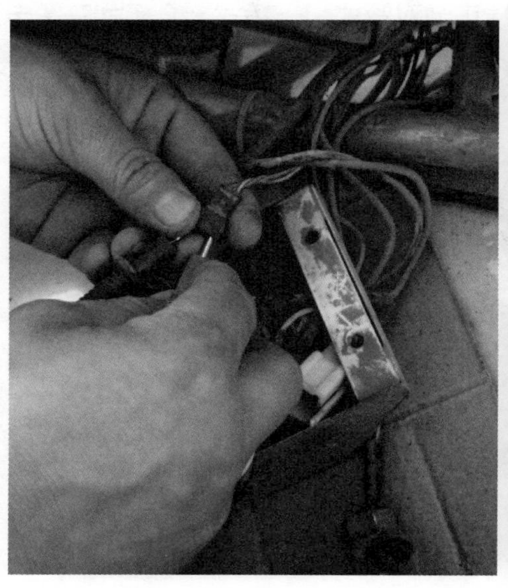

② 测量电动机的端电压，同时转动转把有 0～30V 的变化电压，电动机的转速也变化可调，说明电动机及供电系统正常。

③ 当轻按刹车闸把时电动机加速（前后刹车闸把一样），这时电动机端电压已升为 38.5V，说明刹车信号电压已直接加到了功率场效应管的控制极，功率场效应管完全导通，使电动机的端电压增加，造成电动机加速。原因是控制器中的脉宽调制集成块 TL494 损坏，换上新集成块后故障排除。

提示

TL494 是一种固定频率脉宽调制电路，它包含了开关电源控制所需的全部功能，广泛应用于单端正激双管式、半桥式、全桥式开关电源。TL494 有 SO-16 和 PDIP-16 两种封装形式，以适应不同场合的要求。

SO-16封装形式

PDIP-16封装形式

引脚	符号	功能	典型电压/V
1	V1（+）	误差放大器1误差信号输入端（同相信号端）	2.6
2	V1（−）	误差放大器1误差信号输入端（反相信号端）	2.6
3	VOUTC	误差放大器1和2输出信号补偿元件连接端	4
4	CONT	死区控制信号输入端，所加控制电压可调输出脉冲宽度	0.3
5	CT	振荡器外接振荡电容连接端，与6脚外接的电阻一起可产生频率f=1.1/RC的锯齿波信号	幅度为0.4～4V的锯齿波
6	RT	振荡器外接振荡电阻连接端，见5脚说明	3.7
7	GND	基准电源电路接地端	0
8	CA	推挽电路输出信号端A，输出电压可达40V，电流为200mA（反相输出）	0～15V的脉宽调制波
9	EA	推挽电路输出信号端A，属同相信号输出端	0
10	EB	推挽电路输出信号端B，属同相信号输出端	0
11	CB	推挽电路输出信号端B，输出电压可达40V，电流为200mA（反相输出）	与8脚等幅相位差180°的脉冲波
12	V_{CC} IN	工作电源电压输入端	25
13	OUT CON	输出方式设定信号输入端。当该脚接基准电压时，输出呈推挽型，输出方波最大占空比为48%；当该脚接地时，内部两个输出晶体管并联工作，输出电流可达400mA，最大占空比为96%	5
14	+5	+5V基准电源输出端，可输出5V的基准参考电压	5
15	V2（−）	误差放大器2误差信号输入端（反相信号端）	5.4
16	V2（+）	误差放大器2误差信号输入端（同相信号端）	0
可直接代换的型号	B3759，CW494，IR3M02，IR9494，M5T494，MB3670，TA76494P，μA494，μA17494，μPA494，μPC494		

充电器的故障检修

6.1 充电器的工作原理

6.1.1 充电器的分类

电动车的蓄电池需要补充能源，这部分工作由充电器完成。充电器的种类很多，一般的分类方式如下所示。

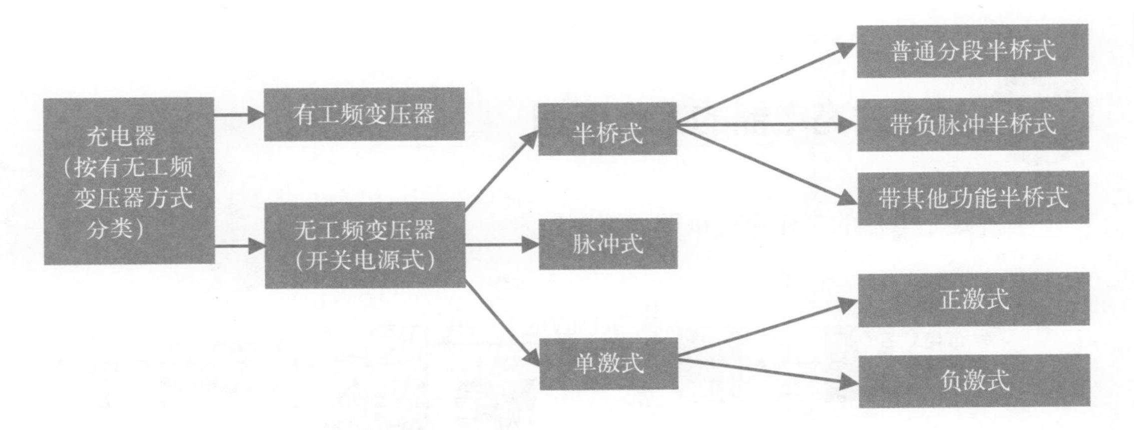

通常，大功率的充电器普遍使用环式工频变压器，虽然效率低，但是电流大（可到30A）、可靠性高。货运电动三轮一般都使用这类充电器。而30A・h以下的蓄电池，则大多采用开关电源技术的充电器，效率高，并且不需要笨重的工频变压器。

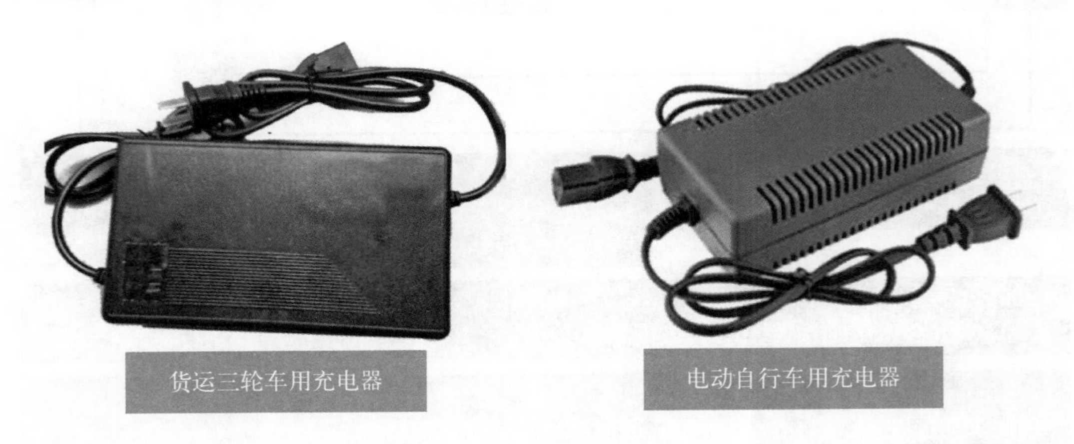

货运三轮车用充电器　　电动自行车用充电器

充电器内部电路主要由整流滤波电路、高压开关电路、电压变换电路、恒流/恒压及充电控制电路等几个部分组成。充电器工作过程如下图所示：

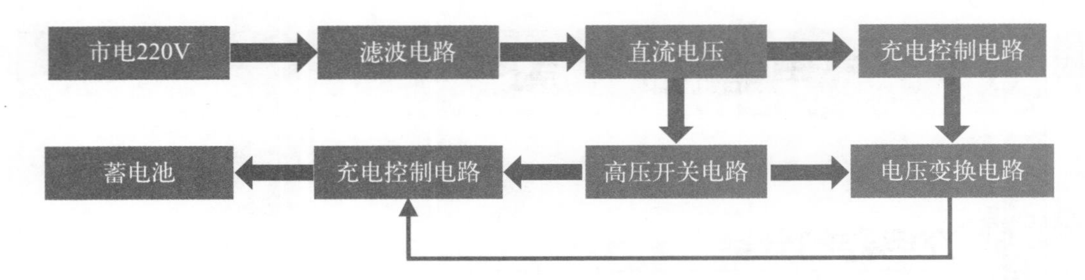

市电 220V 交流电压经整流滤波电路转变为 300V 左右的直流电压，通过高压开关电路及电压变换电路产生充电时所需的低压直流电压，再由充电控制电路控制后对蓄电池充电。

6.1.2 半桥式充电器的工作原理

半桥式充电器的工作原理框图如下图所示：

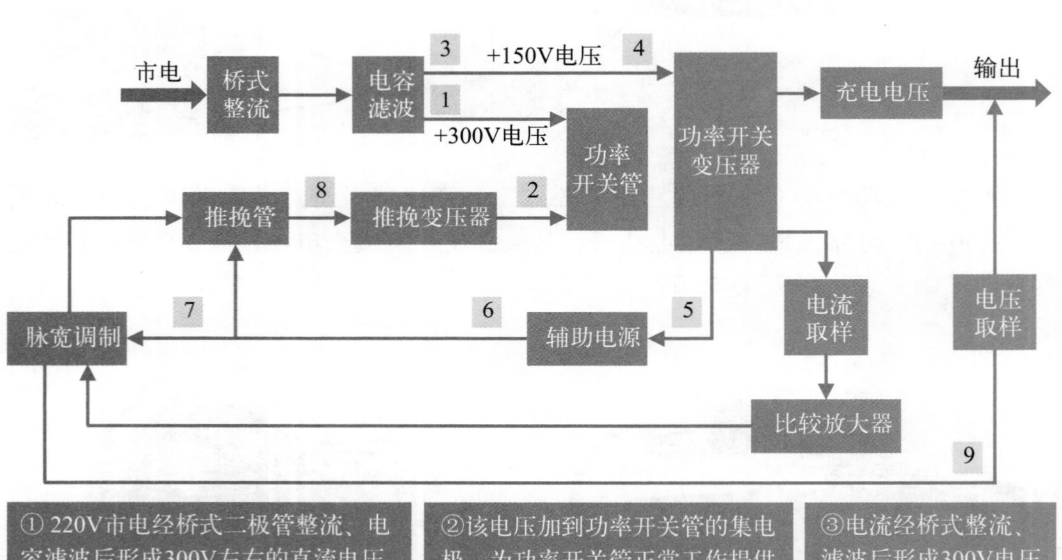

① 220V市电经桥式二极管整流、电容滤波后形成300V左右的直流电压

②该电压加到功率开关管的集电极，为功率开关管正常工作提供电流

③电流经桥式整流、滤波后形成300V电压

④300V电压经分压成150V左右的直流电压加到功率转换变压器的初级绕组端，向次级绕组提供能量转换电压

⑤另一路经功率转换变压器和启动电阻向开关管提供基极启动电压

⑥ 在开关管导通和变压器磁饱和的共同作用下形成自激振荡

⑦ 自激振荡开始后，功率转换变压器的次级输出电压经整流后为脉宽调制电路提供工作电压

⑧ 推挽管在得到工作电压后开始正常工作

⑨ 控制功率开关管在受控状态下工作，从而使输出电压稳定在正常的范围内

6.1.3 单激式充电器的工作原理

单激式充电器的工作原理框图如下图所示：

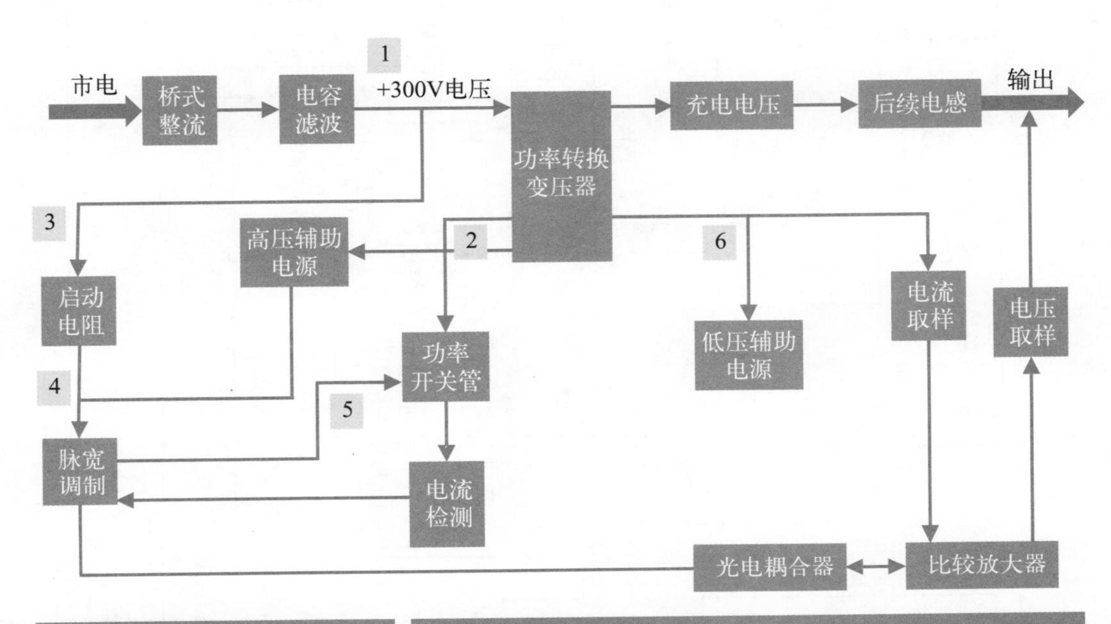

充电器的充电方式

6.1.4 充电器的充电方式

电动自行车充电器常用的充电方式一般分二阶段充电模式和三阶段充电模式两种。

（1）二阶段充电模式

二阶段充电是指先恒压充电，充电电流随着蓄电池电压的上升逐渐减小，等蓄电池的电量充到一定程度以后，电压会上升到充电器的设定值，随后进入涓流的浮充状态。

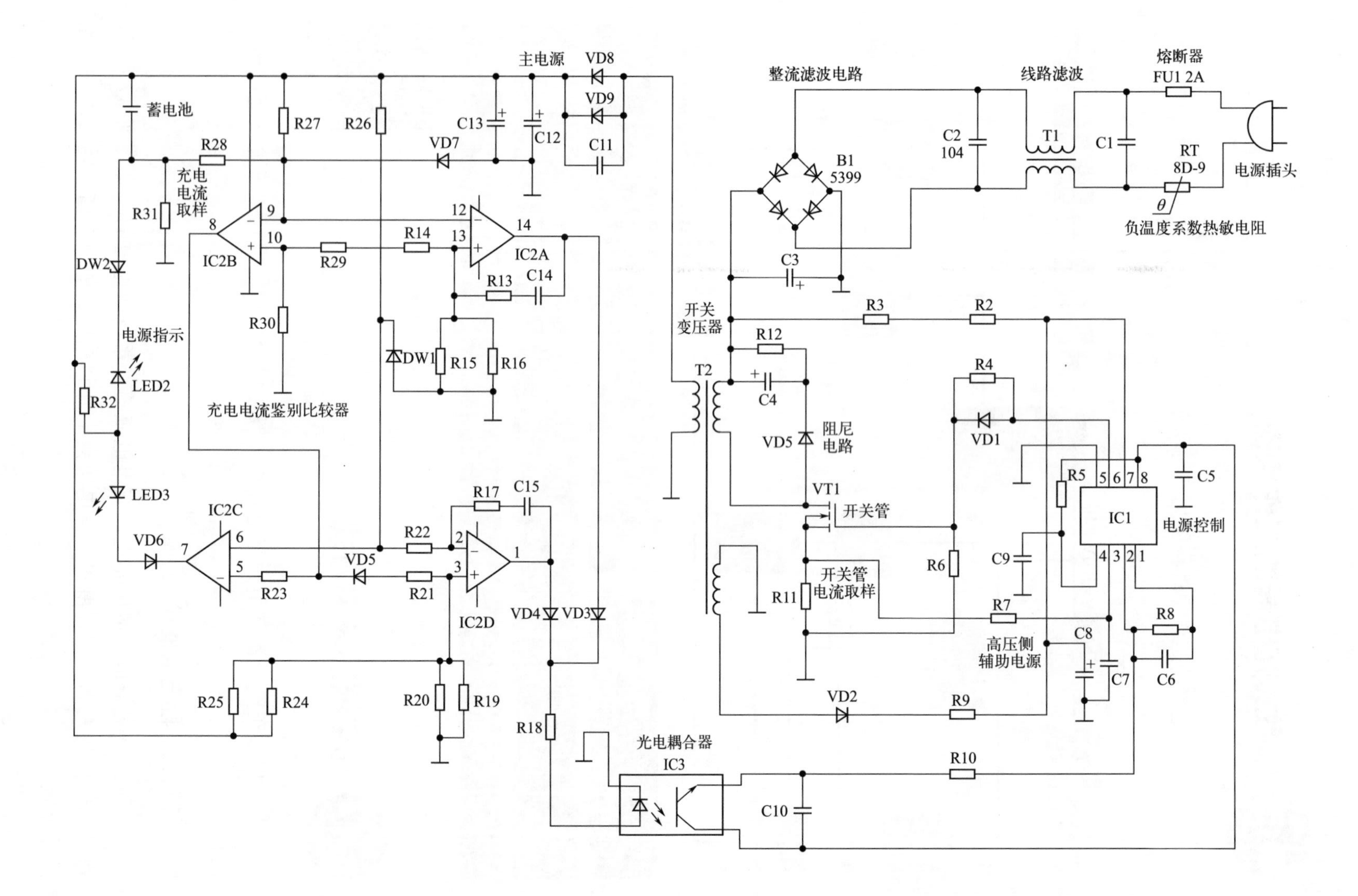
主电源
VD8
VD9
C11
蓄电池
R27
R26
C13
C12
VD7
R28
充电
电流
取样
R31
IC2B
R29
R14
IC2A
R13
C14
R30
DW2
电源指示
LED2
R32
DW1
R15
R16
充电电流鉴别比较器
LED3
IC2C
VD6
R17
C15
R22
R23
VD5
R21
IC2D
VD4
VD3
R25
R24
R20
R19
R18
光电耦合器
IC3
C10
R10
整流滤波电路
线路滤波
熔断器
FU1 2A
C2
104
T1
C1
RT
8D-9
电源插头
B1
5399
负温度系数热敏电阻
C3
开关
变压器
R3
R2
R12
T2
C4
R4
阻尼
电路
VD1
VT1
开关管
R5
C5
IC1
电源控制
C9
R6
开关管
电流取样
R11
R7
R8
C8
高压侧
辅助电源
C7
C6
VD2
R9

（2）三阶段充电模式

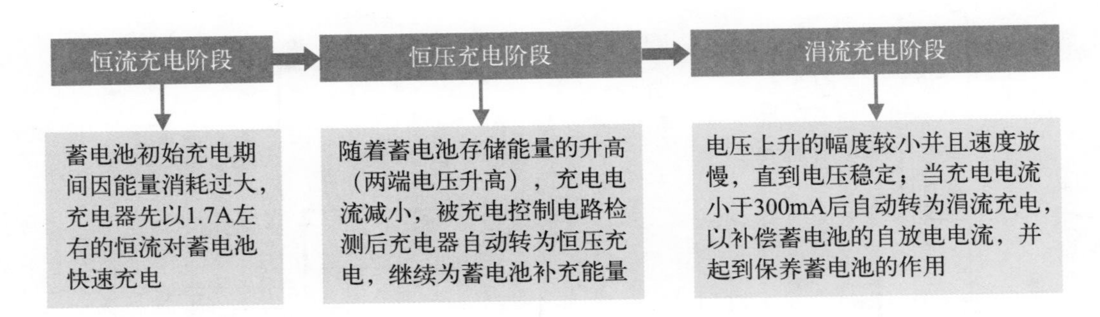

充电阶段的转换是由充电电流决定的，这个电流叫转换电流，也叫转折电流。对于电动自行车充电器而言，转折电流通常为300mA左右。目前，大部分三阶段式充电器在恒流和恒压充电阶段其表面上的红色发光管发光，在涓流充电期间绿色发光管发光。

6.1.5 典型充电器的工作过程

这里以由UC3842和LM324组成的充电器为例对电动车充电器电路的分析与检修加以说明。其电路原理如下。

（1）+300V电压产生电路

其电路如下图所示：

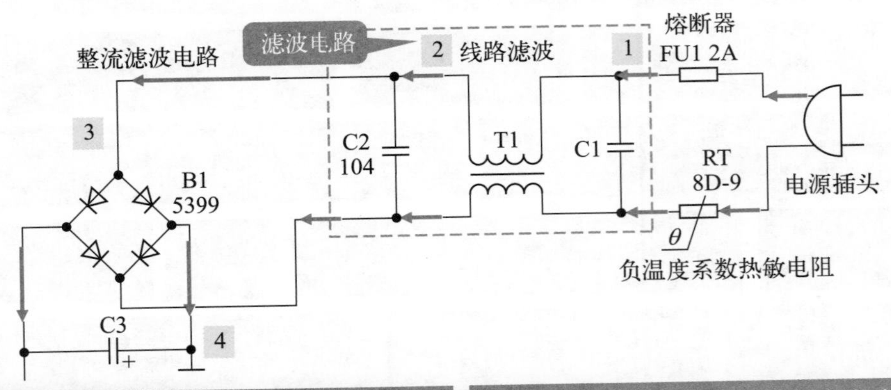

① 市电220V交流电压经过电源插头、熔断器FU1和负温度系数热敏电阻RT后加到电容C1两端

② 由C1、C2和T1组成的LC滤波电路对市电中的高频干扰信号予以滤除

③ 再经过整流桥B1整流

④ 在滤波电容C3两端产生+300V的直流电压

（2）主电源电压产生电路

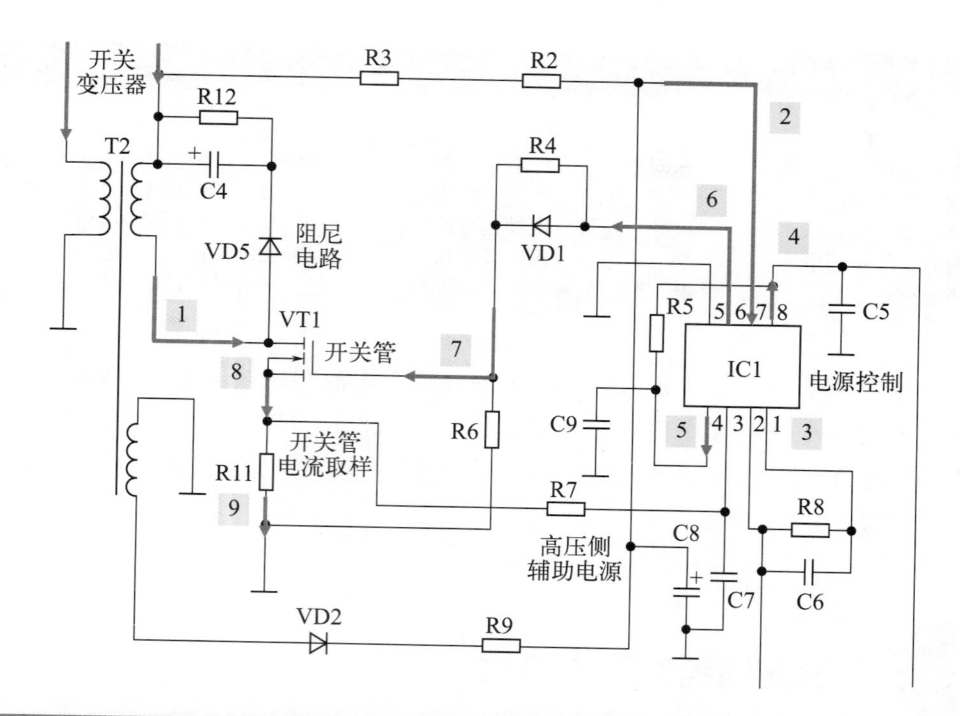

① +300V电压分成2路。一路经开关变压器T2的初级绕组加到场效应开关管VT1的漏极D

② 一路由启动电阻R3、R2限流和降压后加到IC1的供电端7脚向IC1提供18V左右的初始工作电压

③ IC1得到供电后，其内部的基准电压产生电路产生1~5V电压

④ 该电压向IC1内部的振荡器、比较器、误差放大器、PWM调制器等供电，并由8脚输出

⑤ IC1的4脚外接的定时元件和内部振荡器共同产生锯齿波脉冲信号，将其送到PWM调制器

⑥ 产生的PWM激励脉冲信号再经过输出级缓冲放大后从6脚输出

⑦ PWM激励脉冲通过R4和VD1加到VT1的栅极

⑧ VT1受控工作在开关状态

⑨ 当PWM激励脉冲为高电平时，VT1导通，经电阻R11形成回路

⑩ 当PWM激励脉冲信号为低电平时VD1导通，VT1截止

⑪ 在变压器T2的次级绕组上产生上正下负的电动势，高压侧绕组产生上负下正的电动势

⑫ VD8、VD9导通

⑬ 次级绕组产生的电压在滤波电容C12、C13两端产生主电源电压对蓄电池充电

⑭ VD2导通

⑮ 经R9限流、C8滤波产生高压侧的辅助电源

⑯ 经R2、R3向IC1的7脚供电

⑰ VD5为阻尼二极管，它与R12、C4组成尖峰吸收回路

⑱ 在VT1截止瞬间，T2的初级绕组产生较高的反峰电压，使VD5导通

⑲ 反峰电压通过VD5、C4、R12返回到+300V电源，避免VT1被击穿

（3）稳压控制电路

稳压控制电路涉及IC1、IC2和IC3，可参阅前文的整体电路图。

① 取样电压通过IC1内部的误差放②器放大后控制PWM激励脉冲信号的占空比

② 开关管VT1的导通时间发生变化，从而使主电源电压发生改变

③ IC2的3脚电位升高

④ IC2的1脚电位升高

⑤ IC3内部发光二极管发光程度增大

⑥ IC3的光敏三极管导通程度增大

⑦ IC1的2脚电位升高

⑧ PWM激励脉冲占空比减小

⑨ 开关管VT1导通时间缩短

⑩ 主电源电压降低

⑪ 当主电源电压降低时，控制过程则相反

（4）充电控制电路

充电控制电路的局部电路如下图所示：

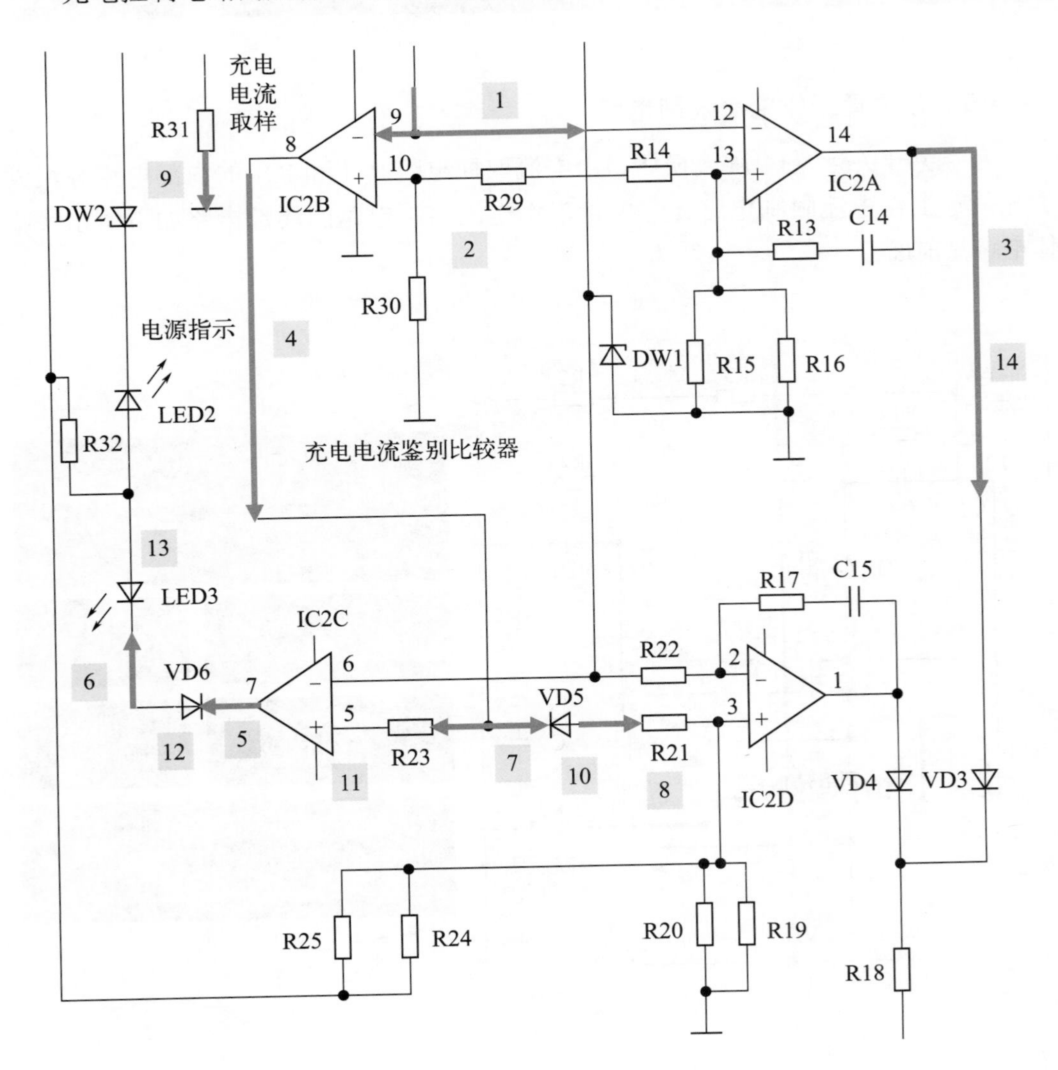

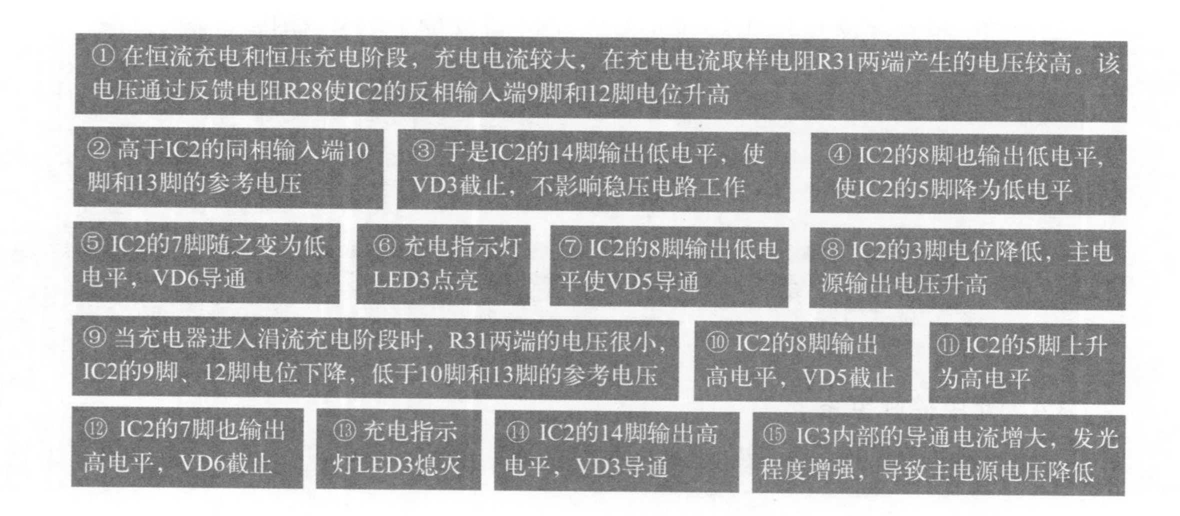

（5）开关管工作电流限制电路

为避免开关管 VT1 过流损坏，由电流取样电阻 R11 和 IC1 的内部电路等组成了开关管工作电流限制电路。开关管工作电流限制电路的局部电路如下所示（整体电路见前面）：

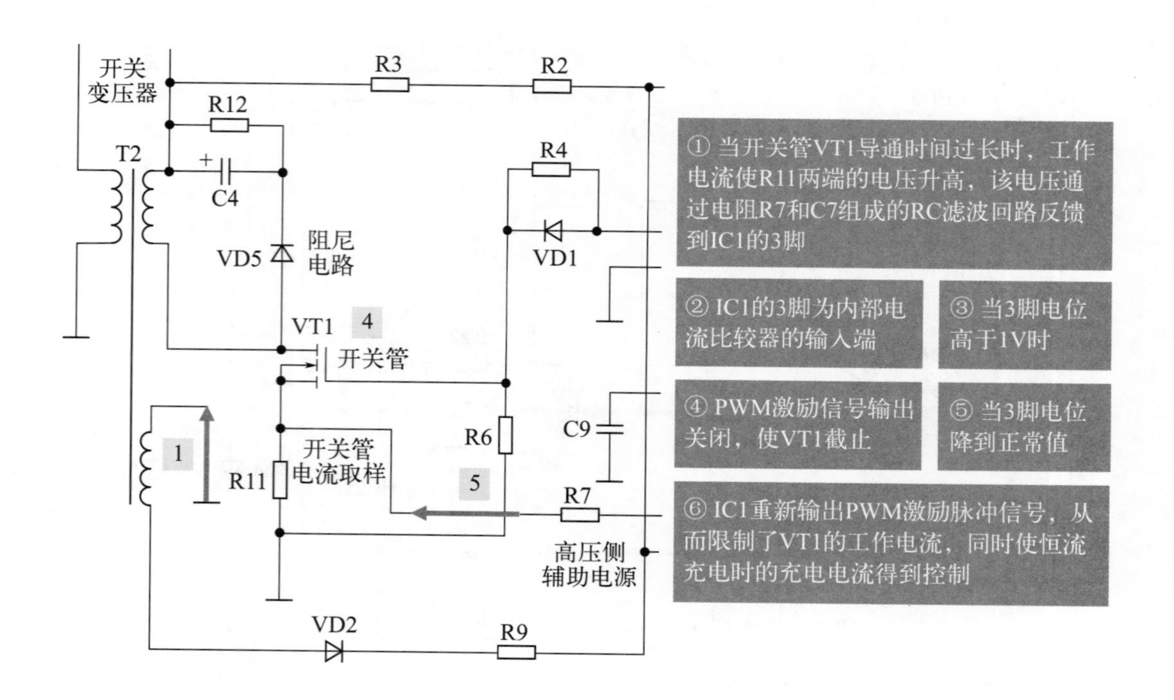

6.2　充电器的检测

6.2.1　充电器空载电压的检测

检测充电器空载电压

充电器空载电压的检测方法如下。

① 将充电器电源输入插头插到电源插座上，由于充电器的输出电压在30～60V（不同充电器输出电压有所不同），故选用数字万用表的200V直流电压挡。

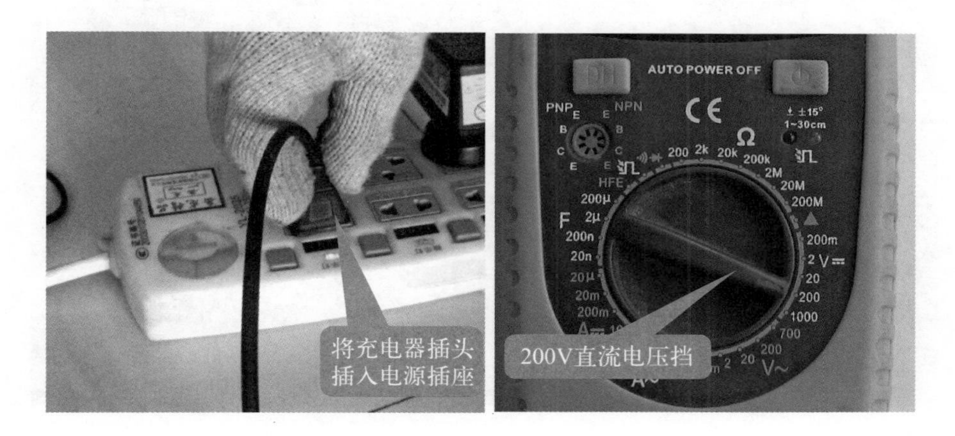

② 将万用表的黑、红表笔分别插入与充电器输出插头中的2个位置相对应的插孔中，如下图所示。

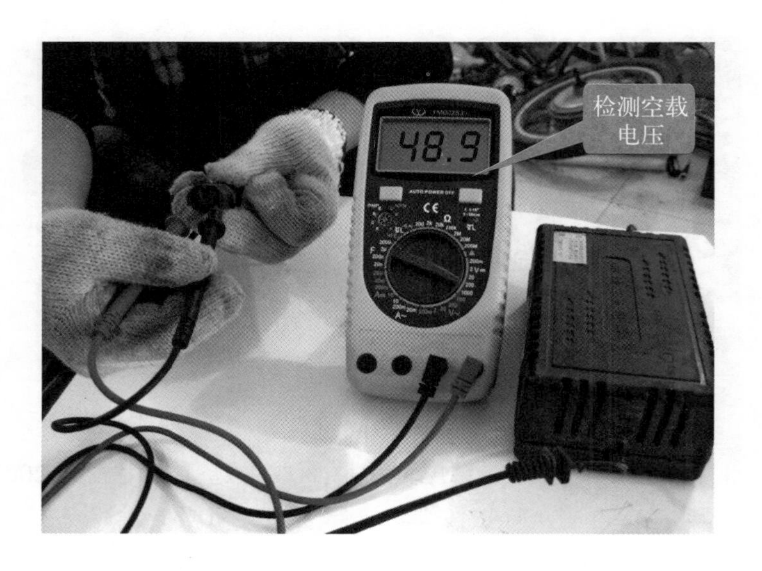

若万用表显示值正常（48V 蓄电池组，一般为 57V 左右），则表明充电器空载电压正常；若万用表显示值小于 57V，则表明充电器异常，应予以修复或更换。

6.2.2 充电器负载电压的检测

检测充电器负载电压

充电器负载电压的检测方法如下。

① 打开蓄电池盒盖（如下图所示），露出单体蓄电池及其连线，以便测量蓄电池组的总电压。

② 将充电器输出插头插入蓄电池盒上的充电插孔中，将充电器输入插头插到电源插座上，向蓄电池组充电。

③ 由于蓄电池组由 4 只单体蓄电池串联而成，选择万用表的 200V 直流电压挡，红表笔接蓄电池盒上的正极接线焊点，黑表笔接负极接线焊点，如下图所示。

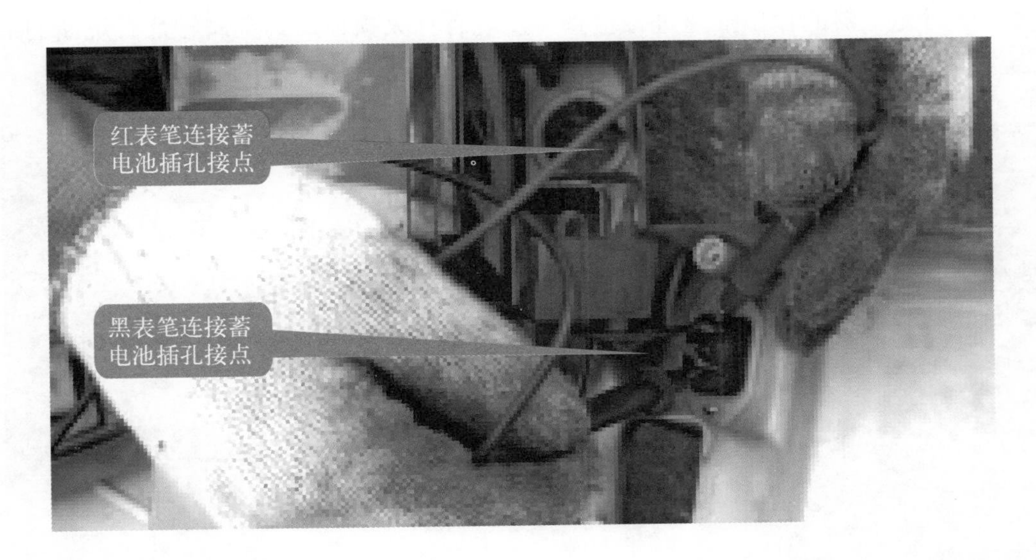

④ 此时万用表显示的数值即是充电器的负载电压，如下图所示。

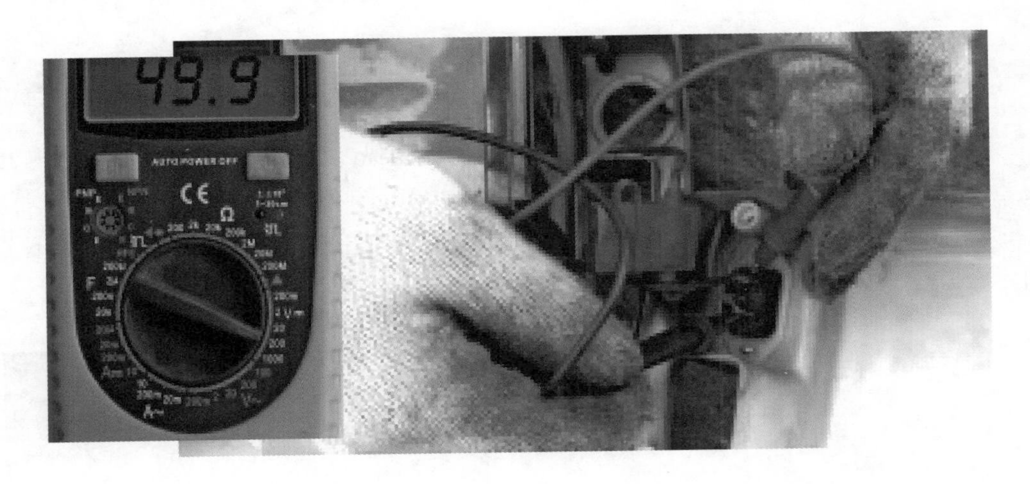

6.3 充电器的故障诊断与排除

6.3.1 充电器通电后，蓄电池黄灯亮而不能正常充电

一个充电器通电后其电源指示灯亮，但接上蓄电池后黄色指示灯亮而不能正常充电，其检修过程如下：

① 对充电器的输出插座进行检查，发现有打火损坏，其金属触片有烧断的痕迹，如下图所示，说明充电时有电流过大的现象。

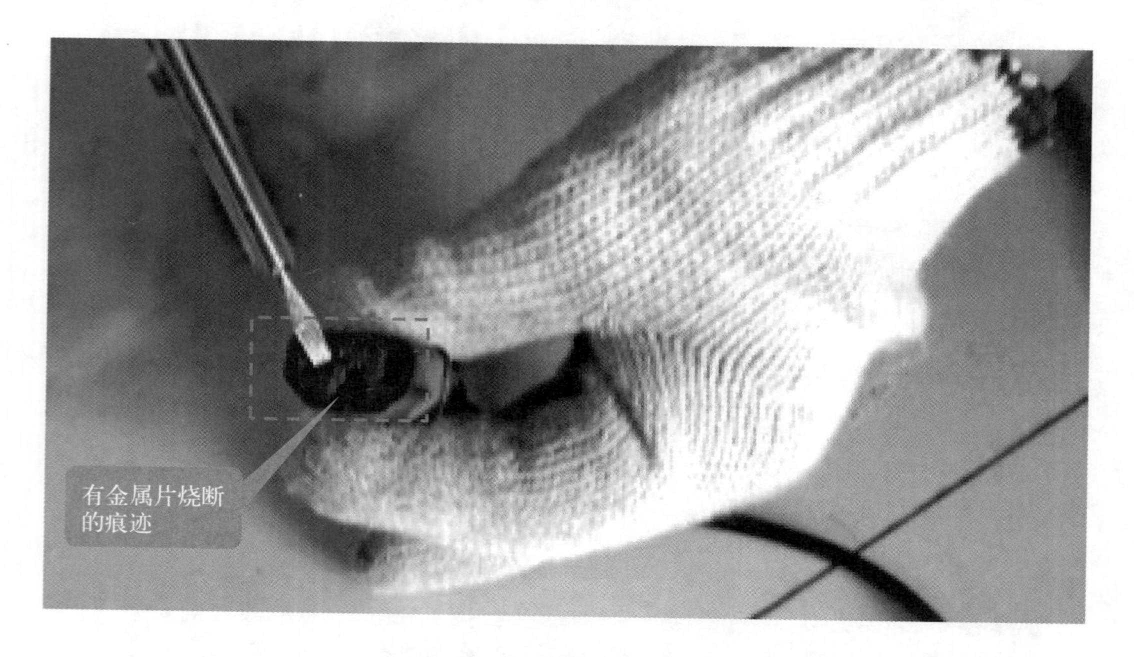

② 检查蓄电池发现正常，然后检查充电器外观，亦正常，然后拆开充电器检查。

a. 检查充电器外观无严重损坏，然后撕开标签，找到隐藏的固定螺钉，如下图所示。

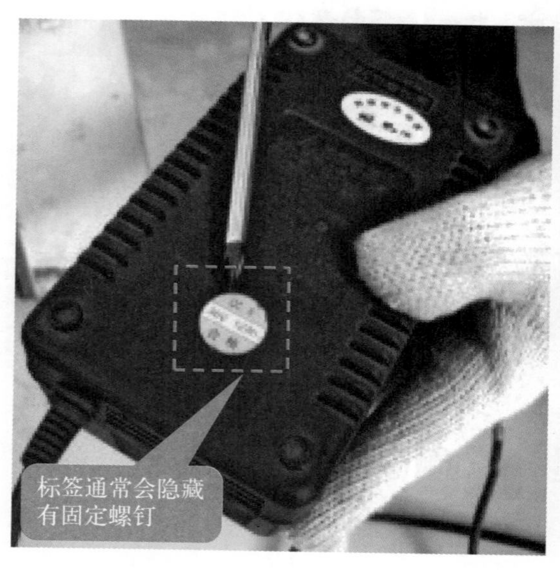

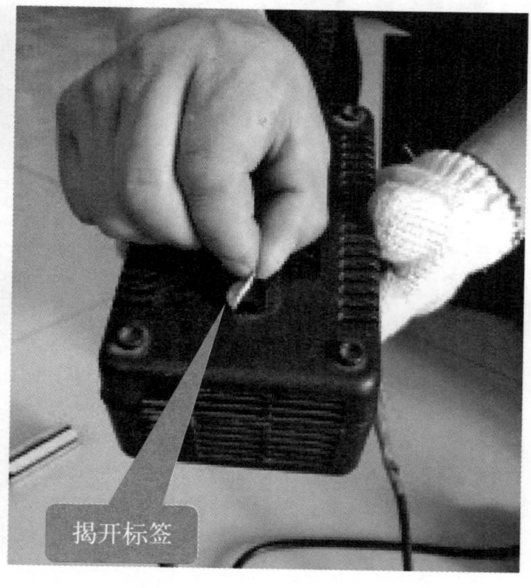

b. 拧下螺钉后，打开充电器盒盖，如下图所示。

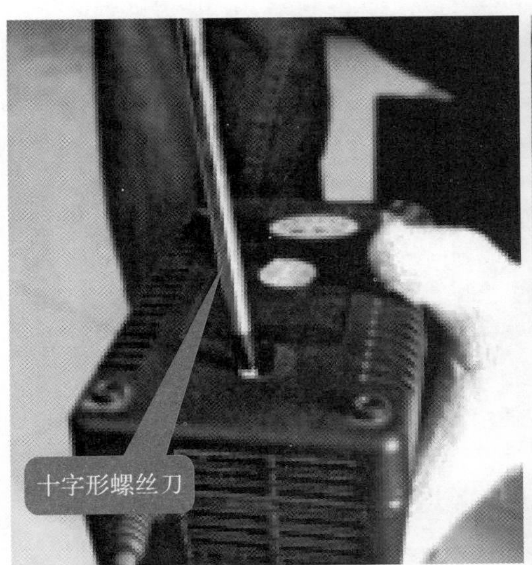

③ 将充电器插头连上电源进行充电，检测插座正、负极间没有充电电压，如下图所示。

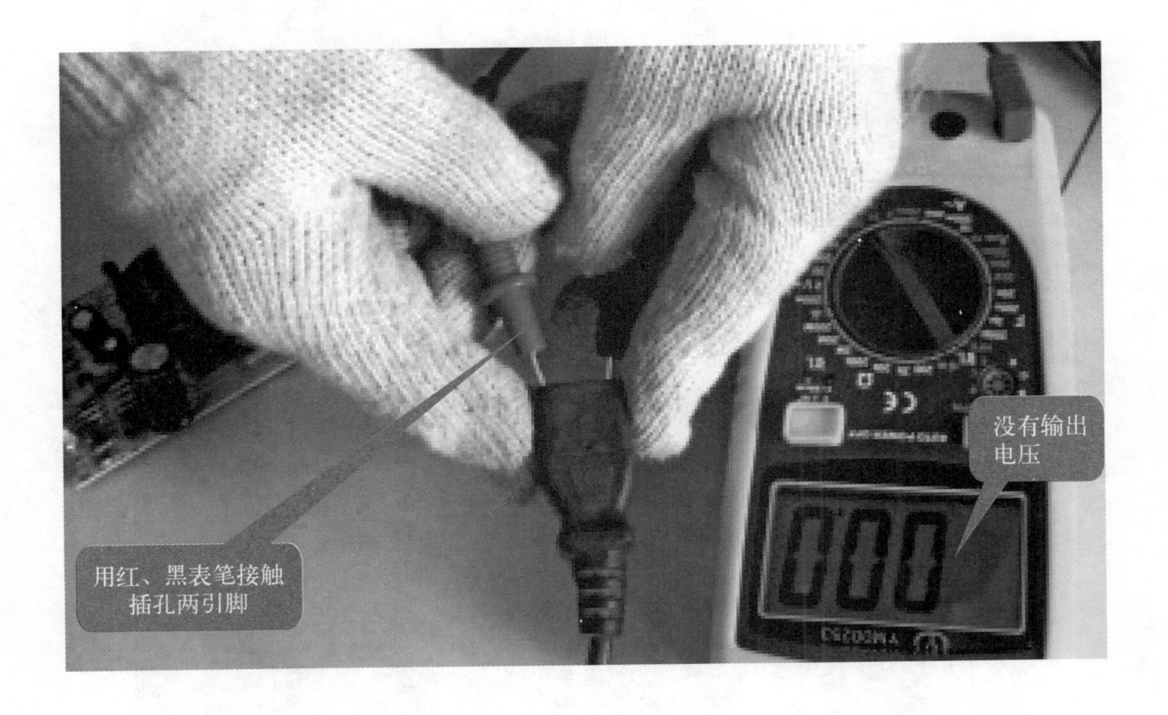

④ 然后对拆开的充电器进行检查。首先测量主电源滤波电容两端电压正常，如下图所示。

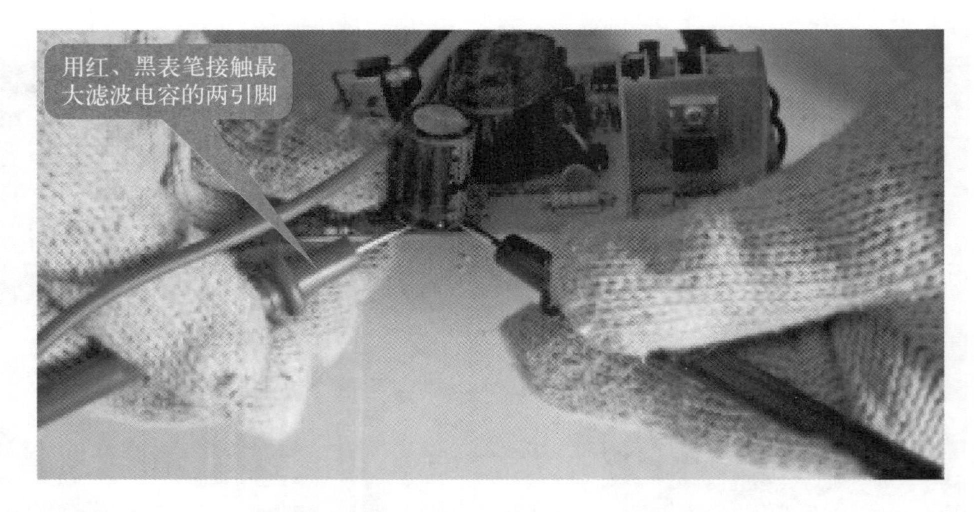

⑤ 进一步检查，发现充电电流取样电阻 R34 烧毁，如下图所示。

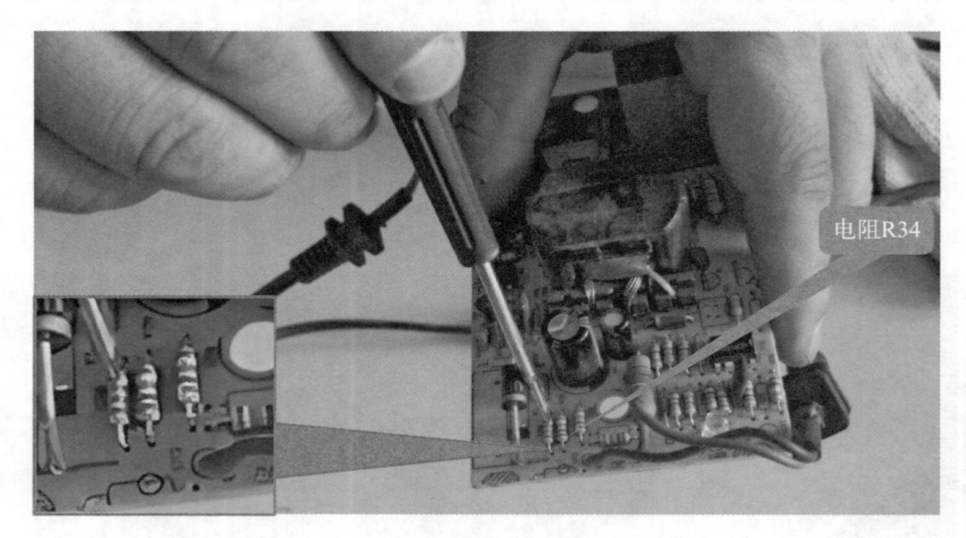

⑥ 将电阻 R34 拆下，更换同样大小的新电阻，如下图所示。

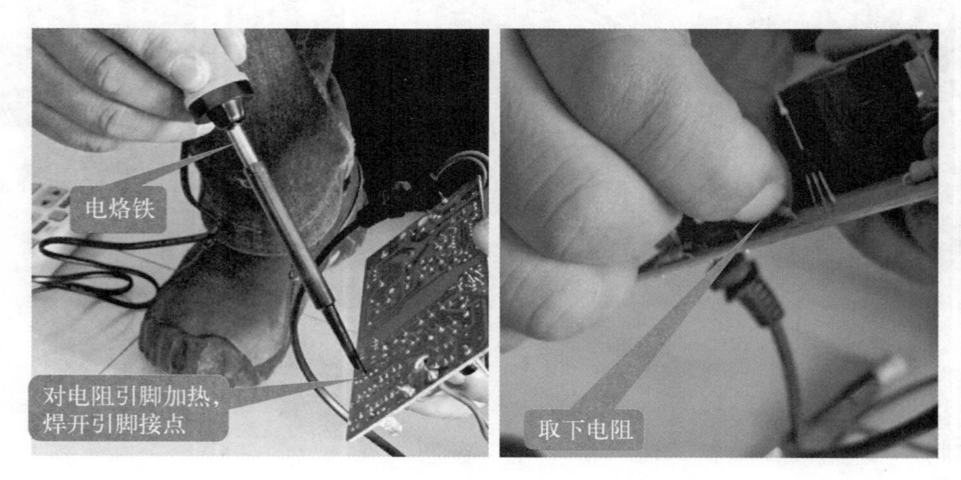

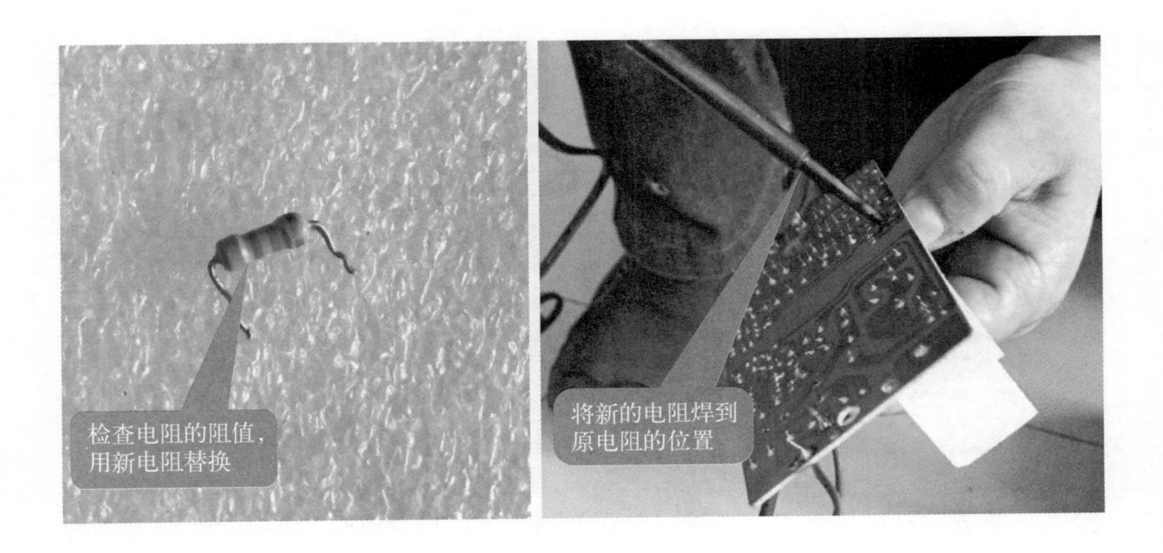

6.3.2 充电器插电没反应

一个充电器插电没反应，对其进行如下检修。

① 拆开充电器后发现熔断器已损坏（如下图所示），用万用表 $R\times1\mathrm{k}$ 挡（如下图所示）测得市电桥式整流电路输出端滤波电容 C8 两端的阻值为零。

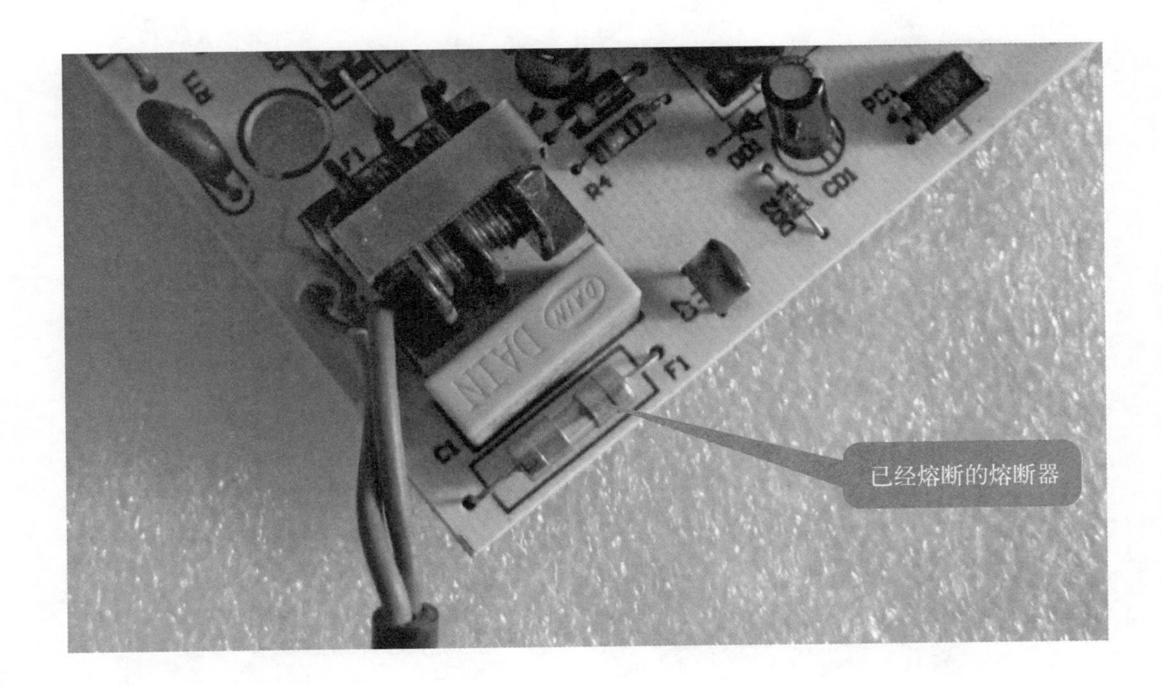

② 然后检查功率管，功率管固定在散热片上，检测其引脚的电阻，发现功率管 VT1、VT2 其中一只击穿短路（如下图所示），将其焊下。

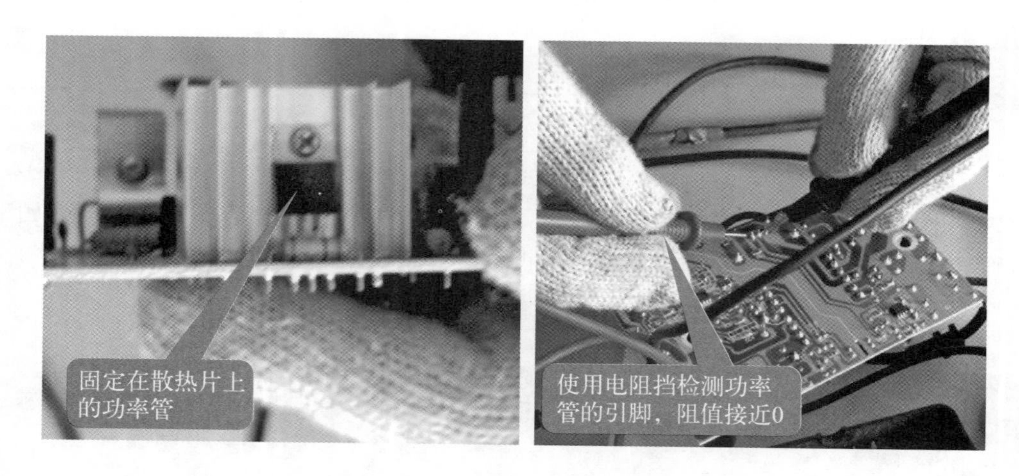

③ 测电容 C8 两端电阻，仍为零。再用万用表 $R\times1$ 挡逐个对二极管 VD1～VD4 进行检查（如下图所示），发现其中一只击穿。

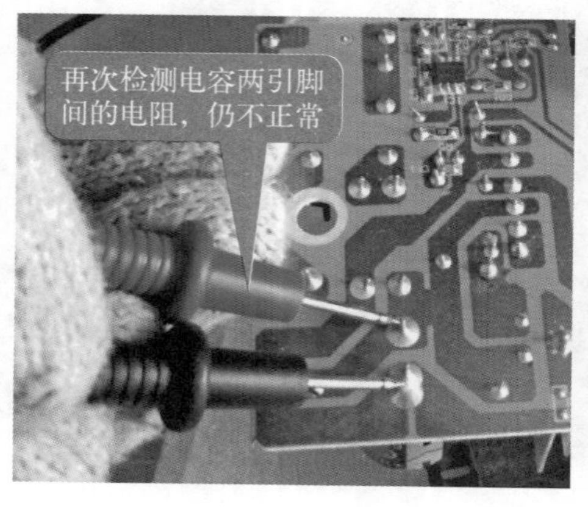

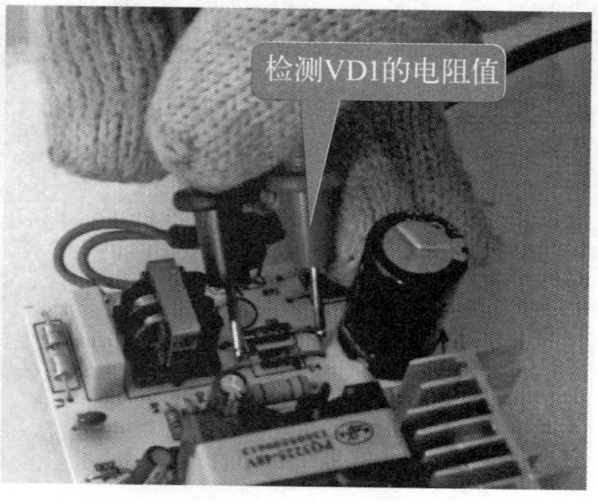

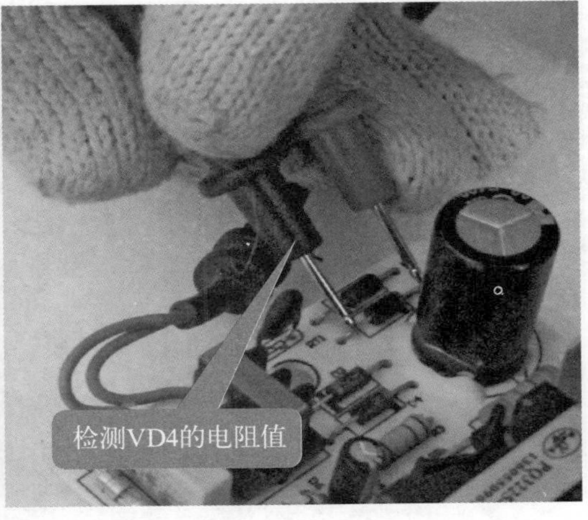

④ 拆下损坏的二极管后，再次检测电容C8两端电阻，正常，表明充电初级电路中无击穿短路元器件。

⑤ 为防止再次加电击穿损坏元器件，应对辅助电源电容C18（C18对地电阻的测量方法见下图所示）、主充电输出电容C19两端的对地电阻进行测量，发现C19两端有短路现象，根据前文经验，沿着C19的电路上端进行测量。

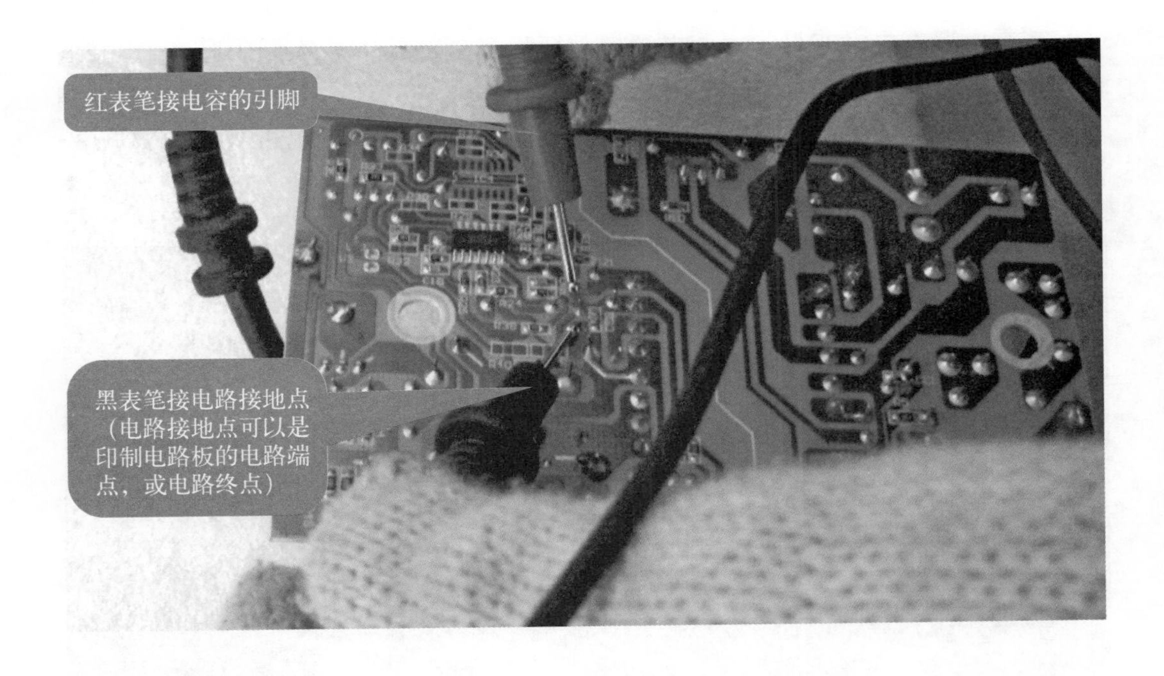

⑥ 拆下共阴极整流管VD9测量，发现其已被击穿短路，将其进行更换，再检测C19电阻，一切正常。

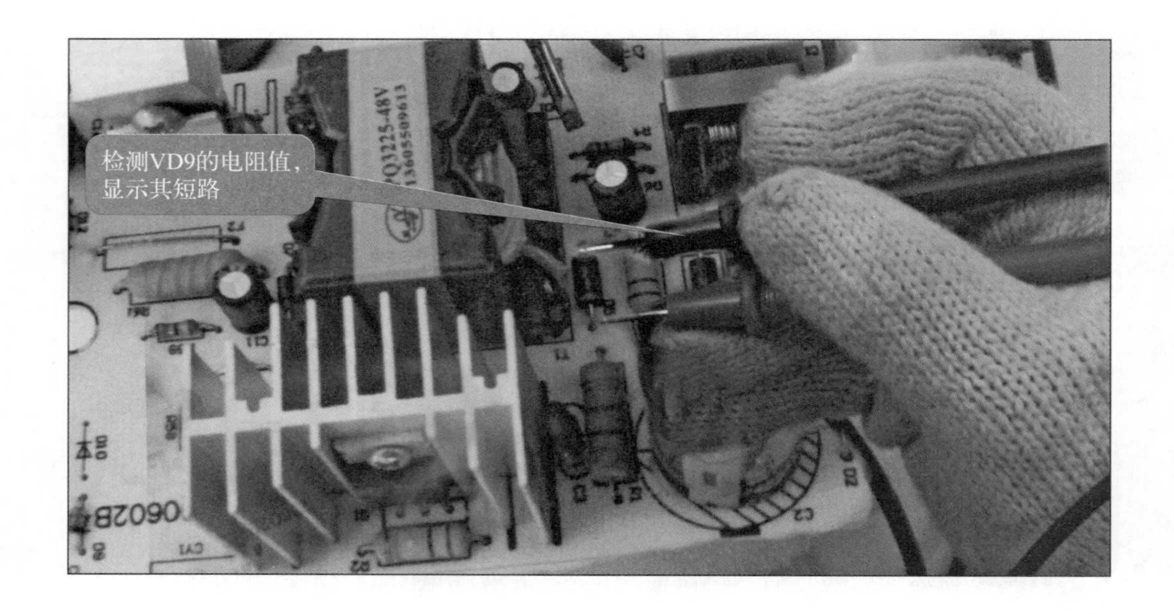

6.3.3 充电时有响声，指示灯灯光暗淡且闪烁

某充电器充电时有异常声，电源指示灯和充电指示灯暗淡且闪烁。其检修过程如下。

① 根据故障现象，首先怀疑市电电压不稳，用万用表检查 220V 市电交流电，市电电压值显示正常，如下图所示。

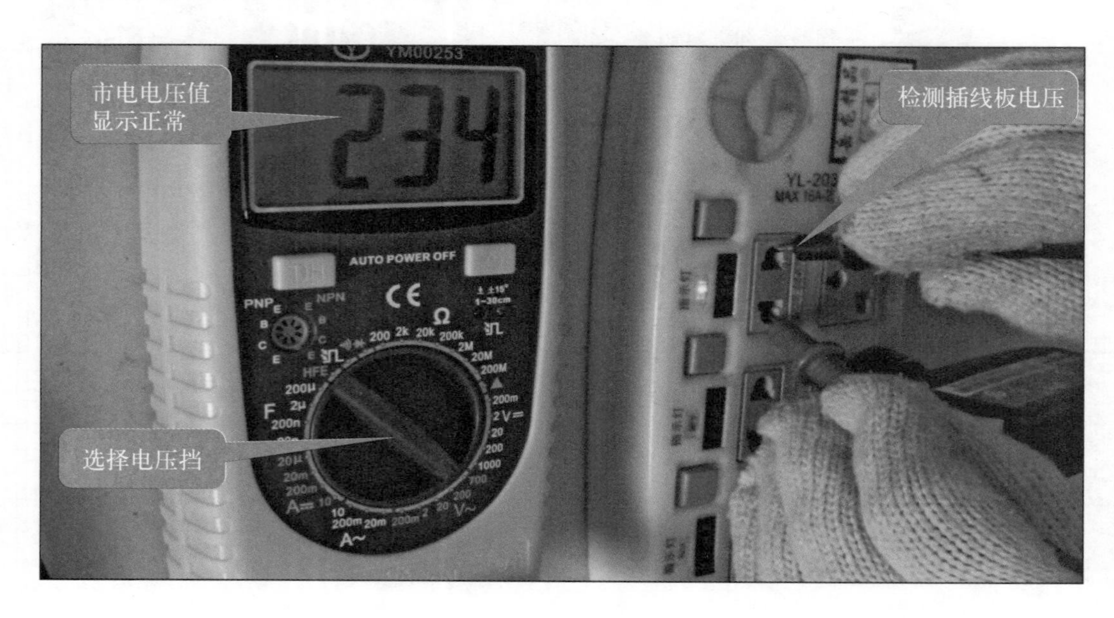

② 然后将充电器接上电源后，充电器故障依旧，表明故障在充电器自身。

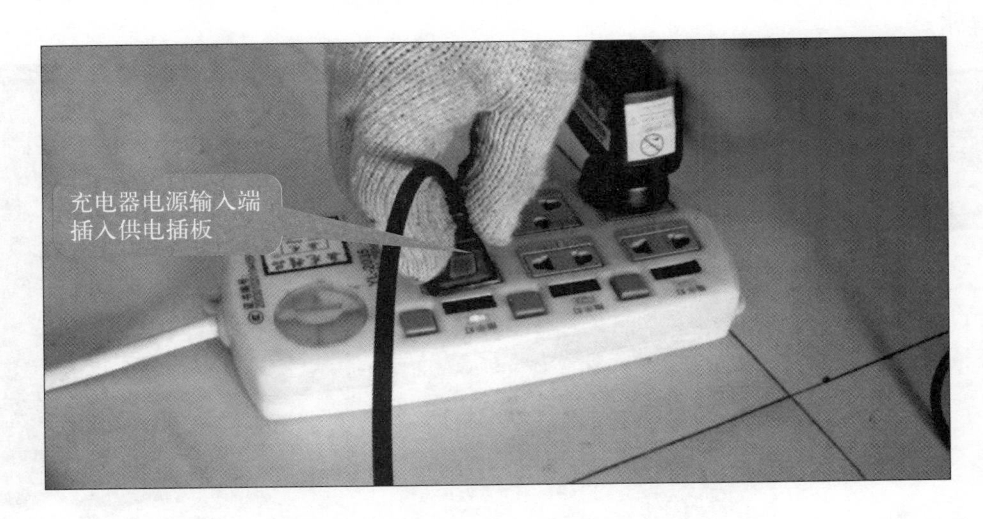

③ 确认是充电器内部故障后，拆下充电器的固定螺钉，充电器的固定螺钉在其四角部分，要注意螺钉滑丝，如下图所示。

④ 对充电器滤波电路中的电容 C5、C8 和 C18 进行检查，如下图所示，未发现异常。

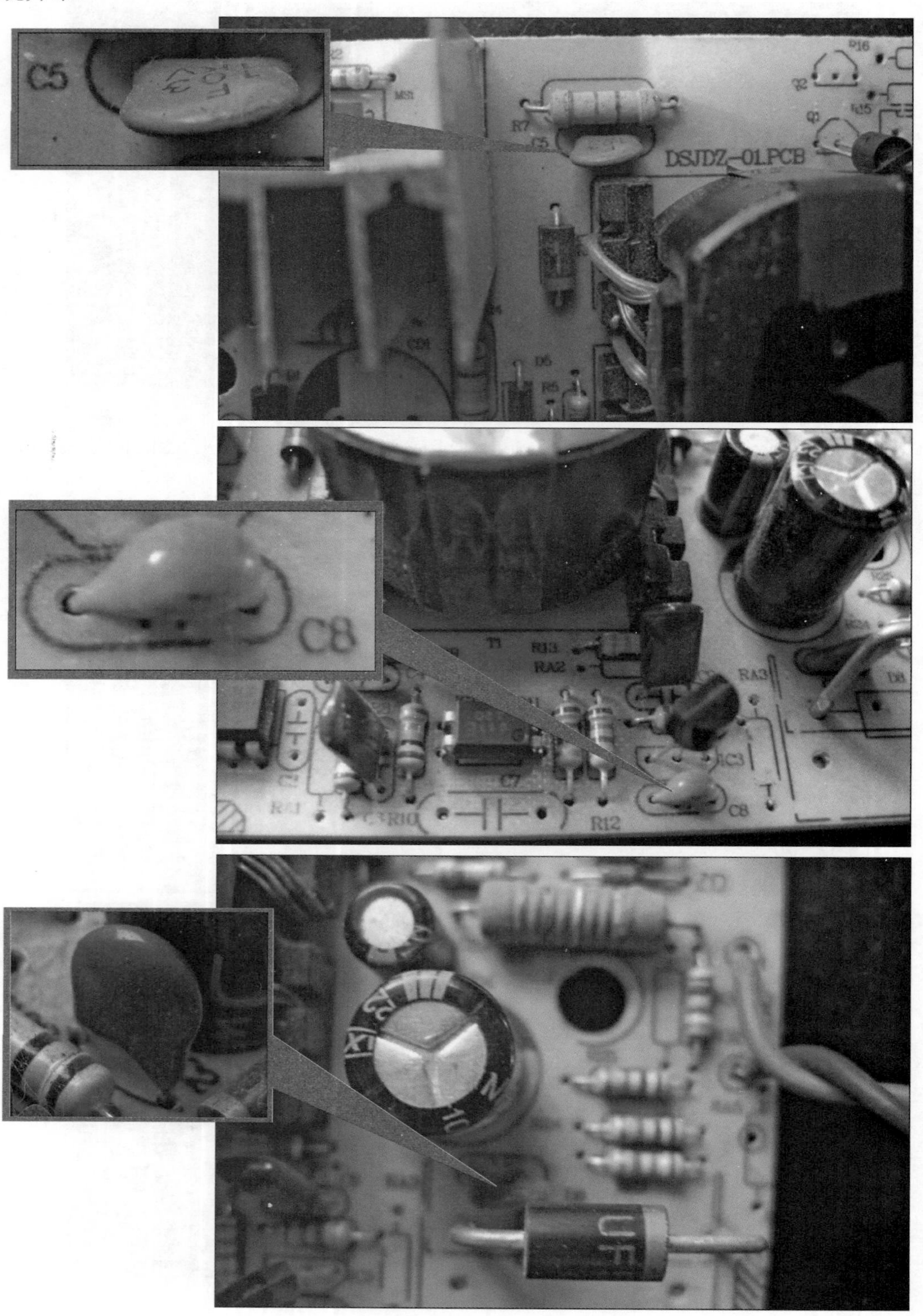

⑤ 接着对 4 个整流管 VD1～VD4 进行测量，也未发现损坏现象。

⑥ 对充电器加电，测得 PWM 集成电路 12 脚的工作电压正常（测量 12 脚电压时，万用表黑表笔接地，因充电器型号不同，PWM 的 IC 可能有多个，需要查看充电器电路图，以详细确认）。

⑦ 同时对电路中有关元器件进行检查，未发现损坏或接触不良的元器件，表明 PWM 集成电路 12 脚内部电路异常或某项性能发生变化。若有新的 PWM 集成电路可以更换，否则只能更换新的充电器。

提示

造成上述故障的原因有：

① 220V 电源电压较低；

② 电路板上某只电容失效；

③ PWM 电路的工作电压异常或自身性能不良等；

④ 电路板上的整流管正向内阻增大。

在更换集成电路时要细心，不要将印制板上的铜箔损坏。

6.3.4 充电器能充电但充不满，且伴有“吱吱”声

某充电器通电后电源指示灯闪烁，并有“吱吱”声，刚开始能充电，充电时间一长，就充不进电。对此充电器进行如下检修。

充电器损坏前有“吱吱”的响声，表明充电器内某些元器件性能变差，使相关电路工作异常并发出响声，最终导致元器件损坏。

① 用万用表检查后发现市电整流电路输出端滤波电容 C6 两端电阻为零，如下图所示。

② 电阻为 0，说明没有电流通过，再向上测量开关管 VT1、VT2（如下图所示），电阻值为无穷大，说明均已击穿损坏。

③ 继续向上，再对桥式整流二极管进行测量，如下图所示，发现其中一只损坏。

④ 随后对辅助电源电容C7、输出滤波电容C8两端进行测量，发现存在短路现象。

⑤ 将损坏的元器件用同规格产品更换，接上负载，在熔断器处串接灯泡，加电试验，其操作步骤如下所示。

a. 找一段电线，并剥开露出铜芯，操作方法如下图所示。

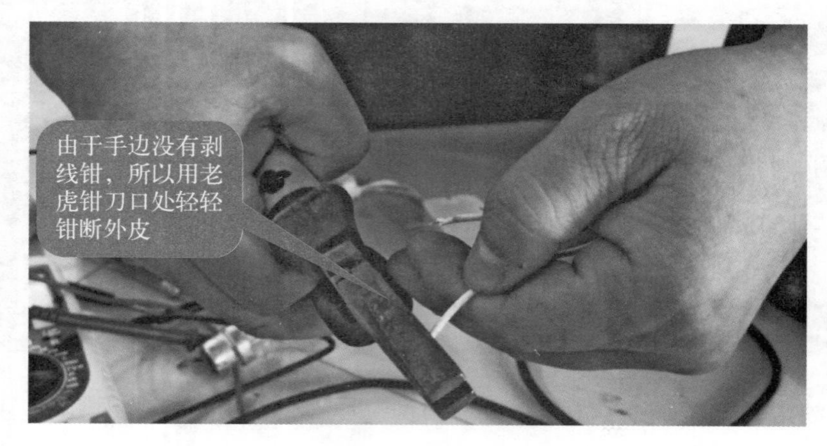

b. 将灯头与已剥好的电线连接，如下图所示。

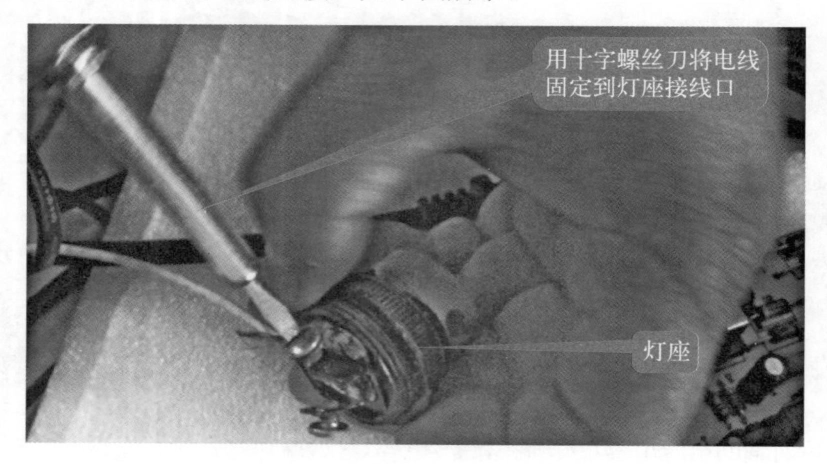

c. 将连接好的电线穿过灯头，如图所示。

d. 把灯泡与灯座拧紧，如下图所示。

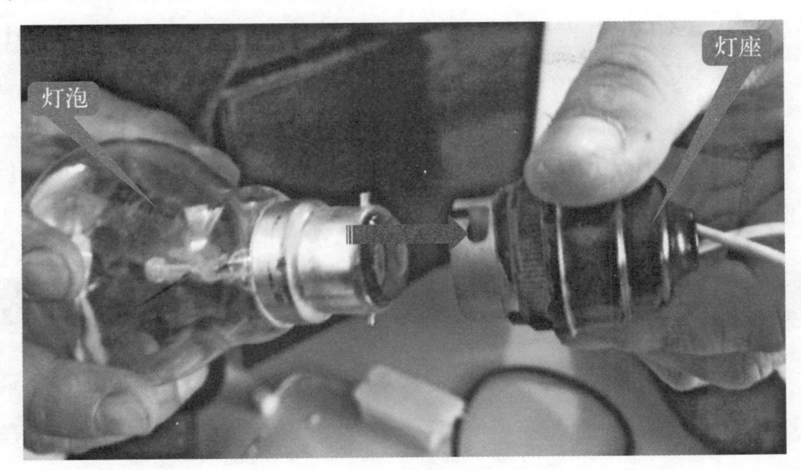

e. 将充电器电路板上的熔断器一端焊开，如图所示，此时要注意，电烙铁头要轻轻操作。

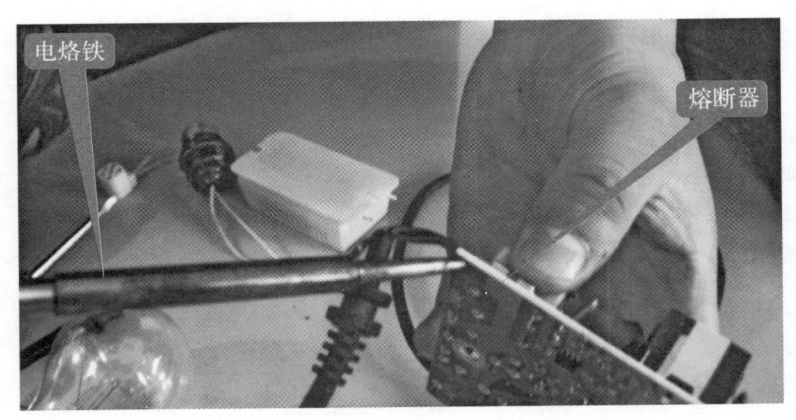

f. 将灯座的导线与焊开的熔断器一端，与灯座电线串联，并把灯座与灯泡拧紧，如图所示连接好，然后进行通电测试。

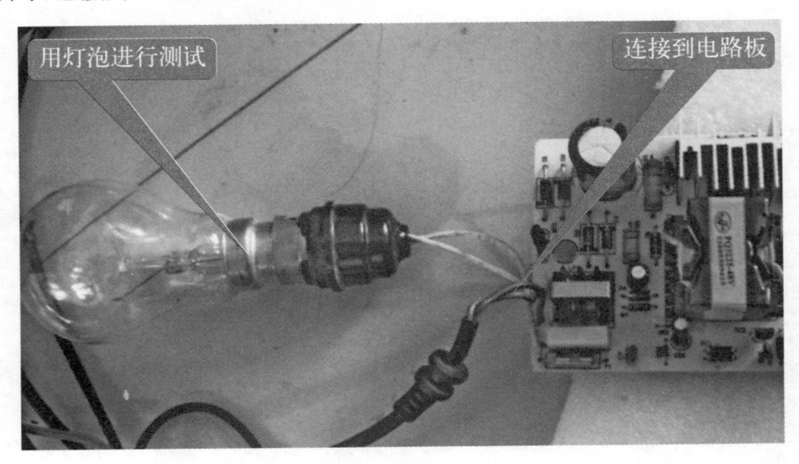

⑥ 充电器仍有“吱吱”的响声，故障依旧。

⑦ 随后断电，用万用表检查，发现开关管基极接 C10、C11、VD11、VD12、R19、R22、R23、R25 均正常，然后对推挽电路中的元器件进行代换试验，仍未排除故障。

⑧ 再对辅助电源中的 VD5、VD6、C7 进行代换试验，也未见效。最后将共阴极整流管 VD7 替换，“吱吱”声消失。更换损坏的共阴极整流管 VD7，故障排除。

提示

有异响不算大毛病，一般是由于某个或某些元件的性能不良所致。此例可以给读者提供一些借鉴，在查找此类故障时，可以直接从整流、稳压电路入手进行检测。

第7章

电动车其他常见故障检修

7.1 闸把/转把的故障检修

 7.1.1 闸把的工作原理及检测

检测电动车闸把

（1）闸把的工作原理

闸把是电动车的制动开关，其外形和结构如下所示。当前制动开关接通时，制动灯亮。当松开闸把时，触棒在小把凸起的作用下压缩回位弹簧，使触棒向开关内方向运动，顶棒的绝缘部分插入两接线触片中间，于是闸把处于断开状态，制动灯熄灭。

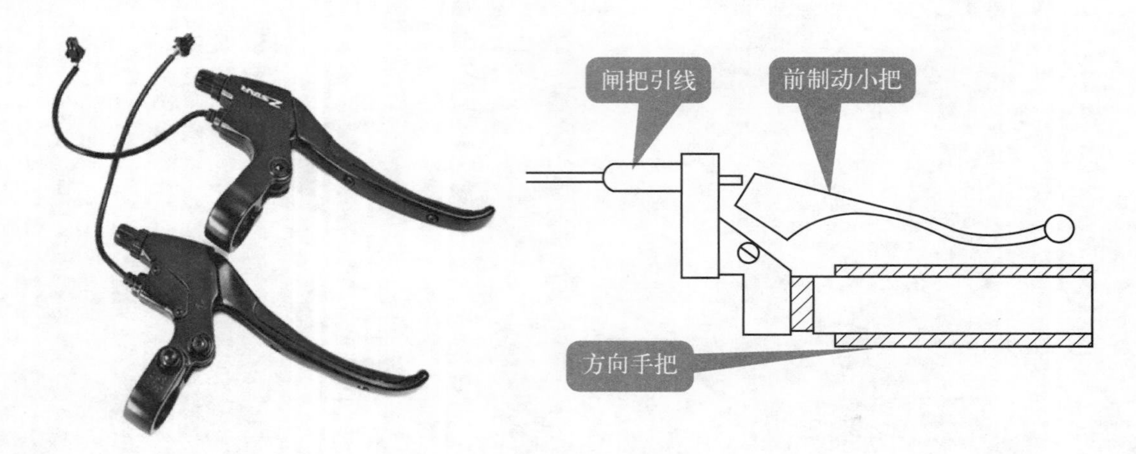

以上是老式闸把的工作原理，现在使用率较高的是电子闸把，其工作原理框图如下所示：

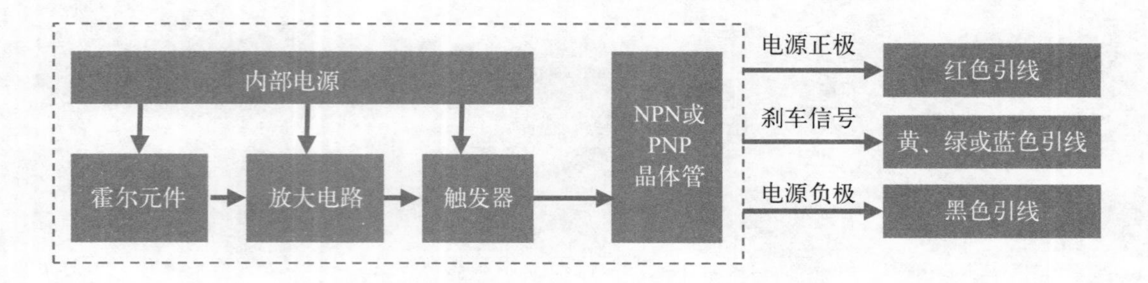

1）霍尔元件的工作过程　电子闸把的霍尔元件工作方式有两种，一种是刹车时信号电平为高电平；另一种是刹车时信号电平为低电平。

高电平时：

① 刹车时信号为高电平

② 闸把工作电压为5V时

③ 不捏闸把信号线上无电压

④ 捏闸把时在信号线上产生一个约3.5 V的电压信号并传给控制器

低电平时：

① 刹车时信号为低电平

② 闸把工作电压为5V时

③ 不捏闸把信号线上有一个约3.5 V的电压

④ 捏闸把时信号线上的电压信号变为0V并传给控制器

2）电子闸把的制动过程

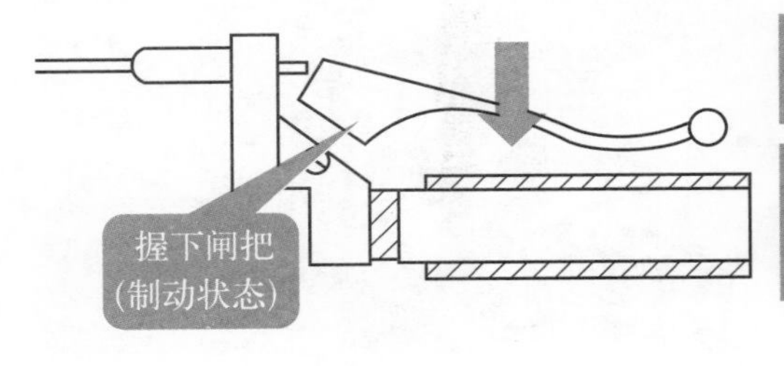

① 当握紧闸把制动时

② 微型开关的触头被压回，常闭接点断开

③ 闸把开关输出低电平

④ 电动机上的电源被控制器切断

⑤ 电动机供电线路短路，短路电流产生堵转转矩，迫使电动机停止转动，实现制动的目的

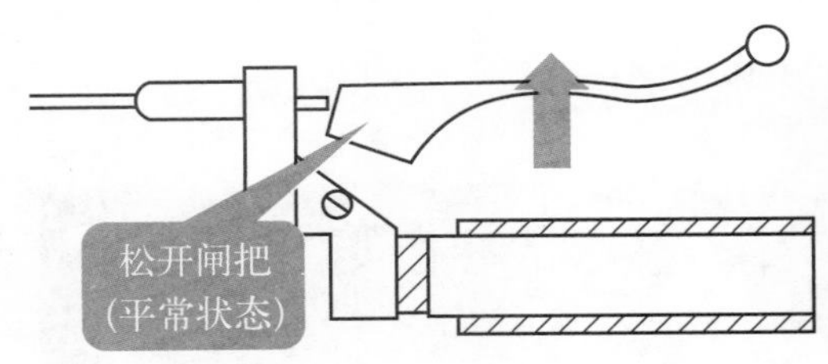

① 放开闸把后触点被弹簧弹回，电路恢复闭合

② 将通断信号传送给控制电路

③ 制动时，不论是前制动还是后制动，都应立即切断电源

（2）闸把的检测

现以使用率最高的机械常开型闸把开关为例，其检测步骤如下。

① 拆开电动车的前仪表操作盒，其紧固方式略有不同，其拆解过程如下所示。

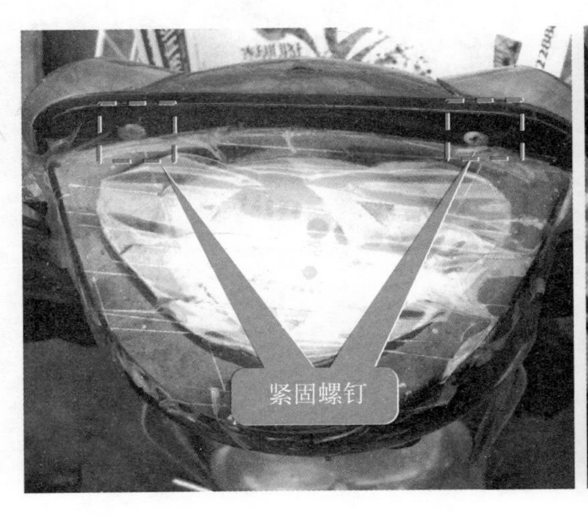

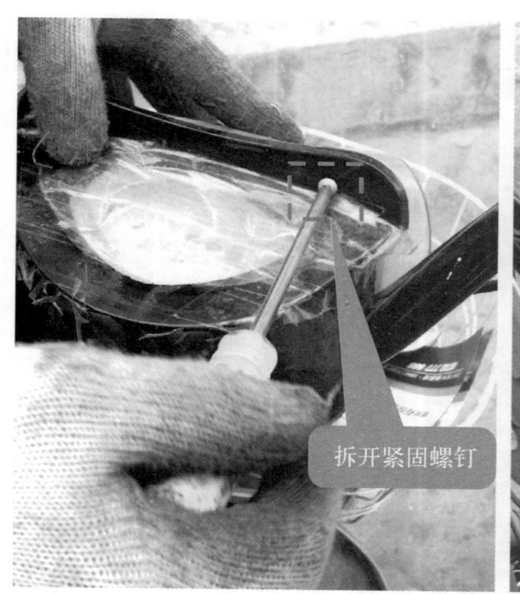

② 将闸把开关接插器从电动车电路断开，如下图所示。

③ 选择数字万用表的 200Ω 电阻挡，然后在常态下让黑、红表笔分别接闸把开关的 2 根引线，如下图所示。

④ 不握闸把时，万用表测得的电阻应显示“1.0”，即为断路状态，制动状态下（即握下闸把时）的电阻应为“0.00”，即接通状态，如下图所示。

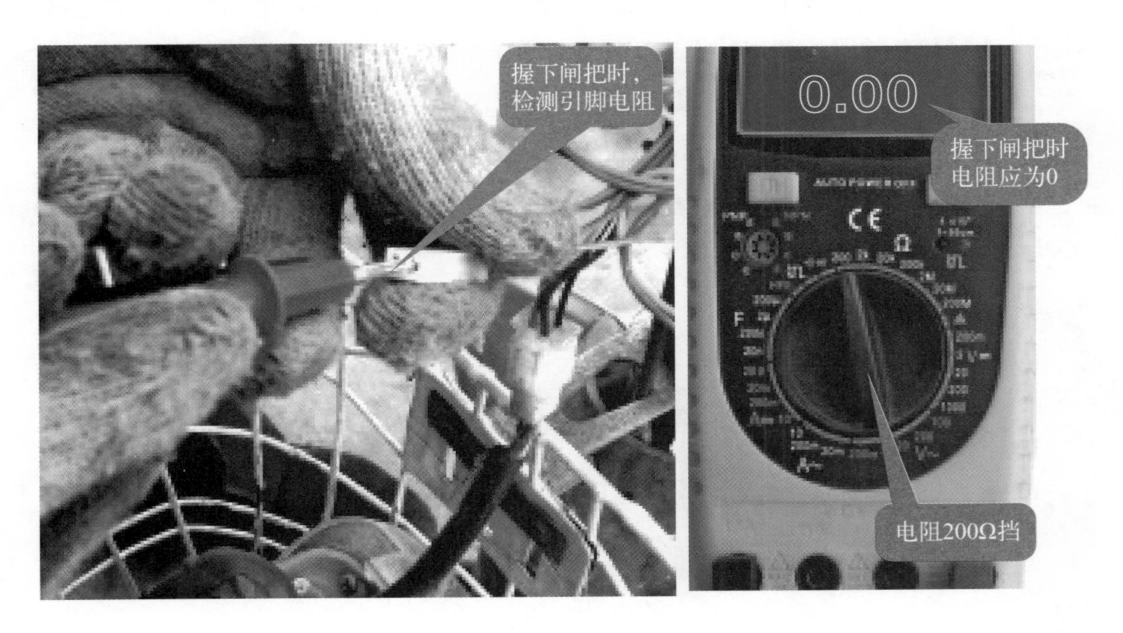

⑤ 若在常态下（不握闸把）万用表显示“0.00”，如下图所示，或制动状态下（握闸把）万用表显示“1.0”，都说明闸把开关损坏，由于闸把无法修理，所以直接更换新的。

7.1.2 调速转把的工作原理及检测

（1）调速转把的工作原理

调速转把用来控制电动机的转动速度。由于调速转把自身输出的控制信号很小，无法直接驱动电动机，需要通过控制器进行放大后才能对电动机进行调速控制。电动自行车常用的调速转把有普通型和组合型。

普通型调速转把一般有 3 根输出引线与控制器相接，其中红线为电源线，接 5V 电压，黑线或黄线为接地线，与控制器的负极线相接，黄（或绿、蓝）线为控制信号输出线，它的控制电压随调速转把的转动而变化，一般在 1～4.2V 之间变动。

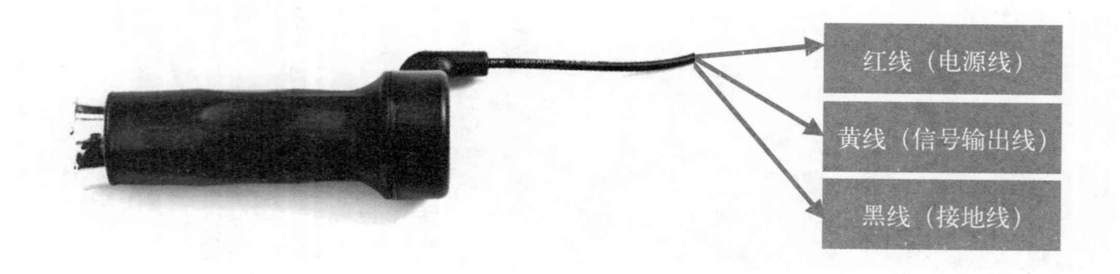

组合型调速转把除了具有调速功能之外，还增加了喇叭按钮、转向开关和照明开关等功能，故又称为多功能调速转把，该类调速转把的引线较多。组合型调速转把的外形如下图所示。

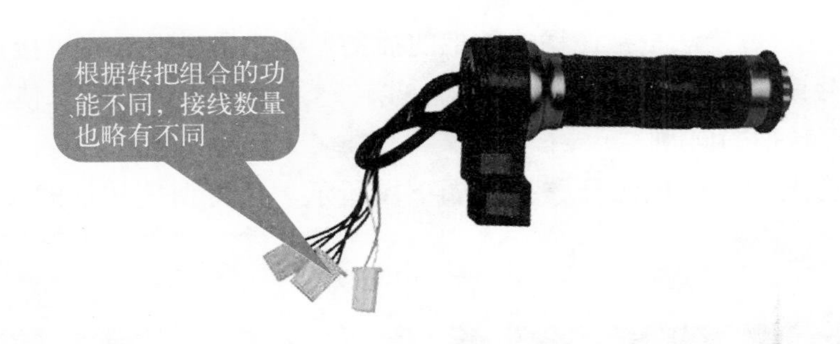

按使用元件不同，电动自行车上使用的调速转把有光电调速转把和霍尔调速转把两种，目前大多数采用霍尔调速转把。

霍尔调速转把是根据霍尔效应的原理制成。该调速转把一般有 3 根引线，分别是 5V 电源线、控制信号输出线和接地线，其内部原理框图如下所示。

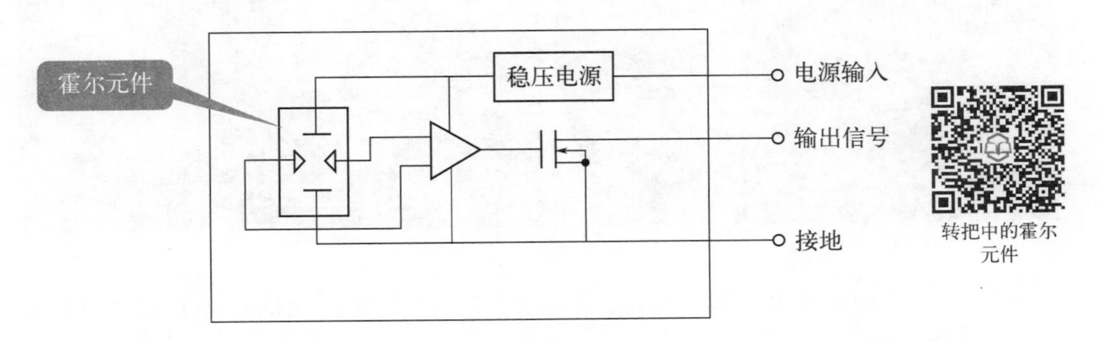

霍尔转把的输出信号电压与霍尔元件周围的磁场强弱关系较大，即转动调速转把，通过调整霍尔元件周围的磁场强弱来改变霍尔调速输出电压。目前在电动车上使用的转把信号种类主要有六种，见下表。

输出电压	正把（5V供电）	反把（5V供电）
单霍尔转把/V	1.1～4.2（最大角）	4.2～1.1（少量）
单霍尔转把/V	2.6～3.7（极少）	3.7～2.6
单霍尔转把/V	1～2.5	2.5～1
单霍尔转把/V	2.5～4	4～2.5
双霍尔转把/V	0～5	5～0
光电转把/V	0～5	5～0

（2）调速转把的检测

调速转把的检测必须在调速转把电源输入电压正常的条件下进行。其检测方法有“短接法”和“电压测量法”。

① 短接法　短接法是指在调速转把的插接器处，用一根导线短接调速转把的电源线和信号线。维修时，如果电动机不能转动或转动缓慢，可以使用此方法确认是否是调速转把的问题。

首先，将电动车的电源开关打开如下图所示，再将调速转把的接线找出来，如下图所示。

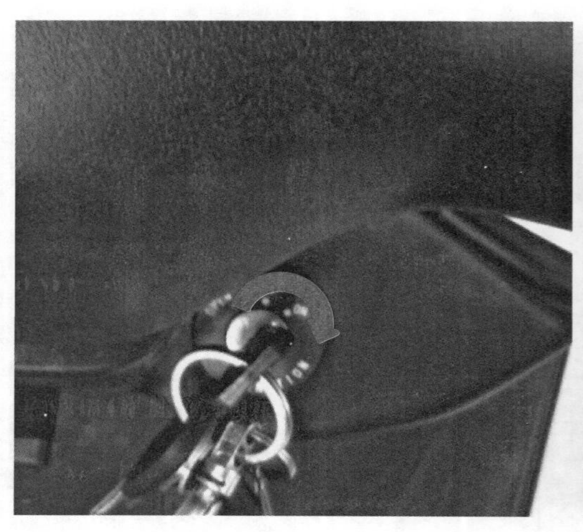

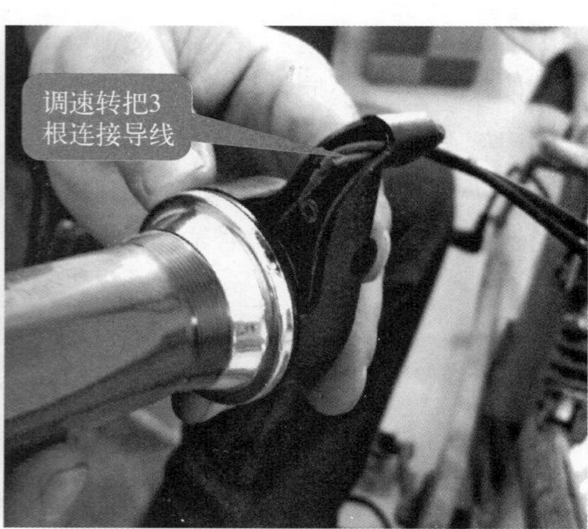

然后做一根小导线，剥去外皮，将红、蓝（即电源线和信号线）两线进行短接，如下图所示。

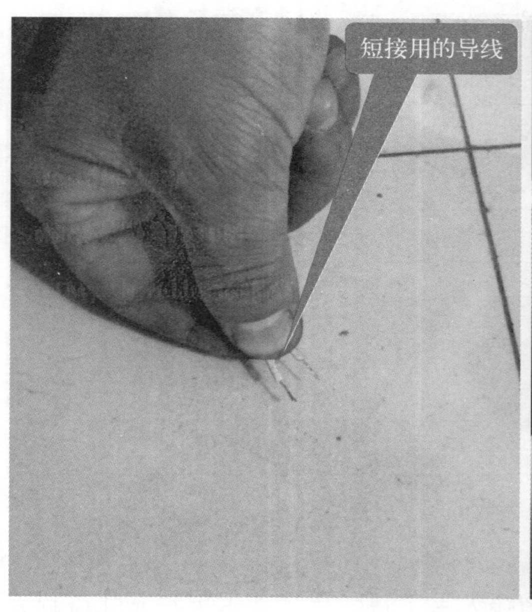

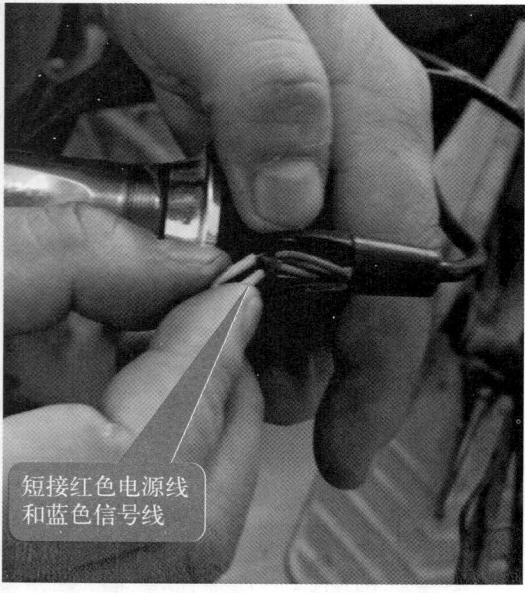

短接后，再将转把的导线用绝缘胶布粘好，然后再测试电动机，如果正常运转，说明就是调速转把的故障。

② 电压测量法

a. 由于调速转把的电源电压和信号电压都不超过 5V，故选用数字万用表的直流电压 20V 挡，如下图所示。

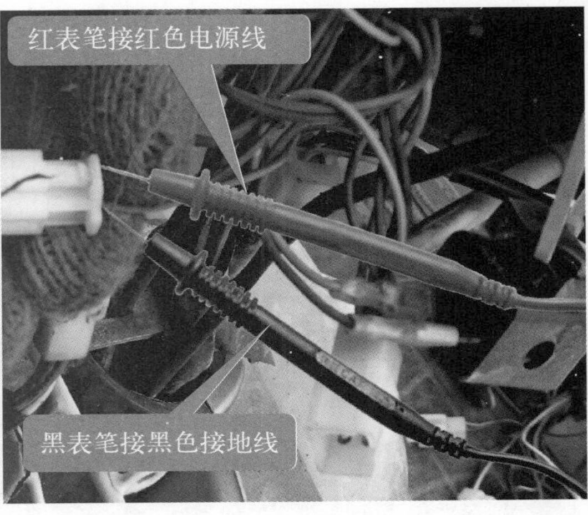

b. 打开电源开关，然后将黑表笔接调速转把的黑色接地线，红表笔接红色电源线，若万用表显示 5V 左右，表明电源电压正常。

c. 在调速转把 5V 电源电压和黑色接地线正常的情况下，让黑表笔接调速转把插接器上的黑色接地线，红表笔接插接器上的信号线，如下图所示。

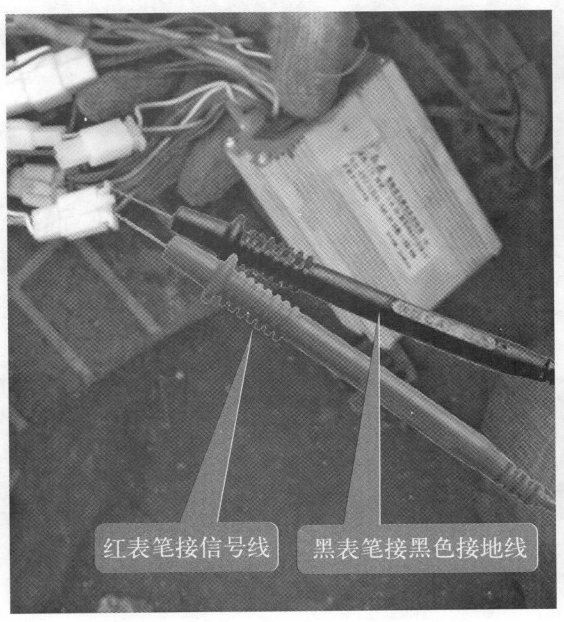

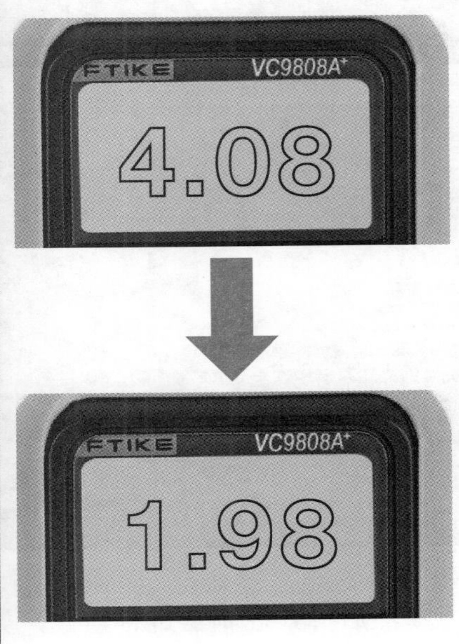

d. 转动调速转把，万用表显示值应在 1～4.2V 变动；若万用表显示某一恒定数值或为 0，则表明调速转把损坏，应予以更换。

7.1.3 调速转把的故障检修

（1）调速转把损坏而使控制失灵

一辆电动车有刷控制器速度失控，握下闸把不断电，检修步骤如下。

① 首先使用电阻挡测量控制器，发现输出端与负极短路，表明功率场效应晶体管至少有一只被击穿。

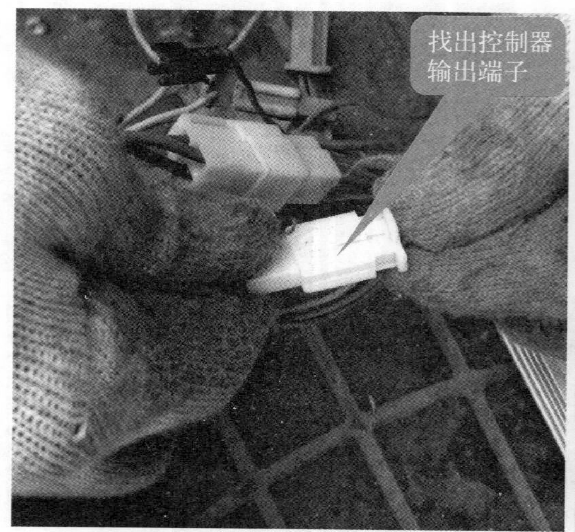

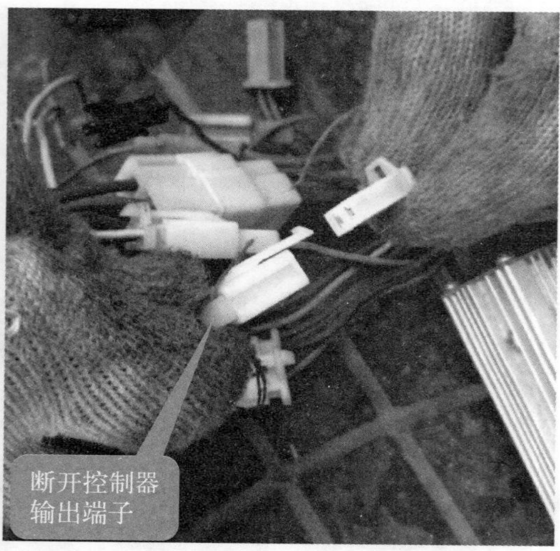

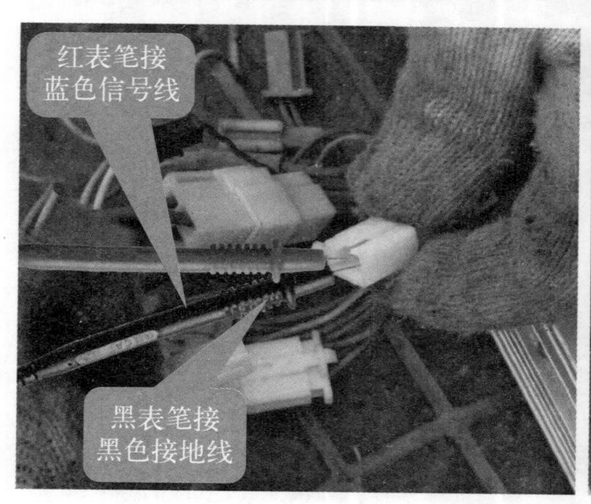

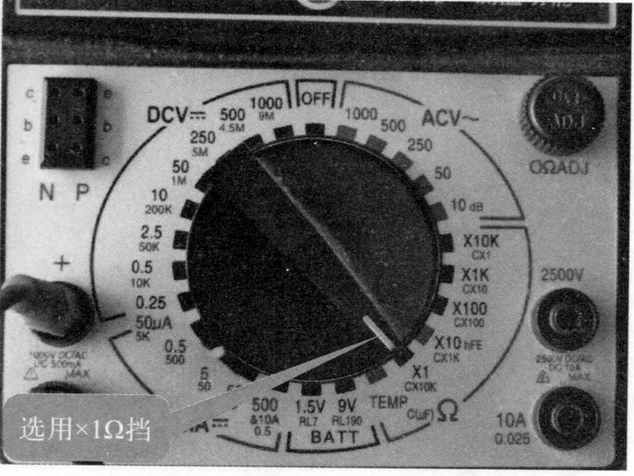

② 然后拆开控制器进行检修，如下图所示。

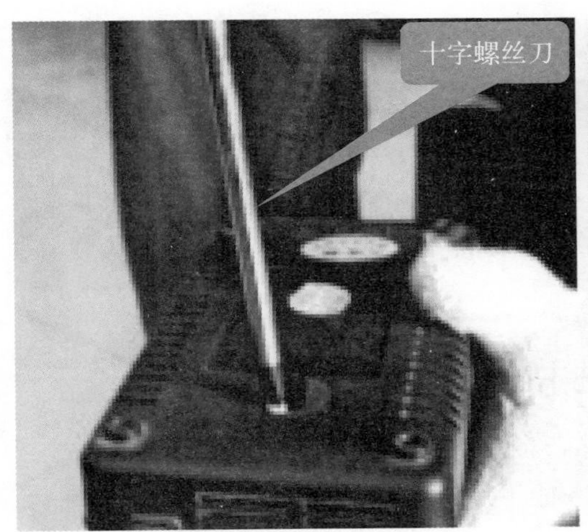

③ 拆下 VT1、VT2 测量发现 VT2 异常（两只功率场效应管检查方法相同），而其他元器件无异常现象。

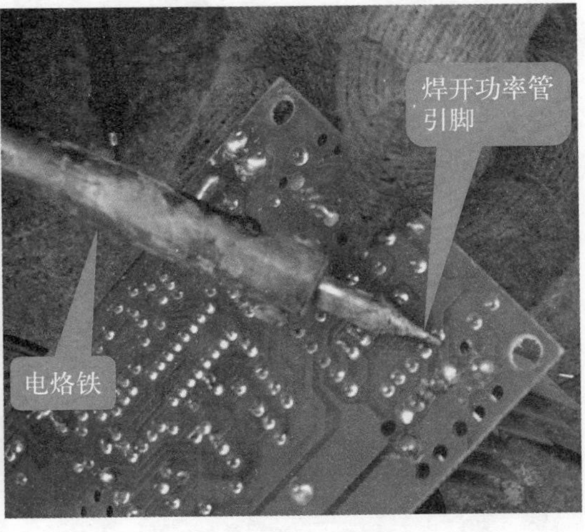

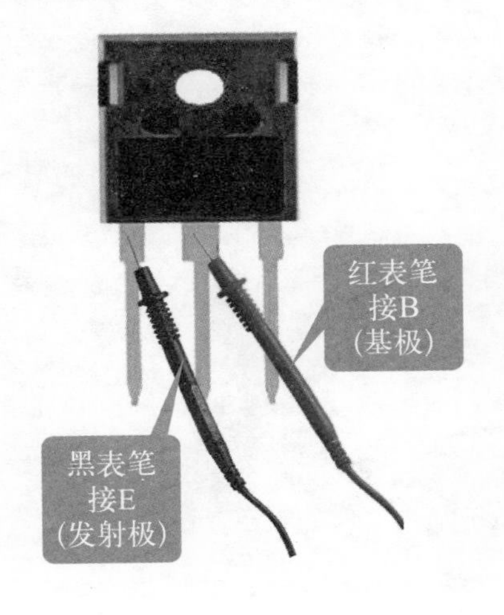

电阻值由小变大，并且指针不断摇晃，说明晶体管性能不稳定，出现故障

④ 如果有合适的 VT2 则可以进行更换，若找不到合适的，则只能更换控制器。

提示

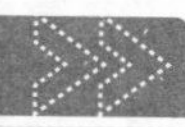

该车由于电动机存在“飞车”故障，因此应对 IC1 或功率场效应晶体管 VT1、VT2 进行检修或更换。

（2）调速转把功能正常，但握下闸把不断电

一辆使用有刷控制器的电动车，调速正常，但握下闸把不断电，检修步骤如下。

① 首先将故障电动车的控制器盒拆出（如下图所示）。

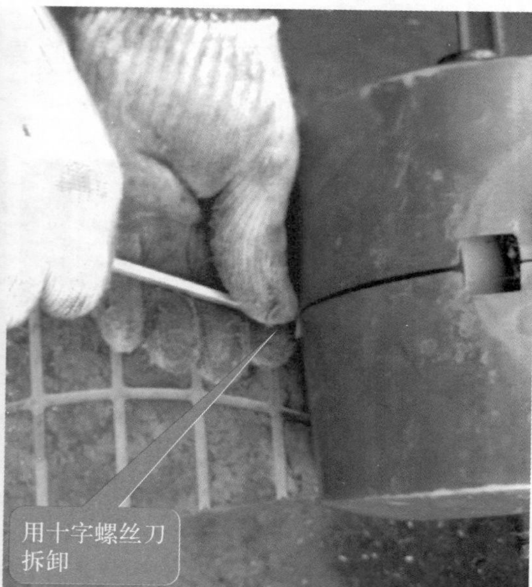

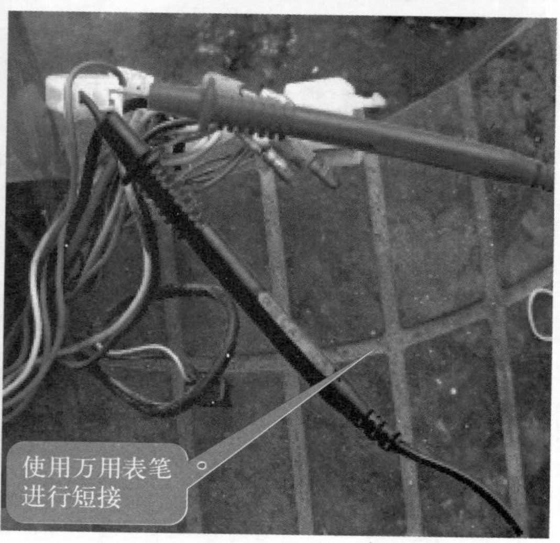

② 将控制器的闸把信号输入端对地短接，而控制器仍不断电，表明故障在控制器内部。

③ 然后拆开控制器，测量IC1的10脚为低电平（如下图所示），握下闸把时也无变化。

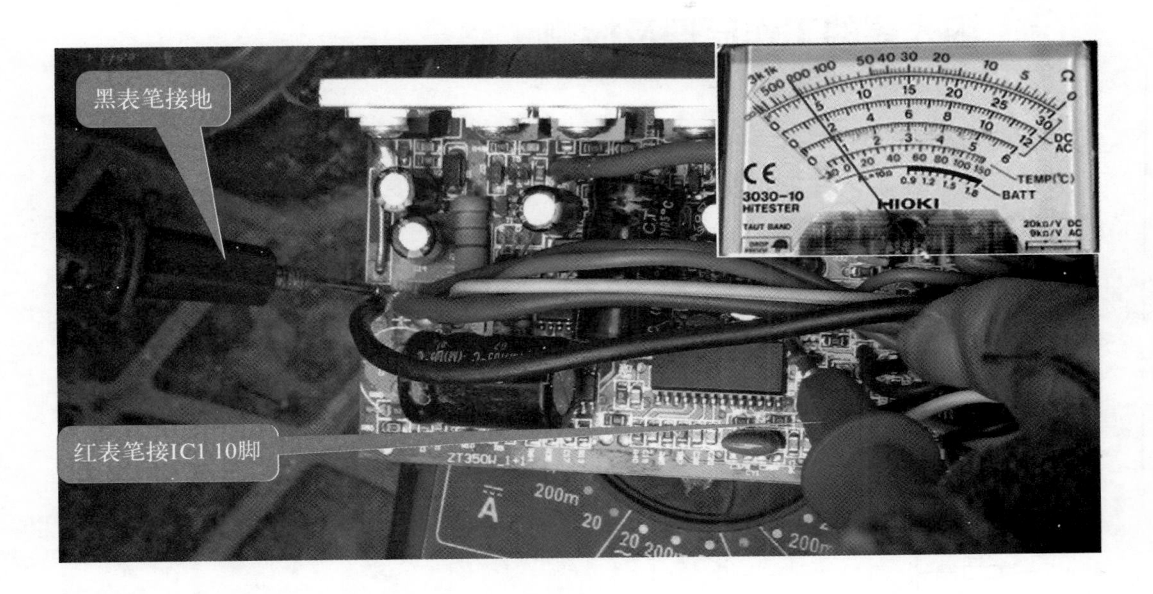

④ 再测量VT3的基极始终为高电压（检测方法如下），检查发现电阻R9断路。

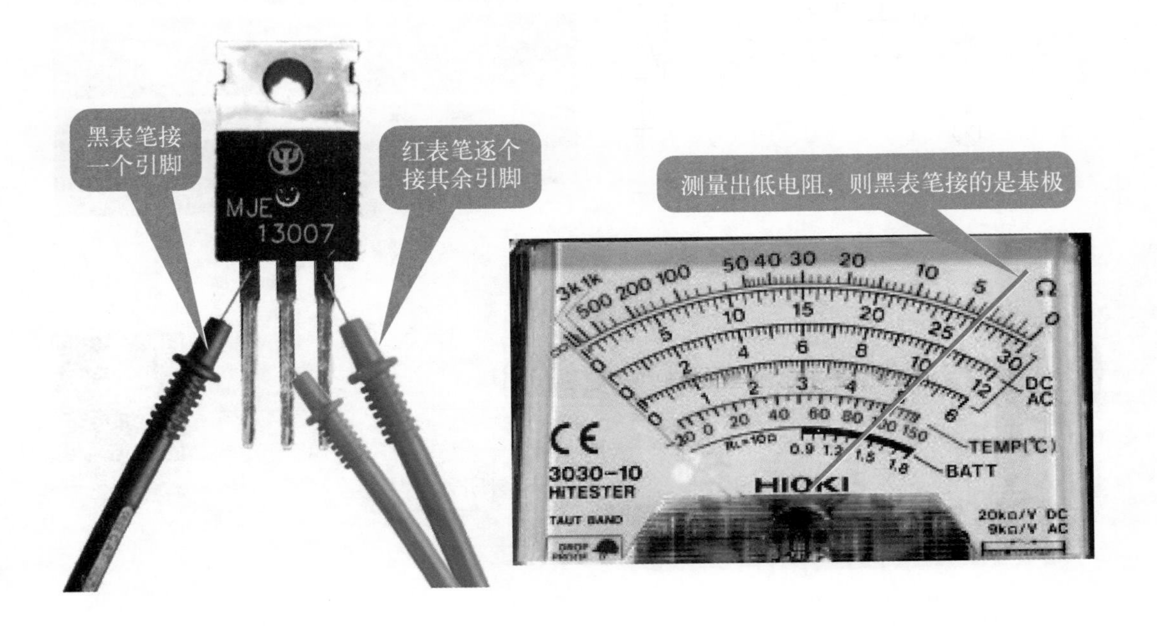

⑤ 根据R9电阻值，更换新的电阻即可。

7.2 车体电器的故障检修

7.2.1 闪光器的工作原理及检测

电动自行车上应用较多的是电子式闪光器，它以电子开关代替传统触点，具有工作可靠、稳定，并能保持闪光频率在一定范围内变化等优点。电子式闪光器的工作原理如下图所示。

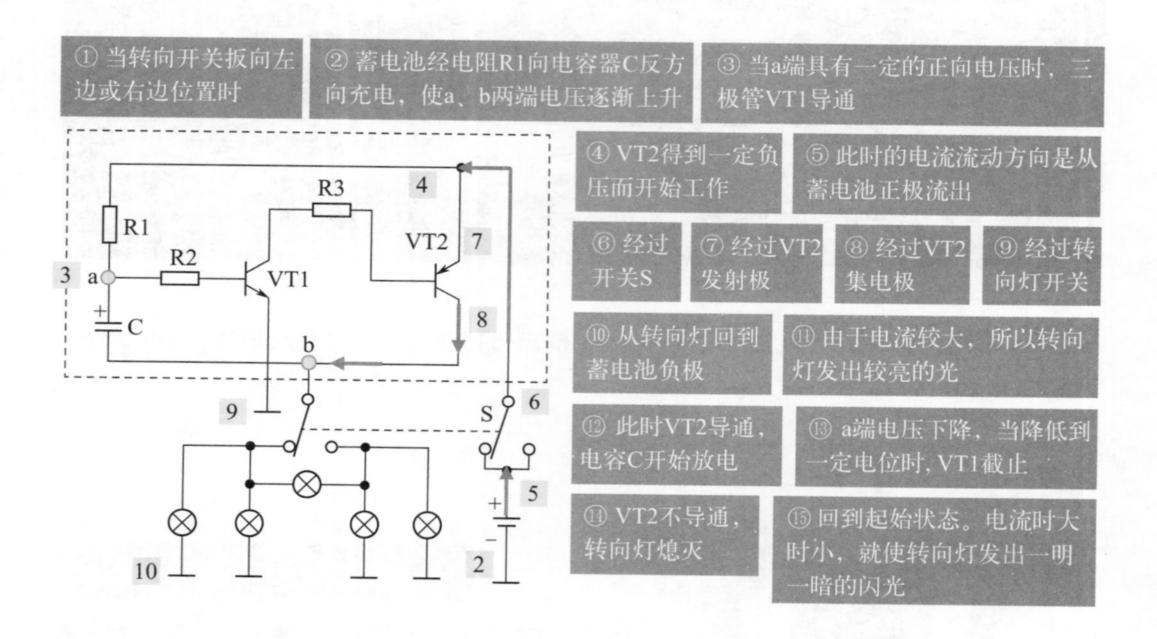

7.2.2 转向开关的工作原理及检测

检测电动车转向灯

转向开关通常位于左把座上，其位置如下图所示。

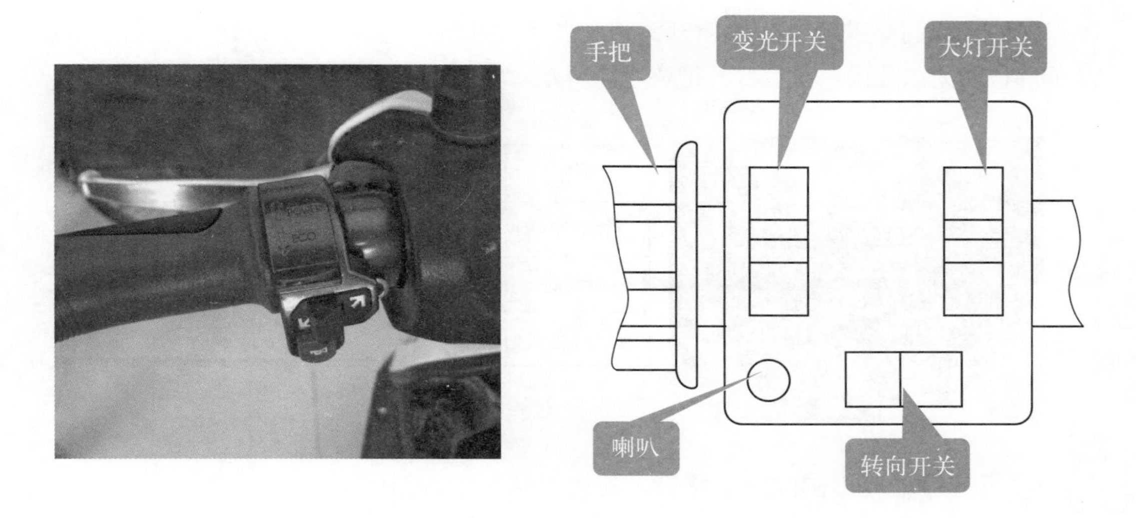

从电路形式来看，它是一个单刀双掷开关，其结构如下图所示。

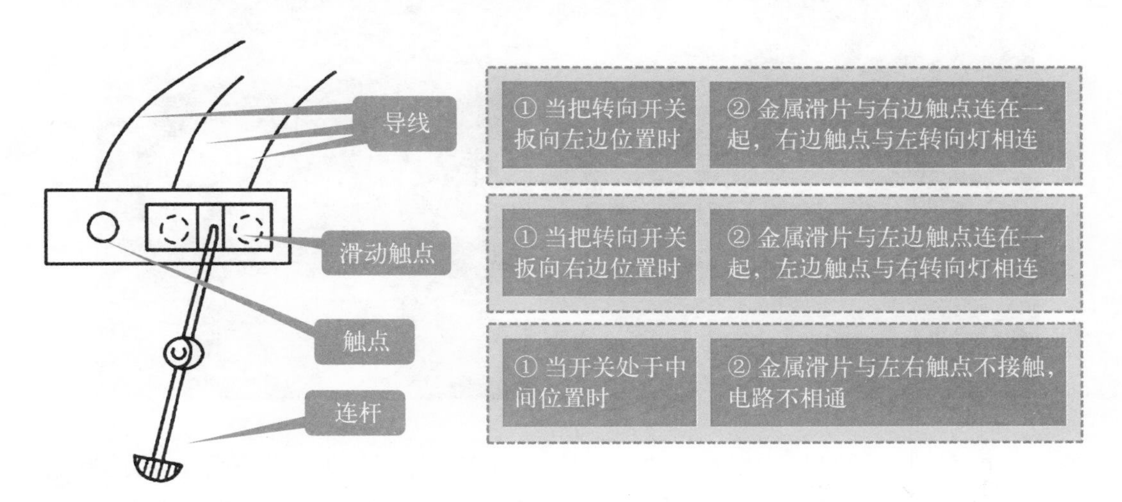

转向开关的电路符号有两种形式，如下图所示：

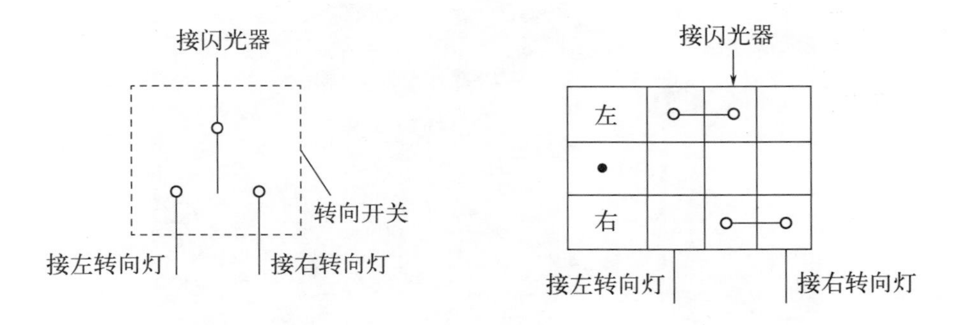

电动自行车转向开关的检测方法如下。

① 由于除了转向开关，喇叭开关和变光开关也在左把座上，所以转向开关的引线从外部根本无法分辨，只有打开把座才能得知。转向开关内部电路连接如下图所示。

挡位	左转输出	电源输入	右转输出
⇦ (左转)	○———	———○	○
中间	○	○	○
⇨ (右转)	○	○———	———○
	紫线	绿线	浅蓝线

② 拆开左把座周围的固定螺钉，其内部结构如下图所示。

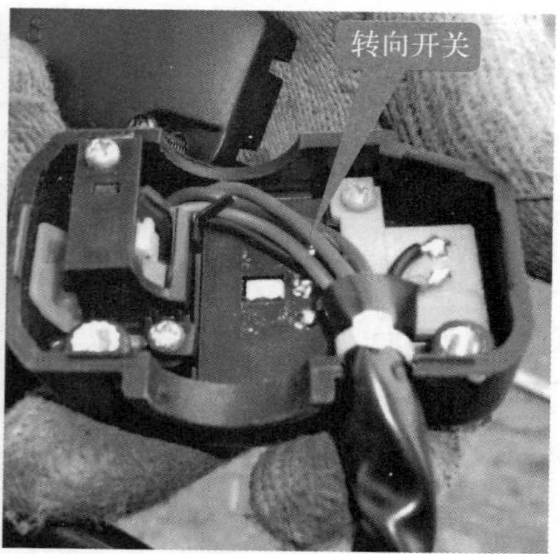

③ 可看到与转向开关相对呈“一”字形的 3 个焊点，如下图所示，由此判断中间的焊点所接的线为转向开关的输入线，其余为左侧输出线和右侧输出线。

④ 选用万用表 200Ω 电阻挡，将转向开关拨至左转位置，如下图所示。

⑤ 将一支表笔接在中间焊点上，另一支表笔分别与其余 2 个焊点接触。正常时，当接触左转焊点时万用表显示“00.0”（如下右图所示），接触右转焊点时万用表应显示“1. ”（如下左图所示）；否则表明转向开关的左转部分异常，应维修或更换。

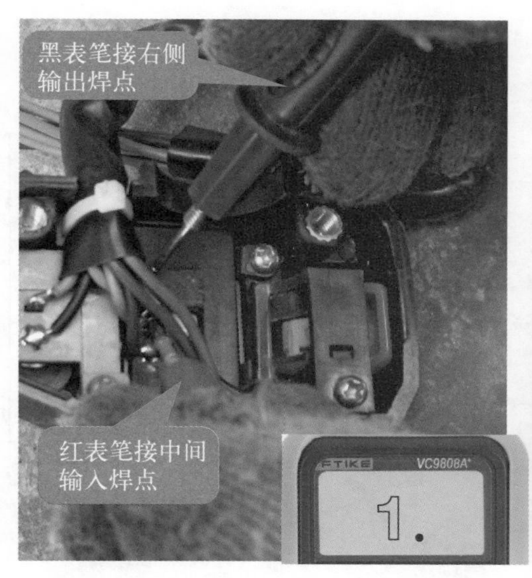

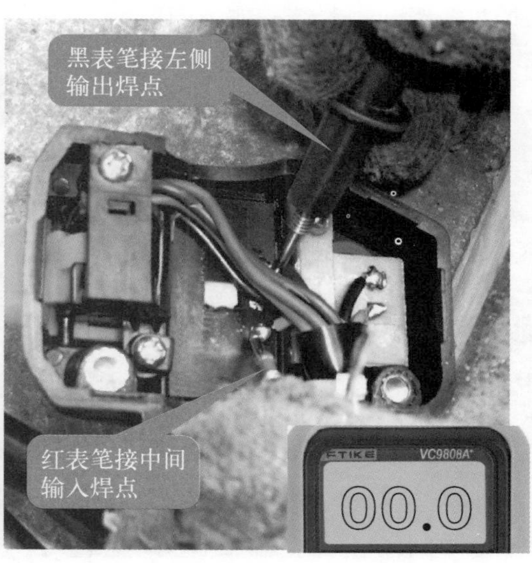

⑥ 将转向开关拨至右转位置，保持接中间焊点的表笔不动，另一支表笔分别与其余 2 个焊点接触。正常时，当接触左转焊点时万用表显示“1. ”（如下图所示），接触右转焊点时万用表应显示“00.0”（如下图所示）；否则表明转向开关的右转部分异常，应维修或予以更换。

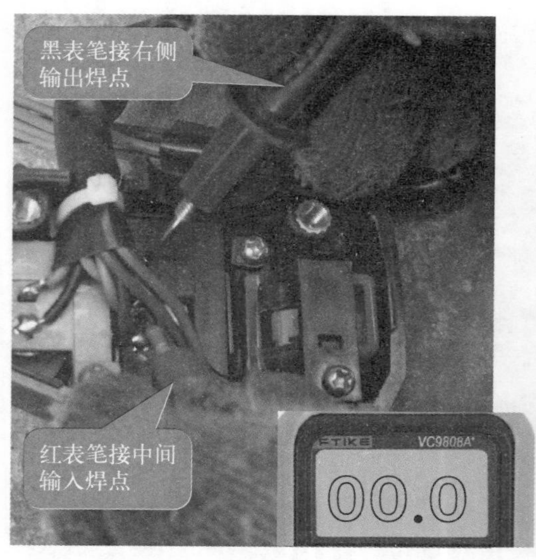

7.2.3 喇叭的工作原理及检测

喇叭又叫蜂鸣器，安装于电动机车把处（如下图所示）。喇叭由膜片、衔铁、共振盘等组成，其结构如下图所示。

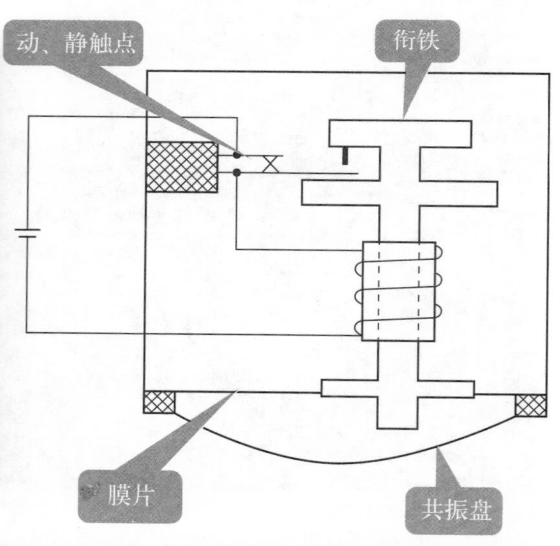

① 打开喇叭开关

② 线圈有电流通过，螺柱铁芯被磁化，产生较强的磁场力，将衔铁吸下

③ 膜片和共振盘也同时向下移动

④ 动、静触点随衔铁的下移而断开

⑤ 线圈电流中断，膜片和共振盘复位，触点又回到原来的闭合状态

⑥ 膜片和共振盘反复上、下移动便发出声音

① 由于左把座上还有变光开关、转向开关，其引线较多，喇叭开关的引线难以从中分辨出来，于是分解把座，找到喇叭开关引线（黑色和棕色），如下图所示。

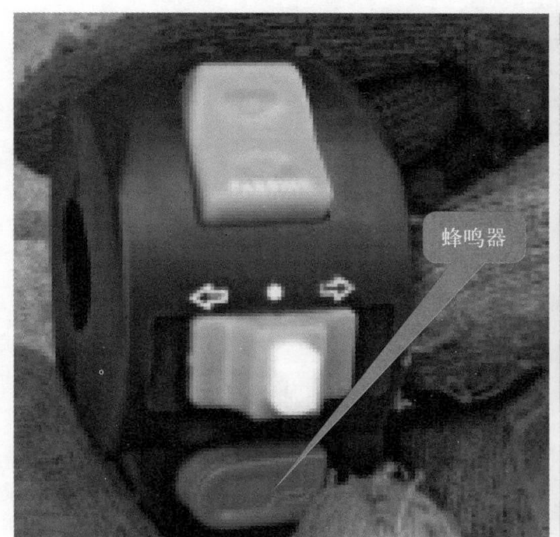

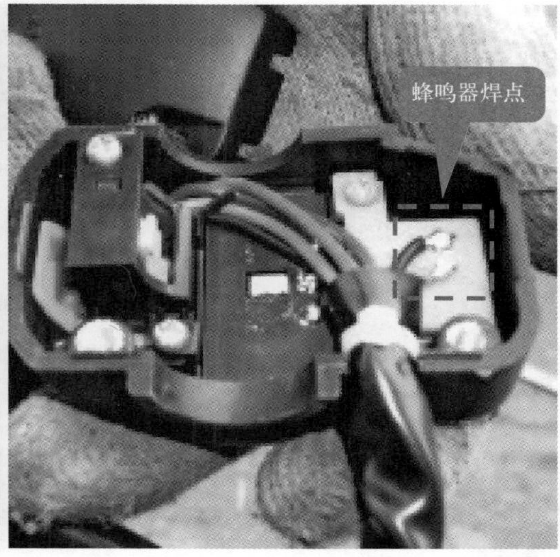

② 选取数字万用表的200Ω挡，将黑、红表笔分别接触喇叭开关内部的2个接线焊点上，正常时万用表应显示“1.”（如下图所示）；否则表明喇叭开关内部弹簧弹力过小，应维修或更换。

③ 保持黑、红表笔在喇叭开关内部2个接线焊点上不动，按下喇叭开关，若万用表显示为“00.0”，则正常（如下图所示）；否则表明喇叭开关的内部触点接触阻值过大，应修复或更换。

7.2.4 变光开关的结构及检测

变光开关在左把座上的位置如下图所示。

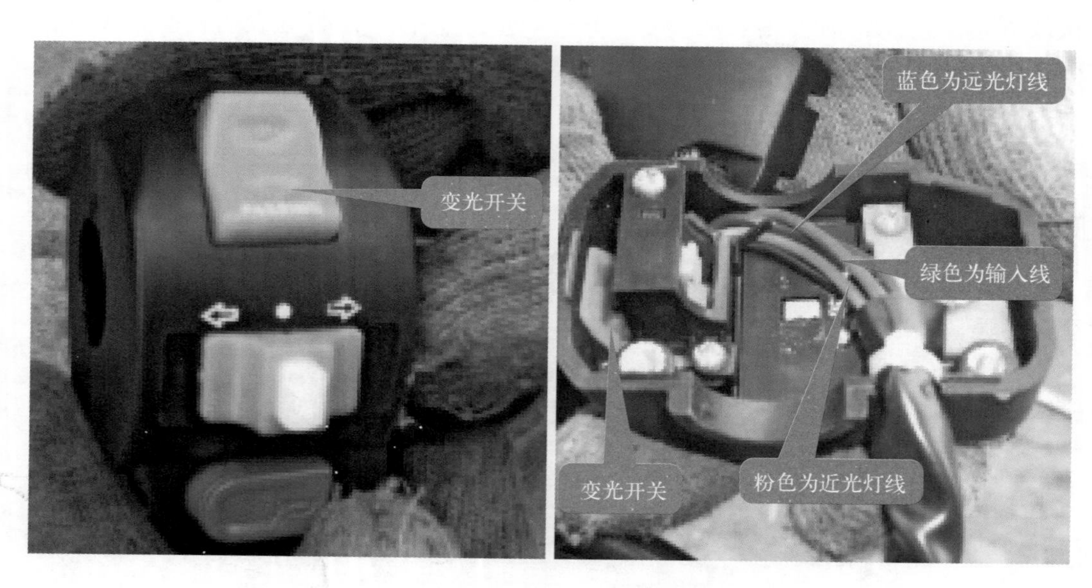

变光开关引线在不分解把座的情况下也是无法分辨的。打开把座，看到与变光开关相接的有3根线，其中绿色线为电源的输入线（来自照明开关），粉色线为近光灯线（给前照灯内的近光灯丝供电），蓝色线为远光灯线（给前照灯的远光灯丝供电）。

变光开关的检测方法如下。

① 由于在变光开关上不便测量焊点，所以在左把座的插接器上找出变光开关的3根引线进行检测，如下图所示。

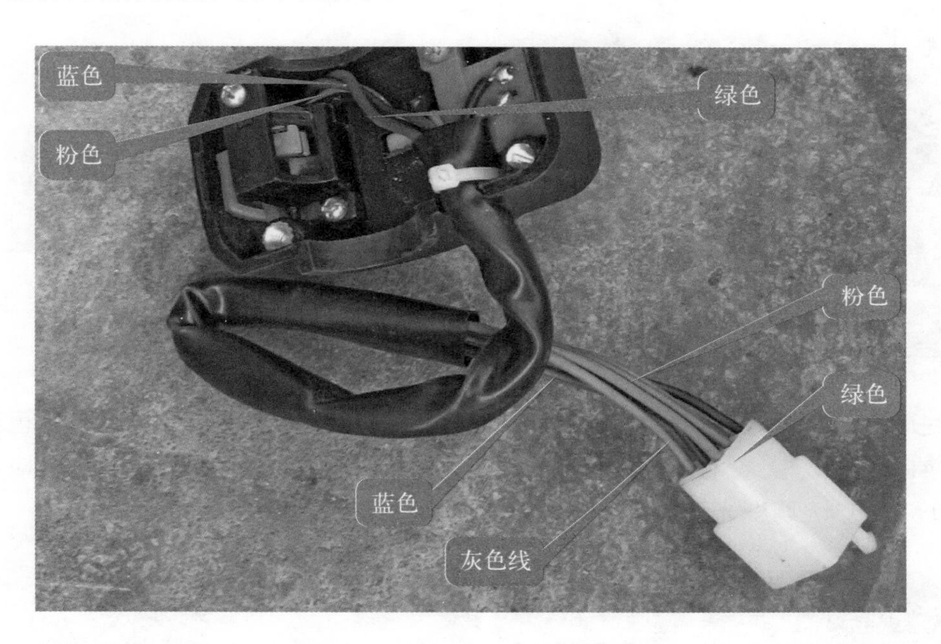

② 选取数字万用表的200Ω电阻挡，将变光开关拨向近光位置，如下图所示。

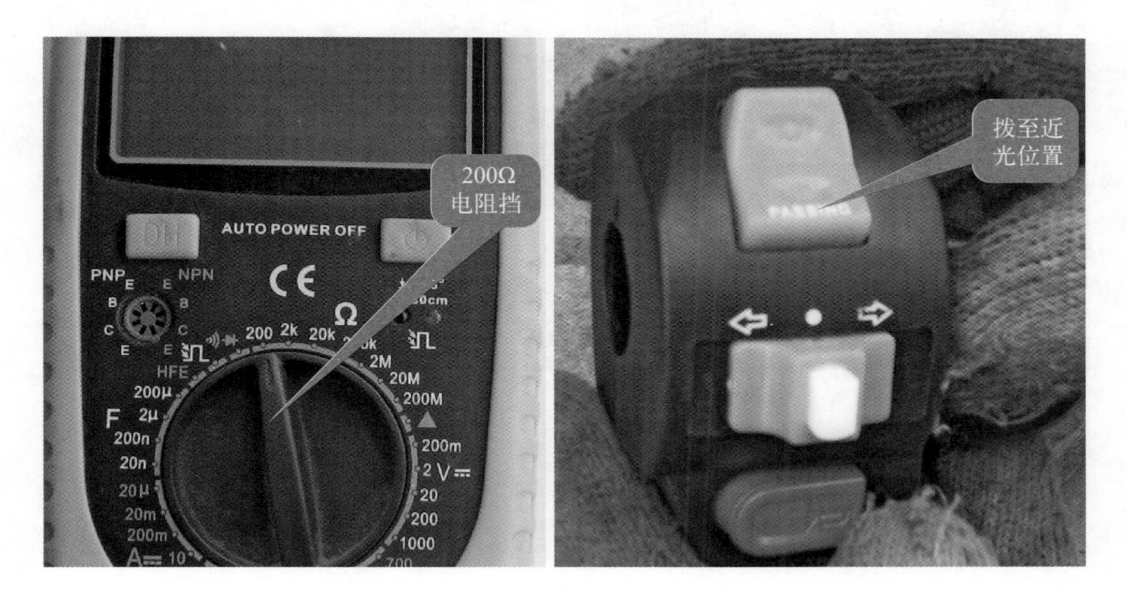

③ 将万用表的一支表笔接插接器与灰色线相连的插头，另一支表笔接插接器与近光灯粉色线相连的插头，此时万用表应显示“00.0”（如下图所示）；否则表明变光开关中的近光部分有故障，应予以维修或更换。

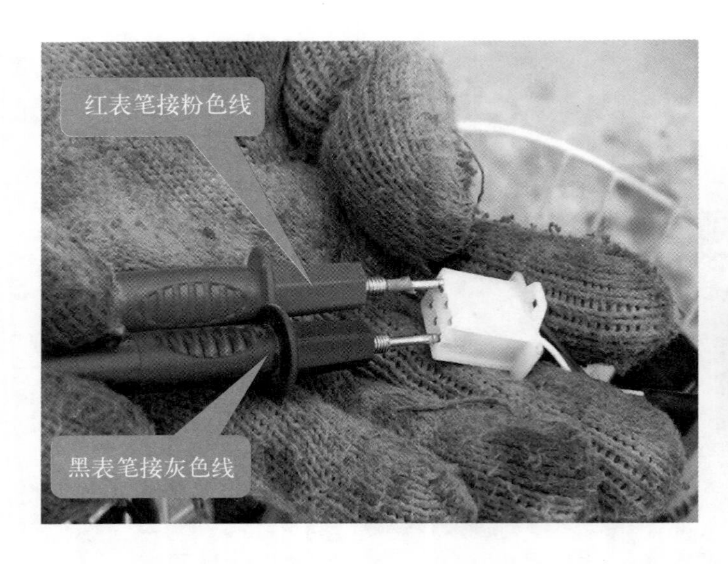

④ 将变光开关拨向远光位置，如下图所示。将一支表笔接插接器与灰色线相连的插头，另一支表笔接插接器与远光灯蓝色线相连的插头，此时万用表应显示"00.0"；否则表明变光开关中的远光部分有故障，应予以维修或更换。

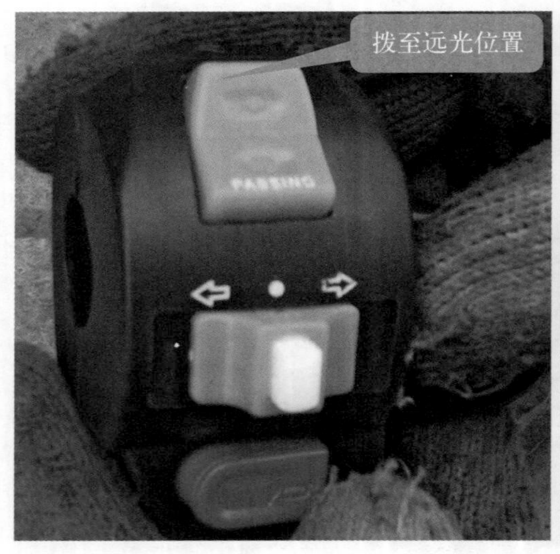

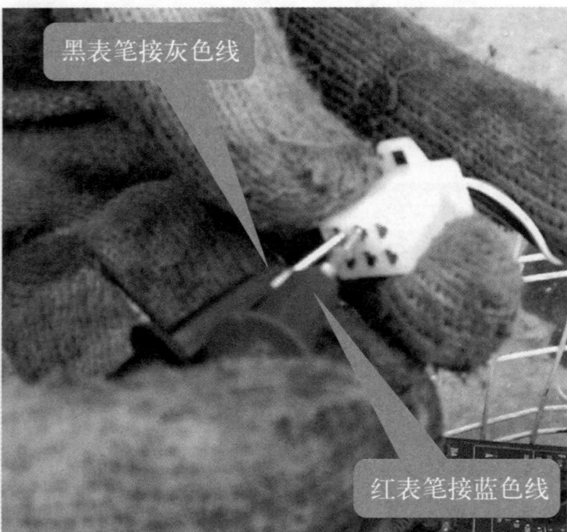

附录

附录1 电动车常用英文对照

英文	中文	备注
MAINTENANCE FREE BATTERY 或MF BATTERY	免维护蓄电池	
ACTIVE MATERIAL	活性物质	蓄电池放电时通过化学反应产生电能，在充电时又恢复为原组分的极板物质
ALKALINE BATTERY	碱性电池	
ALKALINE SECONDARY BATTERY	碱性蓄电池	电解液是碱性溶液的一种蓄电池
ALNICO	磁钢	
AXIS OF ROTATION	通用转柄	
AXLE DISTANCE	轴距	
BATTERY	电池	
	蓄电池组	
BATTERY CHARGER	蓄电池充电器	
BOOST CHARGE	急充电	以高倍率短时间的一种充电
BOTTOM BRACKET（BB）	中轴	
BRAKE	制动	
BRAKING DISTANCE	制动距离	
BRAKING SYSTEM	制动系统	
BTM（ BATTERY TEST AND MAINTE-NANCE）	蓄电池检测和维护	
CAPACITOR BATTERIES	电容电池	
CAPACITY	容量	
CASSETTE SPROCKETS	飞轮	
CEVA （CHINA ELECTRIC VEHICLE ASSOCIATION）	中国电瓶车协会	

续表

英文	中文	备注
CHAIN	链条	
CHARGE ACCEPTANCE	充电接受能力	
CHARGE RETENTION	荷电保护能力	
CHARGER	充电器	
CHARGING TIME	充电时间	
CLIMBING CAPACITY	爬坡能力	
CONSTANT CURRENT CHARGE	恒流充电	
CONSTANT VOLTAGE CHARGE	恒压充电	
CONTINUOUS GO MILEAGE	续航里程	
CONTROLLER	控制器	
CORE BOLT	把心杆锁母	
CORE POLE	把心丝杆	
CORE TIGHTEN NUT	把心吊紧螺母	
CRANKSET	大齿盘	
CRUISING RATE DETERMINING	巡航定速	
DERAILLEUR	变速器	
DISC BRAKE	碟刹	
ELECTROLYTE	电解液	
EMU（ELECTRIC MULTIPLE UNIT）	电动自行车组	
ENERGY SOURCE	能源	
ENERGY SYSTEM	动力系统	
ENVIRONMENTAL PROTECTION BATTERIES	环保电池	

续表

英文	中文	备注
EQUALIZING CHARGE或EQ CHARGE	均衡充电	确保蓄电池组中的所有单体蓄电池完全充电的一种延续充电
F/R TREAD	前/后轮距	
FINAL VOLTAGE 或 CUT—OFF VOLT-AGE	终止电压	放电终止时的规定电压
FLOATING CHARGE 或 FLOAT CHARGING	浮充	
FORK	前叉	
FORWARD/REVERSE	前进/倒退	
FRAME	车架	
FRONT/REAR	前/后	
FULL PAYLOAD WEIGHT	满载总质量	
GOLF CAR	高尔夫球车	
HANDELBAR	车把	
HEADSET	车头碗组	
HUB	花鼓	
HYDRAULIC FRONT FORK	液压前叉	
INFRASTUCTURE	底盘	
INITIAL VOLTAGE	初始电压	放电初始阶段的工作电压称为初始电压
INPUT VOLT OF CHARGER	充电机输入电压	
LEAD ACID BATTERIES	铅酸电池	
LEAD ACID BATTERY	铅酸蓄电池	电极主要由铅制成，电解液是硫酸溶液的一种蓄电池
DISCHARGE	放电	蓄电池将化学能转换为电能，并向外电路输出电流的工作过程
DISCHARGE RATE	放电率	蓄电池放电时用安培表示的电流
DRY CHARGED BATTERY	干式荷电蓄电池	无电解液储存的蓄电池，其极板是干的，且处于荷电状态
ELECTRIC ASSISTED BICY-CLE	助动自行车	

续表

英文	中文	备注
ELECTRIC BICYCLE或ELECTRIC BIKE	电动自行车	
ELECTRIC MOTOR FIXED POWER	电动机额定功率	
ELECTRIC SCOOTER	电动滑板车	
ELECTRIC VEHICLE	电动自行车	
ELECTRICAL MACHINERY LOCK	电动自行车电动机锁	
NEGATIVE PLATE	负极板	放电期间构成阳极而在充电期间构成阴极的一种极板
NICKEL CADMIUM BATTERIES	镍镉电池	
NICKEL METAL HYDRIDE BATTERY	镍氢蓄电池	正极活性物质主要由镍制成，负极活性物质主要由镍氢合金制成的一种碱性蓄电池
NICKEL METAL HYDRIDE BATTERIES	金属氧化物镍氢电池/镍氢电池	
NICKEL CADMIUM BATTERY	镍镉蓄电池	正极活性物质由镍制成，负极活性物质由镉制成的一种碱性蓄电池
NICKEL IRON BATTERY	铁镍蓄电池	正极活性物质主要由镍制成，负极活性物质由铁制成的一种碱性蓄电池
NOMINAL CAPACITY	标称容量	用来鉴别蓄电池适当的近似的安时电量
NOMINAL VOLTAGE	标称电压	用来标识蓄电池的标准安时电量
OPEN CIRCUIT VOLTAGE	开路电压	蓄电池在开路状态下的端电压
OVERALL DIMENSION	总尺寸	
OVERALL DRY WEIGHT	整备质量	
OVERCHARGE	过充电	完全充电后仍继续充电
PEDAL ASSISTED	踏板辅助	
PEDALS	脚踏	
PERMANENT MAGNET DC BRUSHLESS MOTOR	永磁直流无刷电动机	

续表

英文	中文	备注
PERMANENT MAGNET MOTOR	永磁电动机	
PLATE GROUP	极板群或极板组	由隔板和正、负极板组组成的部件
POSITIVE PLATE	正极板	放电期间构成阴极而在充电期间构成阳极的一种极板
POWER TRAIN	电动机功率	
PRIMARY BATTERIES	原电池	
RATED CAPACITY	额定容量	保证蓄电池在一定的放电情况下应该放出的最低限度的容量
RECHARGEABLE BATTERIES	充电电池	
RIM	车圈	
SADDLE	鞍座	
SEALED LEAD ACID BATTERIES	密封铅酸电池	
SEAT	座位数	
SEATPOST	座管	
SELF DISCHARGE	自放电	蓄电池在储存期间容量降低的现象
SHIFT CABLES	变速线	
SHIFT LEVERSET	变速把	
SIGHTSEEING COMBINATION BUS	观光游览列车	
SIGHTSEEING VEHICLE	观光游览车	
SILVER ZINC SECONDARY BATTERY	锌银蓄电池	正极活性物质由银制成，负极主要由锌制成的一种碱性蓄电池
STARTING CAPABILITY	启动能力	
STEM	车把立	
STORAGE BATTERY	蓄电池	

续表

英文	中文	备注
STORAGE BATTERY CAR	助动车	
SUSPENSION	悬架	
SWITCH BLACKOUT	断电开关	
THERMAL RUNAWAY	热失控	
TIRE	车胎	
TITANIUM/ALUMINUM/STEEL	钛合金/铝合金/钢	
TRICKLE CHARGE	涓流充电	为补偿自放电，使蓄电池保持在近似完全充电状态的连续小电流充电
V BRAKE	V型制动	
VERTICAL POLE	把立管	
VRLA （VALVE REGULATED LEADBATTERY）	阀控式铅酸蓄电池	
WHEEL	车轮	
ZINC AIR BATTERIES	锌空电池	
LITHIUM BATTERIES	锂电池	
LITHIUM ION BATTERIES	锂离子电池	
LITHIUM POLYMER BATTE-RIES	锂聚合物电池	
MAINTENANCE FREE LEAD ACID BATTERY/ACCUMULA-TOR	免维护铅酸蓄电池	
MAX RANGE	最大续航里程	
MAX SPEED	最高车速	
MIN CLEARANCE TO GR-OUND	最小离地间隙	
MIN SWERVE RADIUS	最小转弯半径	
MONOBLOCK BATTERY	整体蓄电池	多个极群组装在一个多格蓄电池壳中的一种蓄电池
MOTOR	电动机	

附录2 仪表面板与外部接线图

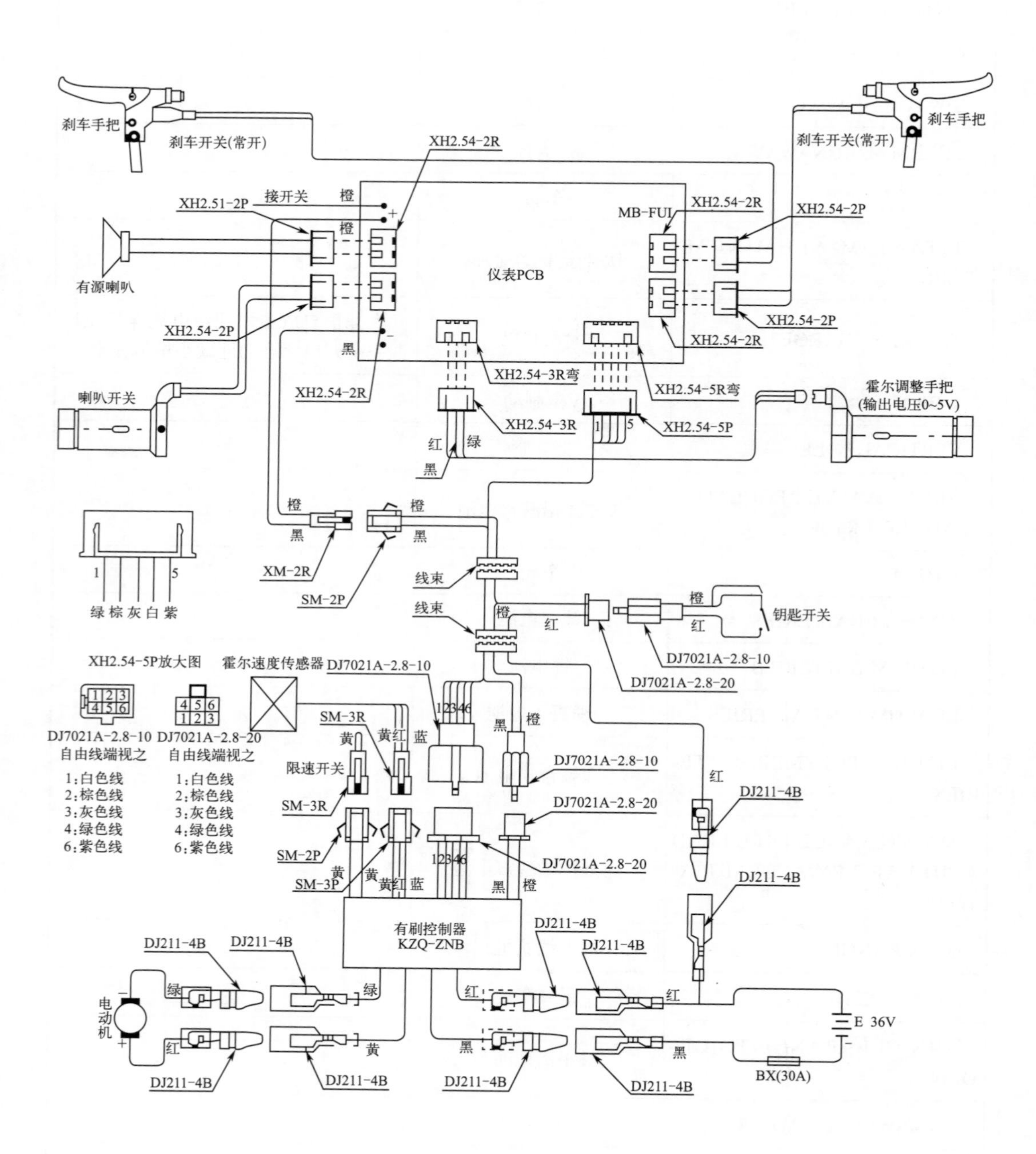

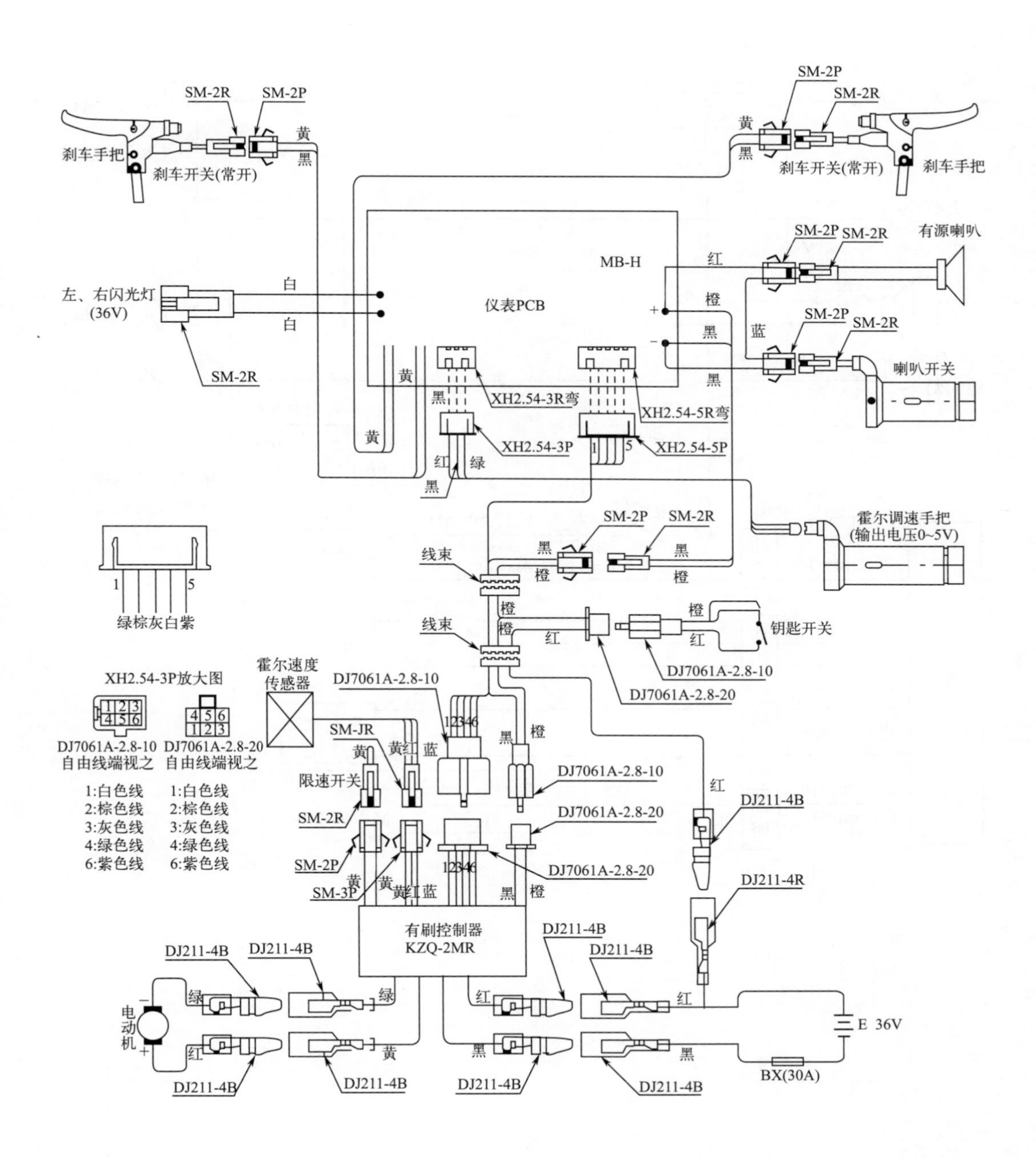
SM-2R
SM-2P
刹车手把
刹车开关(常开)
黄
黑
SM-2P
SM-2R
刹车开关(常开)
刹车手把
MB-H
仪表PCB
左、右闪光灯
(36V)
白
白
SM-2R
有源喇叭
红
橙
黑
蓝
黑
喇叭开关
XH2.54-3R弯
XH2.54-5R弯
XH2.54-3P
XH2.54-5P
黄
黑
红
绿
霍尔调速手把
(输出电压0~5V)
线束
橙
钥匙开关
DJ7061A-2.8-10
DJ7061A-2.8-20
绿棕灰白紫
XH2.54-3P放大图
霍尔速度
传感器
DJ7061A-2.8-10
自由线端视之
DJ7061A-2.8-20
自由线端视之
1:白色线
2:棕色线
3:灰色线
4:绿色线
6:紫色线
SM-JR
限速开关
SM-2R
SM-2P
SM-3P
DJ211-4B
DJ211-4R
有刷控制器
KZQ-2MR
电动机
E 36V
BX(30A)

附录3 老年系列电动三轮车整车电路图

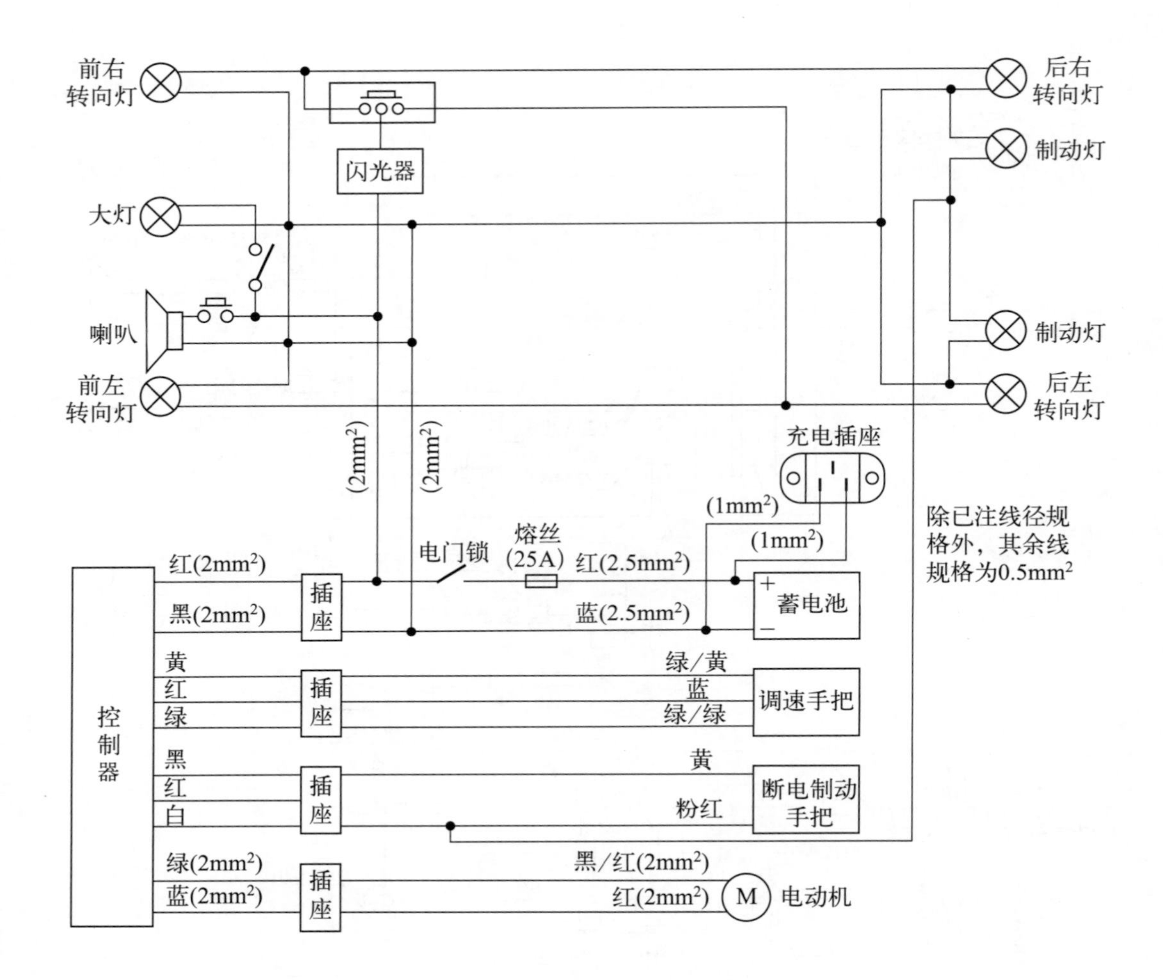

参考文献

[1] 贺朋，王红明. 电动自行车故障检测与维修实践技能全图解[M]. 北京：中国铁道出版社，2024.
[2] 刘遂俊. 电动自行车/三轮车故障诊断与排除实例精解[M]. 北京：机械工业出版社，2022.
[3] 孔洋，孔祥. 一步到位学会电动自行车维修[M]. 北京：化学工业出版社，2019.
[4] 刘伟豪，刘遂俊等. 电动自行车、三轮车、代步车故障诊断宝典[M]. 北京：机械工业出版社，2024.
[5] 张德新. 电动自行车[M]. 北京：电子工业出版社，2019.
[6] 文晓波. 一线师傅手把手教你修电动自行车[M]. 北京：机械工业出版社，2014.
[7] 郑全法. 电动自行车维修就学这些[M]. 北京：化学工业出版社，2016.

参考文献